Dr. Christa von Bardeleben

AIREDALE TERRIER

Dr. Christa von Bardeleben

Airedale Terrier

Zeichnungen von Renate Dolz

KYNOS VERLAG MÜRLENBACH

© KYNOS VERLAG
Dr. Dieter Fleig GmbH
Am Remelsbach 30
D - 54570 Mürlenbach/Eifel
Telefon: 06594/653
Telefax: 06594/452
Internet: http://www.kynos-verlag.de

3. Auflage 2002

ISBN 3-924008-33-7

Titelbild: Ch. Jokyl Gallipants, Ölgemälde von Beryl Chapple, 1987
Vorsatz: Otterhounds, Breaking Cover, Ölgemälde von Walter Hunt, ca. 1900
Nachsatz: Arthur Wardle, Airedales, ca. 1900
Rückencover: Ch. Master Royal, Margaret Collyer; Harding Cox - Dogs,
The Terriers, London 1906

Gesamtherstellung: Druckerei Anders GmbH, D - 54595 Niederprüm

Das Werk einschließlich aller seiner Teile ist urheberrechtlich geschützt. Jede Verwertung außerhalb der engen Grenzen des Urheberrechtsgesetzes ist ohne schriftliche Zustimmung des Verlages unzulässig und strafbar. Das gilt insbesondere für Vervielfältigungen, Übersetzungen, Mikroverfilmungen und die Einspeicherung und Verarbeitung in elektronischen Systemen.

Inhaltsverzeichnis

Abb. 1: Kopfstudie, Renate Dolz 1988

Abb. 2: Tintara Tristar

Introduction.

To the dog-lover, the arrival of a new book about his favourite breed is an event to savour and enjoy. This of course, especially is true when the Author is an Internationally recognized judge and expert on the Airedale Terrier. as well as a brilliant Veterinary Surgeon. This is a book from which we all, beginners and experts alike, can learn something.

Dr Christa von Bardeleben has judged Airedale Terriers and lectured on the breed in almost every European country and in Australia: in 1989 Dr von Bardeleben will judge at Montgomery County in the U.S. She is known and respected by Airedale Folk world-wide.

Donald Millar

Zum Geleit

Für den Hundeliebhaber ist das Erscheinen eines neuen Buches über seine favorisierte Rasse immer ein erfreuliches Ereignis. Das trifft besonders dann zu, wenn der Autor ein international bekannter Zuchtrichter, Airedale-Experte und wie in diesem Fall auch Tierarzt ist.

Dies ist ein Buch, von dem wir alle, Anfänger wie Fachleute, profitieren können.

Dr. Christa von Bardeleben hat Airedale Terrier in den meisten europäischen Ländern sowie in Australien gerichtet und rassespezifische Vorträge gehalten.

1989 wird sie auf der bedeutendsten Terrier Ausstellung in den USA, der Montgomery County Show in Philadelphia, die Airedale Terrier richten.

Dr. von Bardeleben ist bei den Airedalefreunden weltweit bekannt und anerkannt.

Donald Millar

Abb. 3: Typ und Ausdruck »Glentops Etiquette«

Abb. 4: Was kann schöner sein als ein Airedale? . . . Zwei natürlich!

Vorwort

Airedale Terrier – selbstbewußt, intelligent, liebenswert, unverwechselbar, einmalig.
Von allen Tieren, die ich liebe, fühle ich mich dem Hund am meisten verbunden, und unter der Vielzahl der Charaktere sind es die Airedale Terrier, die mir am nächsten stehen. Sie begleiten mein Leben seit 45 Jahren und haben mich immer wieder aufs neue fasziniert und beglückt.
Dieses Buch soll eine Laudatio für die Rasse, eine Informationsquelle für alle neuen Interessenten und eine Anregung für diejenigen Liebhaber des Airedale sein, die wie ich der Meinung sind, daß es eine schöne und sinnvolle Aufgabe ist, sich immer wieder von neuem mit der Rasse zu beschäftigen.
Unsere Züchter und Richter möge es verpflichten, im Airedale stets die Gesundheit, die Leistungsfähigkeit sowie die ihm eigene anatomische Schönheit und Harmonie zu sehen, die die Grundlage für die Entwicklung der Rasse und für ihr Bestehen in der Vergangenheit und in der Zukunft sind.

Ahlen, im November 1988 Christa v. Bardeleben

Vorwort 1993

Zur zweiten Auflage des Airedale Terrier habe ich im Anhang die wichtigsten Ereignisse und Einflüsse für die deutsche Zucht seit 1989 zusammengestellt. Dabei wird deutlich, daß unsere Airedale Züchter in Deutschland sowohl dem Wesen als auch der Gesundheit und der Anatomie unserer Hunde besondere Beachtung geschenkt und Schwerpunkte gesetzt haben. Die Erfolge dieser Bemühungen sind sowohl im Leistungssport, in der HD-Bekämpfung als auch insbesondere in der anatomischen Verbesserung unserer Airedales deutlich. Für mich ist es immer wieder eine Freude, unsere Airedales als Freunde der Familie, auf Zuchtschauen und Leistungsprüfungen zu sehen; was unser Motto bestätigt: »Einmal ein Airedale – immer ein Airedale«.

Ahlen, im August 1993 Christa v. Bardeleben

Abb. 5: Liebe ist . . . wenn man sich über guten Nachwuchs freuen kann

Danksagung

Ein Leben mit dem Airedale ist auch immer ein Leben für den Airedale, und ich bin deshalb gern der Aufforderung nachgekommen, in der Portrait-Reihe des Kynos-Verlages »meine« Rasse vorzustellen.

Die Arbeit für dieses Buch gestaltete sich jedoch recht umfangreich, und ich möchte deshalb an dieser Stelle all denen meinen Dank sagen, die durch ihre tatkräftige Hilfe und Unterstützung die Fertigstellung des Buches in dem vorliegenden Umfang möglich machten. Erfahrene Züchter und Richter der Rasse haben in freundschaftlicher Verbundenheit und Hilfsbereitschaft ihr Wissen und ihr zum Teil seltenes Bildmaterial zur Verfügung gestellt, ohne das dieses Portrait wohl kaum so farbig und vollständig ausgefallen wäre.

Dieser Dank gilt besonders Donald Millar und Mary Swash, Großbritannien, Barbara Strebeight und Ric Chashoudian, USA, Lou Endean, Australien, Stig Ahlberg, Schweden, Marie Louise Molander v. Bonsdorf, Finnland, F. X. van Leeuwen, Niederlande, und meinen Züchterkollegen in Deutschland.

Frau Renate Dolz hat mit ihren unverwechselbaren Zeichnungen wesentlich dazu beigetragen, den Standard und das Trimmen in besonders ansprechender Weise verständlich zu machen. Meine Mitarbeiterin in der Praxis, Frau Judith Nenning hat mit viel Freude und Geduld in ihrer Freizeit die gesamten Schreibarbeiten übernommen.

Last not least möchte ich meinen Assistenten und meiner Familie für ihre monatelange Rücksichtnahme, ihr Verständnis und ihre sachliche und konstruktive Kritik herzlich danken.

Möge unser gemeinsames Bemühen dazu beitragen, dem Airedale neue Freunde zu gewinnen und ihm im Herzen seiner langjährigen Liebhaber den Platz zu sichern, den er sich in 100 Jahren Airedalegeschichte mit seinem unverwechselbaren Exterieur und seinem einmaligen Wesen erworben hat.

Christa v. Bardeleben

Abb. 6: Ch. Huckleberry Lass K. C. S. B. 1593, gew. 5. Juli 1903. Züchter: Mr. J. T. Ramsboltom, GB. – Farbe: Schwarz mit sattem Tan; Gewicht: ca. 20 kg (42 Lbs)

I. Geschichtliche Entwicklung

Ursprung der Rasse in England

Über die Herkunft des Airedale ist viel vermutet, diskutiert und geschrieben worden.

Seine Vorfahren wurden in der Grafschaft Yorkshire im Norden Englands entlang den Flußläufen der Aire von den dort lebenden Bergleuten, Farmern, Fabrikarbeitern und Viehhändlern zur Jagd auf alle Arten von Wild und Raubzeug wie Enten, Moorhühner, Wasserhühner, Kaninchen, Dachs und Wasserratten gehalten. Es waren kleinere, schwarze, dunkelbraune, meist aber black and tan gefärbte, furchtlose, temperamentvolle Terrier, die zur Kaninchenjagd, zur Arbeit auf den Fuchs und Dachs sowie auf Wasserratten sehr geeignet waren. Diese Terrier wurden Broken Haired Black and Tan Terrier oder Working Terrier genannt. Außerdem gab es in dem Gebiet um die Städte Leeds, Otley, Bingley und Bradford zu dieser Zeit die Otterhounds, große, kräftige Hunde mit zottigem, offenem graubraunem Haar. Sie wurden für die Jagd auf den Otter, der an den Flußläufen sehr zahlreich vorkam und den Fischbestand dezimierte, gebraucht. Otterhounds und Terrier wurden oft gemeinsam und sich ergänzend zur Jagd

Abb. 7: Ch. Brewers Dictator; Ölgemälde von F. T. Daws, 1922

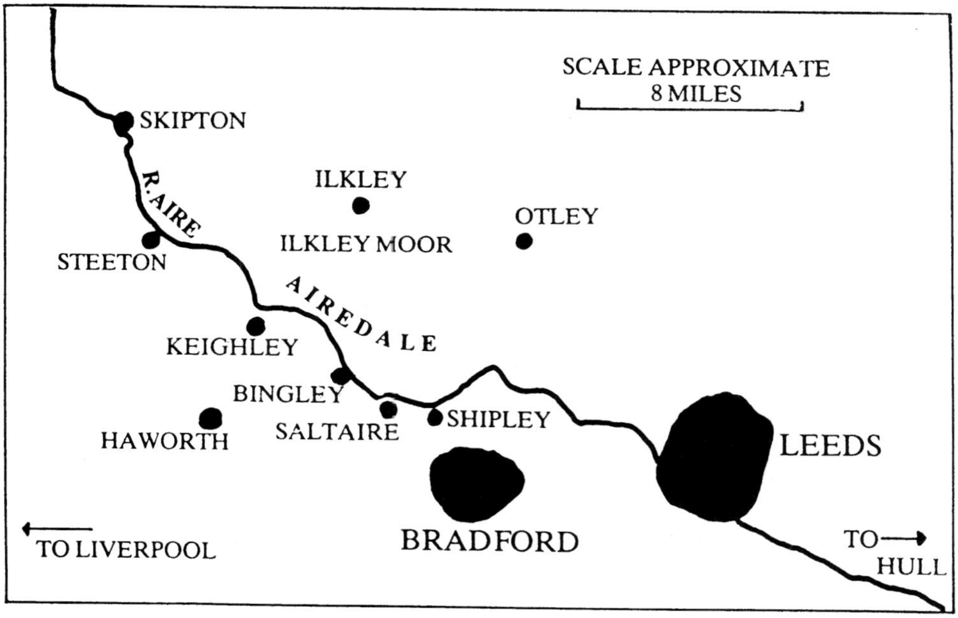

Abb. 8: Das Tal der Aire – die Heimat des Airedale

eingesetzt. Um 1853 kreuzte Mr. Wilfried Holmes gezielt die örtlichen Terrier mit den Otterhounds, um einen kräftigen und großen Jagdgehilfen zu erhalten, der den Mut, die Intelligenz und Schärfe, sowie das meist harte, straffe Haarkleid der Terrier mit der Wasser- und Apportierfreudigkeit der Otterhounds verbinden sollte.

Diese Hunde wurden über ein Jahrzehnt mit viel Engagement ingezüchtet und rückgekreuzt und gewannen durch die hohe Qualität ihrer Eigenschaften bald zahlreiche begeisterte Freunde und Förderer. Sie wurden alsbald als Waterside Terrier bezeichnet, weil sie für die Arbeit am und im Wasser hervorragend geeignet waren. Sie konnten unermüdlich und mit großer Freude schwimmen und tauchen und lernten auf Handzeichen und Zurufe ihrer Besitzer z. B. Wasserratten solange zu treiben und zu verfolgen, bis diese ermüdeten und eine schnelle Beute ihrer Jäger wurden.

Diese Hunde hatten eine Schulterhöhe von etwa 60 cm und ein Gewicht von etwa 30 – 33 kg. Recht stabile Burschen müssen das gewesen sein.
Das dichte, feste und straff anliegende Deckhaar über feinerer, fettiger Unterwolle ließ sie dabei nie wirklich naß bis auf die Haut werden, so daß auch die kälteste Witterung ihnen nichts anhaben konnte. Einmal schütteln und im Gras wälzen war alles, was zur Wiederherstellung ihres Wohlbefindens nach getaner Arbeit notwendig war.

Darüber hinaus waren sie freundlich und geduldig zu Kindern und standen in dem Ruf, ihren Herrn und seinen Besitz zuverlässig zu bewachen und notfalls sein Heim und seine Familie mit dem Einsatz ihres Lebens zu verteidigen.
Die Bewohner dieser Gegend wußten die Vielseitigkeit des Waterside Terrier sehr zu schätzen und förderten seinen Sinn für Unabhängigkeit und seinen angeborenen Scharfsinn.Vom Otterhound hatte der Waterside Terrier die Größe, die Wasserfreudigkeit, die excellente Nase und die tiefe Stimme erhalten, aber auch zum Teil für den Terrier unerwünschte Eigenschaften, wie ein tief angesetztes, schweres Ohr, helle Augen, offenes Haar mit unsauberen Farben und einen längeren weichen Rücken, sowie schwerfälligere Bewegungen.
Der Eliminierung dieser Fehler unter Beibehaltung der erwünschten und für seinen Verwendungszweck notwendigen Eigenschaften galt die intensive züchterische Arbeit in den folgenden Jahren.
So sollen der kurzhaarige Black and Tan Collie, der einen schwarzen Sattel mit feurigem Tan bei dichtem, kurzem, straffem Haar, sowie ein hochangesetztes leichtes Kippohr hatte, eingekreuzt worden sein. Zur Farbverbesserung wurde auch der Gordon Setter verwendet, wobei wiederum die jagdlichen Eigenschaften verstärkt wurden. Zur Erhaltung des gewünschten Terriertyps wurden erneut der Old-English Black and Tan Terrier, sowie der Bullterrier eingesetzt. Die symmetrischen Formen mit kurzem festem Rücken, sowie das excellente Terrierauge und das richtige Temperament konnten so gefestigt werden. An den Bullterrier sollen die auch heute noch gelegentlich vorkommenden weißen Brustflecken und Abzeichen an den Zehen unserer Welpen erinnern. Auf den Ausstellungen jener Zeit gab es zum ersten Mal 1876 auf einer Schau in Shipley eine Klasse für Waterside Terrier mit 58 Meldungen. Einige Zeit später wurde der immer beliebter werdende Waterside Terrier auf einer der großen Landwirtschaftsausstellungen in Bingley in Bingley Terrier umgenannt. Das war verständlicherweise nicht im Sinne der Nachbarstädte Bradford und Otley, die an der Entwicklung der Rasse maßgeblich mitbeteiligt waren.
1879 war der Richter Gorden Stadles auf einer Ausstellung in dieser Gegend so beeindruckt von der Qualität der ihm vorgestellten Hunde, daß er sich spontan dafür einsetzte, diese Rasse Airedale Terrier zu nennen.
Der Kynologe Vero Shaw schreibt 1881 in seinem »Buch vom Hunde« über den zu dieser Zeit noch nicht so weit über die Grenzen seines Ursprungsgebietes hinaus bekannten Airedale Terrier ein kurzes aber prägnantes Kapitel. Darin heißt es unter anderem: »Ein Airedale tut alles, was sein Herr will. Er greift an, wenn es sein Herr befiehlt. Man kann mit ihm jagen und über ihn schießen (broken to the gun) wie mit einem Vorstehhund, für die Jagd mit dem Frettchen abrichten, zum Ratten fangen anleiten. Er treibt Schafe und Vieh wie ein Schäferhund, apportiert wie ein Retriever, stöbert wie ein Spaniel, würgt Katze, Dachs und Otter, er liebt das Wasser und taucht wie eine Ente und ist ebenso scharf wie gehorsam. Der Airedale ist somit ein würdiges Glied jener Terrierrassen, die wegen ihres Mutes und ihrer Ausdauer bekannt sind.«
Ein allen Airedale-Freunden der damaligen Zeit wohlbekannter Vertreter seiner Rasse war »Thunder«. Obwohl nicht durch äußere Schönheit belastet, wie sein

Abb. 9: Thunder – seine Geschichte ist typisch für das Wesen des Airedale, ca. 1876

bekanntes Bild beweist, gewann er alle Herzen im Sturm durch sein excellentes Wesen und seine Leistungsfähigkeit. Wettkämpfe jeder Art als Hundesport liegen den Engländern von jeher im Blut. So wurde auch Thunder eines Tages von seinem Herrn zum Rattenfang mitgenommen.
Er war zu diesem Zeitpunkt erst 12 Monate alt und hatte noch keine große Erfahrung in diesem Sport. Ein Zuschauer kritisierte ihn dabei und machte sich über ihn lustig, indem er die Bemerkung fallen ließ, er habe einen Hund zu Hause, der Thunder mitsamt den Ratten auffressen würde. Das Ende der Sticheleien war, daß der Betreffende seinen Bullterrier, der ein berühmter Preiskämpfer war und noch nie besiegt wurde, herbeiholte. Der Bullterrier war etwas leichter als der Airedale, hatte dafür aber seine Erfahrung in vielen Kämpfen gegen den jungen, in Beißereien noch absolut unerfahrenen »Thunder« in die Waagschale zu werfen. Der Bull Terrier wurde auf den sich ziemlich passiv verhaltenden »Thunder«, der nicht so recht zu wissen schien, was von ihm verlangt wurde, gehetzt. In der 1., 2. und 3. Runde – es gibt bei diesen Kämpfen besondere Regeln und eine Runde dauert 3–5 Minuten, dann wurden die Hunde getrennt –, ließ er sich arg maltraitieren, wich aber nicht zurück. Dies dauerte etwa eine halbe Stunde, dann riß »Thunder« plötzlich die Geduld, und in der 4. Runde griff er seinerseits an, faßte

Abb. 10: Ch. Cholmondely Briar, ein Idol seiner Zeit, gew. Aug. 1880

den Bullterrier unterhalb der Kehle, und man hörte mit einem Mal das Krachen von splitternden Knochen. »Thunder« hatte seinem Gegner das Brustbein durchgebissen, und der Bullterrier ging kurze Zeit später an inneren Blutungen ein. Trotzdem wurde »Thunder« kein Raufer und war freundlich zu anderen Hunden, solange er nicht angegriffen wurde. »Thunder« sprang auch auf Grund einer Wette einer Ratte nach, die sein Besitzer in Leeds über ein Brückengeländer 12–15 Meter tief in den Fluß warf. Ohne zu zögern folgte er der Aufforderung seines Herrn. Mit Vergnügen sprang er auch in die tosendste, wildeste See und apportierte eine angeschossene Möwe. Soweit Vero Shaw, den besonders die Vielseitigkeit der Rasse begeisterte.

1882 fand ein Züchtertreffen unter der Leitung von Hugh Dalziel, einem angesehenen Richter und kynologischen Schriftsteller seiner Zeit, statt. Auf dieser Zusammenkunft wurde der Name Airedale Terrier von allen Anwesenden bestätigt. Auf der National Dog Show in Birmingham im Jahre 1883 wurde die Rasse als Airedale Waterside Terrier geführt.

1884 war es ein historischer Augenblick, als der damals berühmte »Keighley Crack«, eingetragen in das Kennel Club Stud Book als »Broken-Haired Terrier«, als erster die Klasse für Airedale Terrier auf der Kennel Club Show gewann. 1886 wurde der Airedale Terrier in das Zuchtbuch des Englischen Kennel Clubs aufgenommen mit zunächst 24 Eintragungen mit Abstammungsnachweisen.

Mit dem Namen stieg auch das öffentliche Interesse an der neuen Rasse, was die Züchter wiederum zu erhöhten züchterischen Anstrengungen und Leistungen anspornte. Der Airedale bekam ein einheitlicheres und sehr ansprechendes Erscheinungsbild.
1891 schlugen die Herzen der Airedalefans höher, als auf der Crystal Palace Show in London das Airedaleteam des Mr. Bryan mit Cholmondeley Briar, Newbold Test und Cholmondeley Brides Maid den ersten Preis für die Terrier im Zuchtgruppenwettbewerb gewann zusammen mit einer Dandie Dinmont Gruppe, einer damals schon sehr angesehenen und populären Rasse. In den folgenden Jahren stammten alle bedeutenden Hunde von diesem Cholmondeley Briar und seinem Sohn Briar Test ab. Cholmondeley Briar war der Gewinner des ersten CC, das an die Rasse vergeben wurde. Eine Beschreibung von Briar gibt uns anschaulich wieder, wie der erste Airedale Champion ausgesehen haben mag:

»Er besaß einen wundervoll langen, trockenen, typischen Kopf, gut ausgefüllt vor den Augen, gute kleine Ohren, sehr schönen Hals und trockene, gut placierte Schultern, mit einem guten, kurzen festen Rücken und gut angesetzter, fröhlich getragener Rute. Sein Knochenbau, seine Läufe und Pfoten waren außerordentlich stark und gut mit Haar bedeckt, was ihn sehr kraftvoll erscheinen ließ. Er war ein excellenter Terriertyp. Sein Gewicht entsprach dem Standard (40–45 lbs), eher etwas mehr. Sein Name erschien in nahezu jeder Ahnentafel seiner Zeit, und er prägte mit seinem hervorragenden Typ und Charakter die Rasse in bemerkenswerter Weise«.

Briar Test und Betty waren die Eltern von Ch. Master Briar (1897–1906) der richtungweisend die weitere Zucht beeinflußte. Von ihm stammte Ch. Clonmel Monarch ab, der beste Airedale seiner Zeit, der zahlreiche Champions anderer Rassen besiegen konnte, wenn es um besondere Ehrenpreise ging.
Sein Besitzer war Holland Buckley, ein bekannter und sehr erfolgreicher Terriermann. Er gündete die National Terrier Show und den South of England Airedale Terrier Club, dessen erster Sekretär er war.
1892 wurde der erste Standard der Rasse veröffentlicht.

Unter dem Zwingernamen Clonmel züchtete Holland Buckley zusammen mit seinem Partner Mr. Royston Mills 44 Airedale Champions, von denen viele auch ins Ausland verkauft wurden, insbesondere in die USA. Zu dieser Zeit wurde der Airedale Terrier bereits in die verschiedensten Länder exportiert und gewann immer neue begeisterte Freunde, allerdings nicht in erster Linie wegen seines ansprechenden, sportlichen Exterieurs, sondern hauptsächlich wegen seiner hervorragenden charakterlichen Eigenschaften.
Die Rasse verbesserte sich weiterhin sehr schnell und fand immer neue Freunde und Bewunderer. Typ und Qualität festigten sich. Mit seiner Schnelligkeit, Gewandtheit und Wasserfreude, seinem ausgeprägten Jagdinstinkt sowie seiner Anhänglichkeit, Gehorsam und Intelligenz gepaart mit Schärfe und Wachsamkeit, war er der vielseitig verwendbare, zuverlässige Partner der Menschen seiner Zeit.

Abb. 11: Clonmel Monarque, im Besitz von Colonel Buckly

Abb. 12: Ch. Dumbarton Lass 1895. Sie galt als die beste Hündin ihrer Zeit

Abb. 13: Die berühmten Airedales aus Rawdon B. Lee's Buch Modern Dogs, 1894

Die ersten Airedale Terrier in Deutschland und die Entstehung des »Klub für rauhhaarige Terrier«

Anfang 1893 kamen die ersten Airedale Terrier nach Deutschland. Der erste Airedale Terrier wurde von einem Herrn Sittig aus Königstein importiert, der später ein angesehener Züchter dieser Rasse wurde.

Schnell fand der struppige Geselle aus dem Tal der Aire neue Freunde, was man in erster Linie seiner hervorragenden Brauchbarkeit auf den verschiedensten Gebieten zuschreiben muß. Neben seinen anerkannten Eigenschaften als Haus- und Hofhund, wo er seine Anhänglichkeit, seine Wachsamkeit und seinen Mut unter Beweis stellen konnte, wurden seine vorzüglichen jagdlichen Eigenschaften gerühmt, die ihn zum »geborenen Gebrauchshund comme il faut« (Max Gutbrod) machten. In der Fachliteratur dieser Jahre wird berichtet, daß der Airedale mit Erfolg im Rheinland zur Hasen- und Hühnerjagd, in Österreich und an der Mosel zur Sauhatz und im Harz auf Hochwild geführt wurde, wobei er die Schweißfährte gehalten habe wie ein hannoverscher Schweißhund.

In der Zeitschrift »Hundesport«, später »Hundesport und Jagd«, machte der Redakteur und Richter Ernst von Otto 1893 auf die Rasse aufmerksam. Er beschrieb wiederholt in seinen Veröffentlichungen ihre hohe Intelligenz und vielseitige Verwendbarkeit und wies als erster auf die Eignung des Airedale als Kriegshund hin. So erreichte er, daß bald erste Versuche mit dem Airedale bei den Jägerbataillonen gemacht wurden.

Nachdem eine Anzahl von Airedale Terriern aus England eingeführt worden war, gründeten die Besitzer voller Begeisterung für die Rasse im Jahre 1894 den »Klub für rauhhaarige Terrier«, der zunächst nur 35–45 Personen als Mitglieder verzeichnen konnte. Herr Flechsig aus Braunsdorf wurde zum ersten Vorsitzenden gewählt, und die Herren Gutbrod, Höpner, König und Meißner gingen als erste Mitglieder und Förderer des jungen Vereins in die Geschichte des Klub für Terrier ein.

Auf der Landeszuchtschau in München im Mai 1894 wurden dem englischen Richter Geo Raper aus Sheffield 8 Airedale Terrier vorgestellt. Die Qualität muß zu dieser Zeit noch sehr unterschiedlich und unausgeglichen gewesen sein. Man versuchte klugerweise als erstes den richtigen Typ zu festigen und stellte diese Forderung über die Diskussion über Größe und andere Standardpunkte. So wurden vorübergehend Klassen für Hunde unter und über 53 cm Widerristhöhe eingeführt.

Man versuchte ganz allmählich die Größe anzuheben und konnte sich bereits 1905 auf eine einheitliche Größe von 55–60 cm Schulterhöhe einigen.
Zunächst waren nur englische Richter auf den Ausstellungen tätig. Die ersten drei

Abb. 14: Max Gutbrod, 1894, Gründungsmitglied des Klubs für rauhhaarige Terrier

DEUTSCHES

AIREDALE-TERRIER-
STAMMBUCH

ATStB.

BAND I.

Mit den Eintragungen von 1 bis einschl. 150

und ANHANG für

Irish-Terrier-Eintragungen

ITStB.

1902

Abb. 15: Das erste Zuchtbuch des Klubs für rauhhaarige Terrier mit den Eintragungen der Airedale Terrier Nr. 1–150, erschienen 1902

Zuchtrichter des Klubs waren die Herren E. v. Otto, E. König und R. Meißner.

Die erste Spezialausstellung des Klubs fand am 18./19. Juni 1898 in Gießen in Verbindung mit der 1. Generalversammlung statt. Hier richtete Herr König bereits 50 ausgestellte Airedale Terrier. Neben der Vergabe der Anwartschaften zum Championtitel wurden damals auch Geldpreise an erfolgreiche Züchter vergeben.

Als neuer erster Vorsitzender wurde Rittmeister von Haly gewählt. Neue Förderer der Rasse traten in das Klubgeschehen, von denen L. F. Diefenbach, Peter Maith, die Herren Merz, Grote, Dr. Horneck und Herr Wallraf später auch das verantwortungsvolle Amt des Zuchtrichters übernahmen. Die Zuchtrichter wurden damals von der Mitgliederversammlung gewählt. Vorgeschlagen wurden erfahrene und erfolgreiche Züchter und Kenner der Rasse. Eine Ausbildung und Prüfung der Richteranwärter, wie sie heutzutage im KFT selbstverständlich ist, kannte man damals noch nicht.

Die 2. Spezialausstellung am 1. Oktober 1900 in Frankfurt am Main durfte auf eine Meldezahl von 67 Airedales stolz sein. Immerhin war der Klub erst 6 Jahre alt und hatte schon eine dreistellige Mitgliederzahl. Auf der gleichzeitig einberufenen Hauptversammlung beschloß man, den Sitz des Klubs von München nach Frankfurt am Main zu verlegen. Als Schriftführer trat L. F. Diefenbach in den Vorstand ein. Sein Haus in Kelsterbach, Schöne Aussicht 9, ist heute der Sitz des Klub für Terrier. Es wurde auf der 90-Jahrfeier des KFT im Oktober 1984 zur Erinnerung an den Pionier und großen Förderer der Rasse und des Klubs als Ludwig Ferdinand Diefenbach-Haus benannt. Als großer Förderer und Lehrer der jungen Gemeinschaft von Terrierfreunden muß auch der Deutsch-Engländer Max Gutbrod besonders erwähnt werden. Er verfaßte die ersten Schriften über die Rasse und bemühte sich um den Import hervorragender Hunde aus dem Mutterland.

Ab 1900 nahm die Entwicklung der Mitgliederzahl und damit der Freunde und Förderer der Rasse einen schnellen Aufschwung. Bald konnten 200 Mitglieder gezählt werden, und ab 1904 gab der Klub seine eigene Vereinszeitung, die Mitteilungen des Klub für rauhhaarige Terrier, heraus, welche bald zu einem vorzüglichen Bindeglied unter den Mitgliedern wurde und neuen Zuwachs bewirkte. Der erste Schriftleiter L. F. Diefenbach wurde 1932 von Heinrich Kaueffert abgelöst, der bis 1949 Schriftleiter des späteren »Der Terrier« war.

Das erste Zuchtbuch der Rasse wurde 1902 herausgegeben. Es hatte den Titel »Deutsches Airedale-Terrier-Stammbuch« (ATStB) Band I und enthielt die Eintragungen 1–150. Als erste Eintragung findet man:

1. Daisy Queen, Hündin, kl. Schlag, geb. 19. 12. 1894; Züchter: C. R. Tempert, Otley; Besitzer: Uhlenbrock, Göttingen;
2. Miss Wild Jack Aware, Hündin, gr. Schlag, geb. 15. 11. 1895; Züchter: E. König, München; Besitzer: Rich. Hoepner, München;

Abb. 16: Das Klubleben um 1900

Abb. 17: Miss Wild Jack Aware

Abb. 18: L. F. Diefenbach, 1898, Mentor des Klubs für rauhhaarige Terrier

Abb. 19: Als treuer Helfer und Begleiter – Mikosch, etwa um 1900

3. Champ. Master Tom of Bruck, Rüde, gr. Schlag, geb. 14. 11. 1895; Züchter: E. König, München; Besitzer: Ph. Hartlieb, Metten bei Düsseldorf.

Das erste Stammbuch enthält außer der Klubsatzung, den Zuchtbestimmungen und den Mitgliederlisten auch Kapitel über Haarpflege, Rassekennzeichen und die Geschichte des Airedale, geschrieben von Max Gutbrod, der als großer Terrierkenner und selbstloser Förderer der Rasse bereits erwähnt wurde.

Der erste Band enthielt außerdem in einem Anhang die ersten Eintragungen der Irish Terrier.

Der 2. Band hatte schon 400 Eintragungen für Airedale Terrier, 42 für Irish Terrier und 3 für Scottish Terrier.

Der im Jahre 1952 erschienene Band Nr. 16 verzeichnete bereits 22 100 Airedales, 1325 Irish, 2000 Scottish, 73 West Highland White- und 8 Sealyham Terrier.
Im Jahre 1906 gehörte der Klub für rauhhaarige Terrier zu den 7 Gebrauchshund-Rassezuchtvereinen, die sich zum »Kartell der stammbuchführenden Spezialklubs«, dem Vorläufer des heutigen Verbandes für das Deutsche Hundewesen (VDH) zusammenschlossen und ein mächtiger Ansporn für den gesamten Hundesport wurden. Neben den Ausstellungen gab es bald auch Leistungsprüfungen für den Airedale Terrier, die recht gut beschickt wurden. Die finanziellen Verhältnisse des Klubs gestatteten die Vergabe von Geldpreisen für erfolgreich abgelegte Prüfungen.

Als erste Ortsgruppe wurde die O.G. Harburg-Hamburg-Altona anerkannt, der bald O.G.'s in Hagen, Mannheim, Köln, Leipzig und Dortmund folgten.
Als Nachfolger von Rittmeister von Holy im Amt des ersten Vorsitzenden folgte 1907 L. F. Diefenbach, der dieses bestimmt nicht leichte Amt durch 24(!) Jahre bis 1930 bestens zum Wohle des Klubs verwaltete. 1909 konnte das 1 000. Mitglied in den Klub aufgenommen werden. Die Aufnahmegebühr betrug damals 5,– Mark, der Jahresbeitrag 10,75 Mark.

Durch gezielte Zuchtwahl und neue Importe aus dem Mutterland konnte die Rasse immer weiter verbessert werden. Importe wie Transparency (ZB Nr. 126), der ein vorbildliches Gebäude und einen besonders typvollen Kopf gehabt haben soll, sowie sein Sohn Rolf Naxos (ZB Nr. 272) und die Importe Wood Briar, Dumbarton Reckon und Dumbarton Rocket brachten große Erfolge. Dabei wurde stets der Grundsatz im Auge behalten, daß die Gesundheit und Leistungsfähigkeit der Hunde die Grundlage für Bewertung ihrer Schönheit sein muß. Man legte besonderen Wert darauf, daß neben einem kräftigen, anatomisch korrekten Gebäude die schützende drahtige Jacke mit dichter Unterwolle, die die Hunde witterungsunabhängig machte, erhalten blieb. Einige Züchter dieser Zeit, die mit ihren Hunden maßgeblich an der positiven Entwicklung der Rasse beteiligt waren, sollen erwähnt werden. Es waren dies Herr Peter Maith aus Frankfurt, dessen Zuchthündin Ch.

Abb. 20: Miss Box

Abb. 21: Die Airedale Terrier des Magdeburger Jäger Bataillons Nr. 4 zu einer Kriegshundeübung ausgerückt

Abb. 22: Zeno v. Edelhof 779, 1913, mit seinem Führer Franz Exner. Er gewann als erster den Leistungssiegertitel des Klubs

Nova Naxos eine ganze Reihe Champions der ersten Jahre dieses Jahrhunderts brachte, sowie Geheimrat Dr. Turban aus Davos, dessen Zuchtprodukte auf den Zuchtschauen in Deutschland und der Schweiz führend waren, und dessen Rüde Tim Soldanell der Vater des in dieser Zeit bedeutendsten Vererbers Ch. Semm v. d. Kirnau war. Damit bekommen wir den Anschluß an die jüngere Geschichte des Airedale, denn der Zwinger »v. d. Kirnau«, dessen Besitzer Herr Baumann aus Bruchsal war, ist heute noch vielen Züchtern bekannt, als Zuchtstätte mit großen Erfolgen, z. B. Zuchtgruppensiegen bei allgemeinen Konkurrenzen aller Rassen, was eine erhebliche züchterische Leistung bedeutet.

Neben diesen großen Züchtern bildeten eine Vielzahl von kleinen, engagierten Züchtern die Basis für die weitere positive Entwicklung der Rasse.

Die schon anfangs erwähnten Versuche, den Airedale in den Dienst der Jagdbataillone zu stellen, verliefen sehr erfolgreich. Der Airedale erwies sich als besonders geeignet als Meldegänger und Rettungshund zum Auffinden Verwundeter. Die Ausbildung der Hunde für diese Dienste wurde vom Klub entscheidend gefördert. Die hervorragende Nase und der auffallend gute Orientierungssinn machten den Airedale für Nachrichtendienste sehr geeignet, und im ersten Weltkrieg verdankten unzählige Verwundete diesen Sanitätshunden ihr Leben. Die Hunde fanden sie beim Absuchen der Kampfzonen, wodurch ihr Abtransport veranlaßt werden konnte. Leider verloren auch viele Hunde bei diesen Diensten ihr Leben, aber glücklicherweise blieben gerade die Besten von ihnen erhalten, so daß nach dem Kriege mit einem guten Grundstock ein neuer Anfang in der Zucht gemacht werden konnte.

Ebenso hervorragende Leistungen erbrachten die Airedales im Polizeihundewesen. Von dem Rüden Zeno v. Edelhof mit seinem Führer und Besitzer Franz Exner, Weimar, wird berichtet, daß er nach vielen Auszeichnungen und Preisen auf der Polizeihauptprüfung in Frankfurt 1913 vor allen anderen Rassen als Sieger hervorging und viel Anerkennung und Sympathie für die Rasse gewinnen konnte.

Gerade die Arbeit im Polizeidienst machte es notwendig, die Schulterhöhe des Airedale auf 60 cm anzuheben, wobei lange Zeit den etwas kleineren, dafür aber oft rassetypischeren Vertretern auf Zuchtschauen der Vorzug gegeben wurde.

Um dem Airedale einen möglichst großen Freundeskreis zu gewinnen, wurden von seiten des Klubs seine aus dem Mutterland her bekannten guten jagdlichen Eigenschaften weiter gefördert. Jäger berichteten in ihren Fachzeitschriften von den vollendeten Leistungen ihres Jagdgehilfen.

Für den Einsatz als Kriegs- und Polizeihund war aber eine übermäßige Jagdpassion eher hinderlich, so daß sie von seiten des Zuchtverbandes bald nicht mehr gefördert wurde, sehr zum Leidwesen jener Kreise, die in dem Airedale einen passionierten und intelligenten Jagdgehilfen zu schätzen gelernt hatten.

Die weitere Entwicklung der Airedalezucht und des KFT in Deutschland

Der Airedale Terrier gehört neben dem Deutschen Schäferhund und dem Dobermann zu den ersten Diensthunderassen des Prüfungsverbandes der Zuchtvereine für Diensthunderassen, PVZ, der 1911 gegründet wurde. Eine einheitliche Ausbildungs- und Prüfungsordnung verhalf den Gebrauchshundeführern zu gleicher Arbeit.
1914 wurde die Entwicklung des Klubs mit damals 1500 Mitgliedern und 25 Ortsgruppen zunächst unterbrochen. Die Airedalezüchter mußten den Bedarf an Kriegshunden zufriedenstellend erfüllen und wurden ständig zur Steigerung der Zucht aufgefordert. Große Verluste mußten hingenommen werden, und der für die Zucht entstandene Schaden war erheblich. Die Liebe zur Rasse des Airedale und der Mut und das Durchhaltevermögen verantwortungsbewußter Züchter fanden unter der bewährten Leitung L. F. Diefenbachs schließlich Mittel und Wege zu einem neuen Anfang.

1919 konnte immerhin eine bescheidene Jubiläumsfeier aus Anlaß des 25jährigen Bestehens des Klubs mit einer Sonderausstellung in Frankfurt stattfinden, auf der neben 7 Irish Terriern und 7 Schotten 61 Airedale Terrier gezeigt wurden. Der Import guter Hunde aus England setzte langsam wieder ein.
1930 mußte L. F. Diefenbach den Vorsitz des Klubs aus gesundheitlichen Gründen

Abb. 23: Welche Ortsgruppe war das wohl? Wintertreffen ca. 1930

Abb. 24: Arco v. Raufbold, 1933

Abb. 25: Ein Herz und eine Seele – Arco und Hummel 1933

abgeben, während die Leitung der Geschäftsstelle weiter in seinen Händen blieb. Heinrich Kaueffer übernahm den Vorsitz. Selbst Züchter und Richter der Rasse, gab er ein erstes Airedale Terrier Büchlein mit Berichten über die Herkunft der Rasse, ihre Entwicklung, Zucht, Aufzucht und Haltung des Airedale und das richtige Trimmen heraus. 1962 erschien eine 3. Auflage in neuem Gewand mit dem Farbtitelbild der Hünden Zita v. d. Neidenburg.

Trotz wirtschaftlicher Notlage blühte das Ausstellungswesen. Die Meldezahlen der großen Ausstellungen in Frankfurt und Berlin erreichten stets die stolze Anzahl von über 50 Airedale Terriern.

1932 hieß es Abschied nehmen von L. F. Diefenbach. Zu seinem Gedenken stiftete der Klub für den selbstlosen Einsatz dieses großen Kynologen und Freund des Airedale Terriers die Diefenbach-Gedächtnismünze in Bronze und Silber. Herr Heinrich Kaueffer übernahm nun die Geschäftsstelle, und als neuer Vorsitzender konnte Herr Dr. Erwin Valentin gewonnen werden.

1934 beging der Klub für rauhhaarige Terrier als »Fachschaft für Terrier« mit dem »Reichsobmann«, wie der 1. Vorsitzende nun genannt werden mußte, sein 40jähriges Bestehen. 1700 Mitglieder und nunmehr 8 Terrierrassen betreute der Klub in diesem Jahr. Neben den Airedale Terriern als stärkste Rasse gehörten die Irish, Schotten, Welsh, West Highland White, Sealyham, Cairn und Sky Terrier zum Klub für rauhhaarige Terrier. Als Gründungsmitglied des Klubs weilte Herr E. König, München, unter den Teilnehmern.

1935 war die Weltausstellung mit kynologischem Weltkongreß in Frankfurt ein Höhepunkt besonderer Art. 78 Airedale Terrier wurden gezeigt. Insgesamt waren 3300 Hunde aller Rassen gemeldet.

Der 2. Weltkrieg brachte erneut Einschränkungen mit sich. Wieder erlitten die Airedale Terrier große Verluste durch die Einberufung guter Gebrauchshunde zum Kriegsdienst. »Der Terrier« stellte zwangsläufig sein Erscheinen ein, und das gesamte Zuchtwesen kam zum Erliegen.

1945 nahm die Geschäftsstelle in Kelsterbach unter schwierigsten Umständen ihre Arbeit in beschränktem Umfang wieder auf. 1947 trafen sich die verbliebenen Terrierfreunde und Züchter zu einer Hauptversammlung in Münster. Ein neuer Anfang war gemacht. Als bewährte Mitglieder konnten die Herren von Schröder, Dr. Steen, Dr. Niewisch und Rudolf Stock durch energischen und selbstlosen Einsatz die Geschicke des arg lädierten Klubs in vernünftige Bahnen lenken.

Herr Eugen Haar, Stuttgart, wurde 1. Vorsitzender. Zusammen mit seinem Stellvertreter, Walter Cüpper aus Wuppertal, gelang es, das Klubgeschehen wieder zu normalisieren, die verbliebenen ernsthaften Züchter zu motivieren, sowie das Ausstellungs- und Ausbildungswesen neu zu organisieren. »Der Terrier« erschien ab 1947 in neuer Aufmachung und erwies sich wiederum als Bindeglied und Werbeinstrument des Klubs.

1949 übernahm Herr Walter Cüpper die Leitung des Klubs. Sein Airedalezwinger war in dieser Zeit führend in der Förderung der Rasse.

Die erste Klubleistungssiegerprüfung für Airedale Terrier nach dem 2. Weltkrieg richtete der Klub 1949 in Bonn aus. Kerry Blue Terrier, Tibet- und Bostonterrier aus den USA wurden in den Klub aufgenommen. Aus der Tschechoslowakei

Abb. 26: Zeitlos schön – Ch. Tory v. Glückwald, SchH I

kamen die ersten Cesky Terrier. Der Border Terrier folgte, sowie die ersten Yorkshire, Bedlington und Lakeland Terrier. 1954 beging der Klub für Terrier, wie er inzwischen hieß, sein 60-jähriges Bestehen recht festlich. Zum Klubvorstand gehörten als Vorsitzende die Herren Walter Cüpper und Franz Fischer, sowie Dr. Werner Berger als Schatzmeister, Rudolf Stock als Klubzuchtwart, Karl Gördemann als Klubabrichtewart, E. v. Schröder als Richterobmann und Joseph Weichselgärtner als Beisitzer. Im Zuchtbuch sind zu diesem Zeitpunkt 70 846 Airedale Terrier eingetragen.
Auf der Jubiläumsversammlung am 9. Mai 1954 in Frankfurt richtete Erich Braeckow aus Berlin. 78 Airedales waren gemeldet. Bester Airedale und bester Terrier wird der Engl. Ch. Gosmore Attack, ein Ch. Southkirk Monarch-Sohn. Erich Braeckow schreibt: »Attack ist ein Rüde von richtiger Größe, hat den richtigen Terrier-Ausdruck, dunkle Augen, sehr gute Ohren, und wenn auch sein Kopf nicht der längste ist, so ist er doch in Front, Läufen, Pfoten, Rutensitz und Rute, geradem, festem, kurzem Rücken, Hinterhand und Bewegung, seinen Aktionen vorn und hinten allen anderen überlegen und damit der Gewinner und Jubiläumssieger«. Ein Richterbericht, auf den auch heute noch jeder Rüdenbesitzer stolz sein müßte.
Spitzenhunde wie Frei v. hohen Eich, Impressionist Earl, Bachus v. Rialto und Byron v. Derbyschloß mußten sich geschlagen geben. Bei den Hündinnen gewann Cüppers Kabira aus Cüppers Grille, nach Carnon Kresent Scipper gezogen, vor Kitty v. d. Gruga.
Über die Siegerin schreibt E. Braeckow: »Kabira ist eine gute Empfehlung für ihren Vater. Diese junge Hündin hat einen edlen Kopf mit langem, vollem Fang, dunklem Auge und sehr gut getragenem Ohr. Edler Hals, sehr gute Schultern und Front, vorzügliches Haar und beste Farben. Sie zeigt sich sehr gut und ist in der Bewegung vorn sehr gut, zeigt hinten leichte Schwächen«. Auch dieser Bericht schildert uns die Jubiläumssiegerin sehr bildhaft und eindrucksvoll. Herr Braeckow sagte nach dem Richten der Airedales: »Ich habe streng gerichtet, das müssen wir, das können wir, das brauchen wir bei dem Hochstand der Rasse«. Und das war 1954.
Auf der Mitgliederversammlung im April 1955 wurde Herr Dr. W. Berger aus Kulmbach zum 1. Vorsitzenden gewählt und 1961 von Herrn Joseph Weichselgärtner abgelöst.
1964 wurde das 70-jährige Bestehen des Klubs in München gefeiert. Auf der Jubiläumsschau waren 40 Airedales vertreten, Jubiläumssieger wurde Mattiacus Percy.
1969 gab Herr Weichselgärtner das Amt des 1. Vorsitzenden aus gesundheitlichen Gründen ab. Sein Nachfolger wurde Herr Karl Meinhard aus Essen.
Ein Ausstellungshöhepunkt war die Weltausstellung 1973 in Dortmund. Sonny Boy v. d. Gruga im Besitz von Leo Scharenberg gewann den Titel bei den Rüden. Weltjugendsieger wurde Chlochard v. d. Burg Ludwigstein im Besitz von Dr. Rolf und Waltraud Weckmüller. Den Weltsiegertitel der Hündinnen gewann Kessy v. Stammhof im Besitz von Ehrengard Graebert-Stamm. Weltjugendsiegerin wurde Oda v. Kirm, gezüchtet von Rudolf Tegeler.

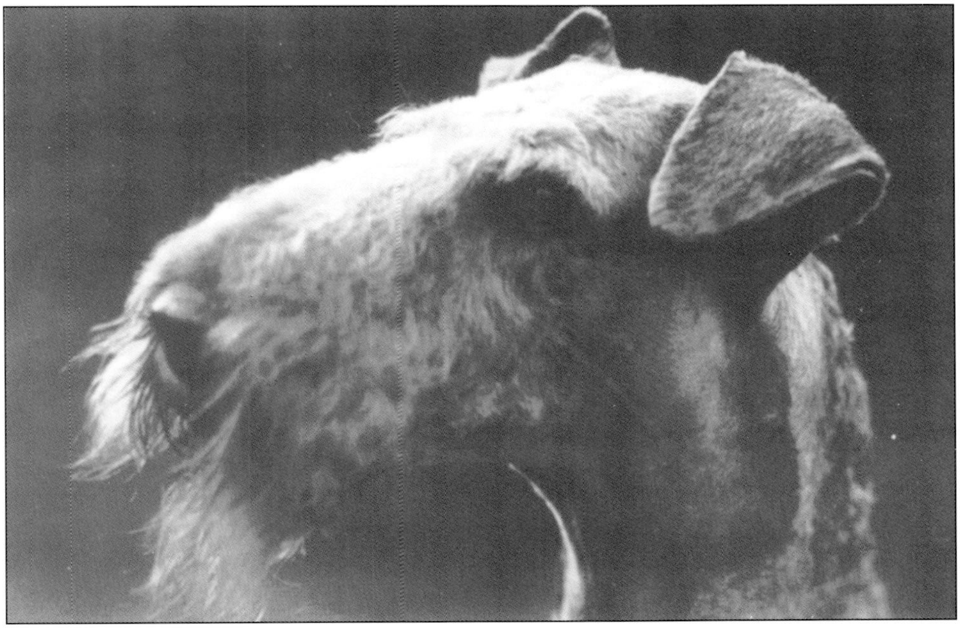

Abb. 27: Ch. Kessy v. Stammhof, SchH III, RH FH AD

Abb. 28: Ch. Puck v. Kirm

Zu den Rassen des Klubs kamen die Soft Coated Wheaten-, Norwich-, Norfolk-, Manchester- und English-Toy oder Black and Tan Terrier hinzu.
Das Zucht-, Ausstellungs- und Prüfungswesen nahm kontinuierlich zu. Die Zahl der für die Klubleistungssiegerprüfung qualifizierten Hunde wuchs entsprechend, und die Teilnahmezahl mußte begrenzt werden. Die Mitgliederzahl wuchs schnell, und das Klubleben stand auf gesunden Füßen.
1971 erfüllte sich ein Wunsch vieler Airedale-Terrierzüchter und Freunde des Leistungssportes. Die Zuchtzulassungsprüfung (ZZP) für Airedaleterrier wurde auf der Mitgliederversammlung in Kelsterbach beschlossen. Jahrzehntelang bemühte man sich auf den Hauptversammlungen um das Pro und Contra einer Zuchtzulassung oder Körung. Ein erster Schritt war getan.
Sinn und Zweck der Prüfung soll es sein, Airedale Terrier, die für die Zucht verwendet werden, vorher auf ihr standardgerechtes Erscheinungsbild zu überprüfen. Grobe anatomische Fehler wie Einhodigkeit oder Kryptorchismus, Gebißfehler wie Vorbiß oder das Fehlen von mehr als 3 Praemolaren, Entropium, zu helles Auge, Wollhaar, grobe Abweichungen von der Standardgröße, zu große weiße Abzeichen sind z. B. zuchtausschließende Fehler. Der wichtigste Teil ist jedoch die Beurteilung des Wesens des Airedale, soweit dies auf einer solchen Prüfung möglich ist. Laut Standard soll der Airedale nicht aggressiv, aber furchtlos sein und aufmerksam und interessiert an seiner Umgebung teilnehmen. Er soll freundlich gegenüber Fremden sein, solange diese sich ebenso verhalten.
Jeder Aggressivität muß er jedoch sofort unerschrocken entgegentreten und seine Verteidigungsbereitschaft erkennen lassen. Er braucht bei dieser Prüfung nicht anzugreifen, darf aber auf keinen Fall ängstlich oder schußscheu reagieren. Das sollte einem Airedale nie passieren, zumindest darf er nicht zur Zucht eingesetzt werden, auch nicht, wenn er ein erfolgreicher Ausstellungshund sein sollte.
Selbstsicherheit, Unbefangenheit und ein stets waches Interesse an seiner Umwelt sind die Wesensmerkmale, die die ersten Vertreter der Rasse aus dem Tal der Aire über die Grenzen ihrer Heimat hinaus bekannt gemacht haben. Es waren der vielseitige Gebrauchswert und der saubere Charakter des Airedale, die seinen Erfolg auf der ganzen Welt begründeten und ihm bis zum heutigen Tag immer neue Freunde gewinnen. Mit seinem sportlichen Exterieur unterstreicht er seinen Typ. Ohne sein ganz eigenes Wesen, eben das Wesen des Airedale, das von sanft und zärtlich bis unbestechlich hart und einsatzfreudig reicht, ohne seinen Charme und seine Intelligenz wäre er längst nicht mehr der begeisternde Terriertyp, den wir so lieben und nicht mehr missen möchten. Ihn gilt es zu erhalten und sein Bestehen weiterhin zu fördern. Eine Aufgabe, die (fast) jeden Einsatz wert ist.
Die ZZP kann nur eine bescheidene, grundsätzliche Auslese in dieser Richtung darstellen. Sie hat sich aber trotz vielerlei, z. T. auch berechtigter Kritik sehr bewährt. Eine darüber hinausgehende Körung für wesensmäßig, anatomisch und gesundheitlich bestveranlagte Hunde wird immer wieder diskutiert und würde entsprechend der Körung anderer Gebrauchshunderassen in Deutschland den daran interessierten Airedalezüchtern eine weitere Auswahlmöglichkeit für die Zucht auf Gesundheit, Leistung und Schönheit an die Hand geben.
1980 wurde Rolf Wernicke aus Hamm zum 1. Vorsitzenden des Klubs gewählt. Die

Weltausstellung 1981 in Dortmund mit angegliedertem kynologischen Weltkongreß unter der bewährten Leitung des VDH wurde mit 628 gemeldeten Terriern und 23 Terrierrassen im KFT ein großer Erfolg. 86 Airedales wurden gemeldet. Den Weltsiegertitel gewann der Englische Import Gay Charly of Glentops im Besitz von F. W. Schöneberg, Herford. Weltjugendsieger wurde Othello v. d. schwarzen Kuhle im Besitz von Willi Gieselmann, Dortmund.
Weltsiegerin wurde die englische, in Italien stehende Hündin Drakehall Diadem von Alessandra Livraghi. Diese Hündin wurde später die Mutter der Cruft's Siegerin 1986 Ginger X' mas Carol, die unter Mary Swash bester Hund der Cruft's Show wurde, ein Ereignis, das alle Airedalefreunde begeistert gefeiert haben. Weltjugendsiegerin wurde Ideal Covergirl v. d. Burg Ludwigstein im Besitz von H. R. Kellner in Dudenstadt.
1981 wurde das HD Röntgen, das bis dahin freiwillig von den Züchtern auf Anraten des KFT durchgeführt wurde, allen Zuchthunden zur Pflicht gemacht. Außer der ZZP weisen seitdem alle Airedaleterrier, die für die Zucht Verwendung finden, anhand von Röntgenaufnahmen, die in der HD-Röntgenzentrale der Universität Berlin von Prof. Hartung ausgewertet werden, nach, daß sie frei von Hüftgelenksdysplasie (HD) sind oder höchstens einen Verdacht auf eine mögliche Erkrankung zeigen. Leichte und mittlere HD-Fälle erhalten prinzipiell keine Zuchterlaubnis. Durch diese röntgenologisch kontrollierte Zuchtwahl in Verbindung mit zunehmender Beachtung der HD-Ergebnisse der Nachzucht eines jeden Zuchthundes ist die Airedale Terrier Zucht im KFT als einzigem Zuchtverband überhaupt in der Lage, die Gesundheit des Airedale Terrier in bezug auf die HD züchterisch und genetisch zu festigen. Das Zuchtziel des HD-gesunden Airedale Terriers wird nirgends auf der Welt so intensiv und zuverlässig verfolgt wie im KFT.
Daß das nicht selbstverständlich ist und jahrzehntelange Arbeit, Aufklärung und Überwindung von Rückschlägen beinhaltet, wird jeder verstehen, der in anderen Zuchtverbänden die Gesundheit der Rasse als wichtigstes Kriterium für die Zucht anerkennt.
Im April 1983 wurde Herr Wernicke von Herrn Herbert Stein, München, im Amt des 1. Vorsitzenden abgelöst. 1986 übernahm Frau Elfriede Braeckow, Kulmbach, dieses Amt.
Der Klub für Terrier hat heute 10 000 Mitglieder und betreut 25 Terrierrassen. In jüngster Zeit wurden der Glen of Imaal und der schwarze, russische Terrier aufgenommen. Es werden jährlich zirka 1500 Airedalewelpen in das Zuchtbuch eingetragen. Fast an jedem Wochenende finden Spezialzuchtschauen des KFT mit Vergabe der Anwartschaften für das nationale Championat (CAC) oder auf Internationalen Schauen für das Int. Championat (CACIB) für den besten Rüden und die beste Hündin der Rasse statt. Besondere Schauen wie die Klubsiegerschau und die Bundessiegerschau vergeben außerdem noch die entsprechenden Tagestitel.
Auf den Übungsplätzen der Ortsgruppen des KFT, des DVG und anderer Gebrauchshundevereine wird mit den Airedales gearbeitet, und bei entsprechender Eignung werden die Schutzhundprüfungen I–III, Fährtenhundprüfungen und Be-

Abb. 29: Ch. Quitte v. Garnsee, 1987

gleithundprüfungen abgelegt. Die besten Sch H III Hunde jeder Landesgruppe treffen sich jährlich auf der großen Klubleistungssiegerprüfung und geben einen eindrucksvollen Nachweis der Leistungsfähigkeit unserer Rasse. Der Besuch dieser Leistungsprüfung ist nicht nur für die Teilnehmer, sondern ganz besonders auch für die zuschauenden Airedalefreunde immer ein großes Erlebnis, das zum Mitmachen anspornt und der Rasse stets neue Freunde gewinnt.
Unter unseren Airedalezüchtern gibt es solche, die mehr Freude am erfolgreichen Ausstellungssport haben und solche, die ganz auf Leistung setzen. Daß beides nicht unvereinbar sein muß, beweisen eine große Zahl von Züchtern, die mit viel Engagement und Erfolg sowohl auf unseren Ausstellungen an der Spitze stehen, wie auch in der Ausbildung höchste Erfolge erzielen.
Der höchste Titel für einen Airedale im KFT ist der »Deutsche Champion«. Dazu gehören der Nachweis der HD-Gesundheit, der Gewinn von 4 CAC und das Bestehen der Schutzhundprüfung I. Viele Besitzer unserer Champions setzen aber ihren Ehrgeiz daran, mit einer Sch H III-Prüfung auch ihre besondere Leistungsfähigkeit unter Beweis zu stellen.
Der Titel »Deutscher Bundessieger« kann ebenfalls nur von einem Airedale mit Leistungsprüfung erworben werden.
Gesund mit bestem Wesen und ästhetischem, sportlichem Exterieur, so sehen wir unsere Airedales, und das ist unser gemeinsames Zuchtziel im KFT.

Abb. 30: Die Terrierrassen des KFT 1989

II. Blick über die Grenzen

Die Entwicklung der Zucht in England

Ch. Matador Mandarin und Walnut King Nobler begründeten die beiden bedeutendsten englischen Blutlinien. Die Mandarin Linie führt über Barrycraft Atoppa und Ch. Rural Wyrewood Apollo zu Ch. Riverina Siccawei Phoebus, sowie zu den Hündinnen Ch. Phoebe of Joreen und Ch. Penelope of Joreen. Nach Apollo wurden auch Ch. Holmbury Bandit und sein Sohn, der Eng. und Am. Ch. Murose Replica gezogen. Sein Sohn Tycroit Hilsam Highnote war der Vater von Ch. Tycroit Tosca und Ch. Tycroit Tuljar, die beide nach Holland kamen. Tycroit Tuljar gewann 1956 in Dortmund die Siegerklasse auf der Weltausstellung. Ch. Tycroit Glenbiena wurde auf derselben Ausstellung BOB (Best of Breed) und Weltsiegerin bei einer Meldezahl von 98 Airedales.

Aus derselben Linie nach Atoppas Vater Ch. Wolstantan Bostok stammt Ch. Murraysgate Minstrel, 1948 Best in Show in Edinburgh, und Southkirk Monarch, der Vater von Ch. Gosmere Attack, der in Deutschland alle Schutzhundprüfungen absolvieren konnte.

Die Walnut King Nobler Linie brachte über Talena Majestic, aus der Hündin Ch. Talena Britannia Ch. Brineland Bonny Boy, der nach 1946 über Belgien nach Deutschland kam. Er wurde der Begründer aller bedeutenden Blutlinien auf dem Kontinent nach dem Krieg. Bonny Boy war in England auch der Begründer der Burdale Linie. Sein Sohn, Lineside Marquis of Burdale, und insbesondere dessen Sohn Ch. Barton of Burdale waren Superausstellungssieger und konnten sogar Spitzenhunden wie Replica und Wyldboy gefährlich werden.

Die bedeutendsten Zwinger dieser Zeit sollen kurz beschrieben werden.

Mrs. A. M. Jenkinsons berühmter Tycroit Zwinger begann mit Ch. Tycroit Caprice of Joreen, einer Minstrel Tochter. Mit dem Replica-Sohn Tycroit Hilsam Highnote brachte sie Ch. Tycroit Tuljar, Tycroit Toreador, Tycroit Tosca und Tycroit Tempo, der einer der bedeutendsten Sieger seiner Zeit wurde.

Mollie Harmsworth »Bengal« Airedales starteten mit Bengal Bengali und Bengal Bahadur. Bengali ging nach Schweden und Bahadur in die USA. Beide hatten großen Einfluß auf die Zuchten ihrer jeweiligen neuen Heimat. Ch. Bengal Mogul, Ch. Bengal Bisquit, Ch. Bengal Springtime, Ch. Bengal Saladin, Ch. Bengal Tarquin, Ch. Bengal Sahib und der unvergessene Ch. Bengal Flamboyant setzten die Erfolge dieses weltbekannten Zwingers fort.

Mrs. C. M. Halfords Siccawei Kennel wurde mit Llanipsa Peach of Siccawei begründet, die wiederum aus der Walnut King Nobler Linie stammte. Ch. Riverina Siccawei Phoebus, Ch. Siccawei King Ramson und der bedeutendste Vererber Ch. Siccawei Galliard machten Airedalegeschichte.

Abb. 31: Ch. Brineland Bonny Boy

Abb. 32: Ch. Jokyl Gallipants; Cruft's Show Sieger 1984/85

Der allen Airedalekennern bekannte Jokyl Kennel von Olive Jackson und Mary Swash bringt in jedem Jahr mindestens einen neuen Champion heraus. Bedeutendster Vererber unserer Zeit ist Ch. Jokyl Gallipants, Top Dog all Breeds 1983.

Bekannte Vertreter dieses Zwingers sind außerdem Ch. Jokyl Vivacious, Ch. Jokyl Sunday Best, Ch. Jokyl Swanky Pants, Ch. Jokyl Hot Lips, Ch. Jokyl Smart Enough, Ch. Jokyl Hot Gossip of Hillcross und die Hündin Ch. American Dream of Jokyl, die 1988 BOB auf der Cruft's Show wurde. Sie ist eine Tochter des Engl. und USA-Ch. Blackjack Nostradamus. Weitere bedeutende Zwinger haben auf diesen Blutlinien aufgebaut.

Judi Averis Saredon Kennel ist bekannt durch seine Erfolge mit Ch. Saredon Super Trouper, Ch. The Deerhunter of Saredon, Ch. Saredon The Jazzsinger und Ch. Saredon Handyman, Cruft's Sieger 1988/89.

Ruth Millars Karudon Kennel hatte seine größten Erfolge mit Ch. Karudon Krismas Kaper und der Crufts Siegerin Ch. Karudon Kalypso, der Mutter des in Deutschland stehenden Rüden Ch. Karudon Katamaran.

Pat A. Cromes' Tintara Kennel gewann mit Ch. Tintara Zealous, Ch. Tintara Upstart, Ch. Tintara Penny Royal.

Barbara Hollands Tanworth Kennel brachte den unvergeßlichen Ch. Tanworth Merryman, bester Rüde der Centenary Show 1976 in Scarborough.

Lesly und Gus Lees Stargus Kennel hat mit dem Cruft's Sieger 1986 und 1987 Ch. Stargus Sea King seinen Top Sieger gezüchtet.

All und Jan Favell's Shadli Kennel wurde mit Siegern wie Ch. Shadli Likely Lad und Ch. Shadli Classy Charmer bekannt.

Jean Cambells Loudwell Kennel brachte Spitzenhunde, die in der ganzen Welt erfolgreich sind, wie Ch. Loudwell Nosegay, Ch. Loudwell Vixen, Ch. Loudwell Whispers, Ch. Loudwell Venus und dem N. Z. und Austr. Ch. Loudwell Fife and Drum.

Berit Forsmans Beacytan Kennel mit Beacytan Troubadour nach ihrem Am. und Engl. Ch. Blackjacks Nostradamus, Ch. Beacytan Gay Paree und Ch. Beacytan Koh-I-Noor.

Berenice und Gerry Howells Cortella Kennel mit Ch. Jimwin Jackpot of Cortella, einem hervorragenden Jokyl Gallipants Sohn, Ch. Cortella High Society und Ch. Cortella Paper Mate.

Denise und David Browns Dendaric Kennel brachte u. a. Ch. Denaric Figurehead

Abb. 33: Ch. Jokyl American Dream, Cruft's Show Siegerin 1988

Abb. 34: Ch. Saredon Handymann, Cruft's Show Sieger 1988

Abb. 35: Ch. Karudon Kalypso, Cruft's Show Siegerin 1984

Abb. 36: Stargus Seakings Sohn Florac King of Scots at Stargus mit Lesly Lee, 1988

Abb. 37: The Beacytan Team = Beacytan Stars + Stripes, Beacytan Silver Dollar, Am. + Eng. Ch. Blackjack's Nostradamus 1987

und den Am. Ch. Denaric Flirtation, erfolgreiche Söhne von Stargus Sea King. Die Ventress Familie besitzt den Junaken Kennel mit sehr erfolgreichen Hunden wie Ch. Junaken Veejay, Ch. Junaken Vallotta, Ch. Junaken Valetta und Ch. Junaken Vanity.
Michael und Jeanne Sarjeants Jetstream Kennel überzeugte mit Ch. Jetstream Summer Moon.

Es gibt noch viele andere, vor allem junge Zwinger, die hier nicht alle genannt werden können. Alle dieser Züchter haben die Verantwortung für die Entwicklung der Rasse übernommen und nehmen ihre Aufgabe sehr ernst.

Über das Zucht- und Ausstellungsgeschehen informiert das jährlich im Frühjahr erscheinende Airedale Terrier Year Book der National Airedale Association. Seit 1986 erscheint das Year Book in neuer Form unter der Redaktion von Donald Millar und wird von allen Züchtern und Freunden der Rasse stets mit Ungeduld erwartet.
Das Mutterland der Rasse ist richtungweisend für alle Airedalezüchter, auch wenn nicht immer alles kritiklos akzeptiert werden kann. Neben absoluten Spitzenhunden gibt es auch solche, die Fehler in die Zucht hereinbringen, die erkannt und korrigiert werden müssen. Besonders der Bewegungsablauf findet nicht immer die Beachtung, die ihm zukommen sollte.
Der Kontakt zu den Airedalezüchtern in England durch Briefwechsel, Besuche der Zwinger und Ausstellungen und Importe interessanter Vererber ist ein Bindeglied für alle Airedalezüchter auf der ganzen Welt. »See you at Cruft's« ist deshalb für viele der Auftakt zum alljährlichen internationalen Treffen am Airedalering auf der Cruft's Show in London.

Aus der Sicht des Mutterlandes beschreibt *Donald Millar* 52 Jahre Airedalegeschichte:

Airedale Terrier in Great Britain / von Donald Miller

»1930 wurde in England ein Rüde geboren, der selbst nie Champion wurde, der aber als hervorragender Vererber siebzehn Champions zeugte und in der Ahnentafel aller bedeutenden Vertreter der Rasse nachweisbar ist. Sein Name war Walnut King Nobler.

Über Ch. Llanipsa Toreador-Ch. Westhay Alliance und Ch. Riverina Reunion führte die Reihe seiner erfolgreichen Nachkommen zu Ch. Riverina Tweedsbairn, der Supreme Champion auf der Cruft's Dog Show 1961 wurde. In direkter Linie führt die Ahnenreihe zu der nächsten Best in Show Siegerin der Crufts' Show 1987, Ginger Xmas Carol. »Emma« wurde 1982 geboren und ist somit nach 11 Generationen und 52 Jahren ein direkter Nachkomme von Walnut King Nobler.
Ebenfalls im Jahr 1930 wurde von Mrs. Bemish-Levey eine hervorragende Ausbil-

Abb. 38: Ch. Riverina Tweedsbairn Cruft's Supr. Ch. 1961

Abb. 39: Ch. Siccawei Galliard

Abb. 40: Mollie Harmsworth mit Ch. Bengal Flamboyant

Abb. 41: Ch. Bengal Springtime

dungsstätte für »Kennelmaids«, am besten mit Zwingerhelferinnen zu übersetzen, gegründet. Ihr Airedale Zwinger »Adross« in Asford in Middlesex war zu jener Zeit weit über die Grenzen bekannt. In dieser Schule ausgebildete junge Damen wurden später selbst erfolgreiche Züchter, Aussteller und Richterinnen. Zu jener Zeit war Bert Southgate Manager und Handler im Adross Kennel. In späteren Jahren leitete er den Jockyl Kennel.

Zu den erfolgreichsten Schülerinnen des Adross Kennels gehörte Mollie Harbutt, die gemeinsam mit ihrer Freundin Barbara Roberts in Liverpool den Bengal Kennel gründete. Während des zweiten Weltkrieges übernahm die inzwischen verheiratete Mollie Harmsworth den Zwinger ganz und führte ihn in Bathhampton weiter. Airedale Terrier des Bengal Kennel wurden führend in der Welt, und Mollie Harmsworth war bis zu ihrem Tode im Jahre 1981 eine der bedeutendsten Züchter, Aussteller und Richter der Rasse.

Abb. 42: Ch. Ginger Xmas Carol, gen. »Emma« Best in Show, Cruft's 1987

Dorothy Hodgkinson war mit ihrem Kresent Kennel eine weitere bedeutende Züchterin mit großem Einfluß auf die Entwicklung des Airedale Terriers. Ihre Hunde waren vielleicht etwas länger im Rücken, als man dies heutzutage in England liebt. Sie hatten aber besonders gute Köpfe und beste Schultern, hartes Haar und ein selbstsicheres Wesen. Bengal Kresent Brave war einer der wichtigsten Vererber dieser Linie.

Claire Halfords Siccawai Kennel brachte recht kurze Hunde mit bester Haarqualität und Farbe. Ch. Siccawai Galliard kam nach ihrem Tode in den Jokyl Kennel. Mit der Hündin Jokyl Smarty Pants brachte er Ch. Jokyl Gallipants, den erfolgreichsten Vererber der letzten Jahre. Galliards Vater war Ch. Bengal Flamboyant. Dessen Mutter Ch. Bengal Springtime gewann 17 CC's, bevor sie in die USA verkauft wurde. Springtime hatte einen wunderbaren Kopf und Ausdruck, war kurz im Rücken mit bestem Rutensitz und sehr gut gewinkelter Hinterhand, sowie excellenter Bewegung. Viele dieser Qualitäten hat sie über Flamboyant und Galliard an ihre Nachkommen weitergeben können.

Nach dem Tode von Claire Halford kam die Hündin Ch. Siccawai Ruby zu Ernest Sharpe, einem der besten Kenner und Förderer der Rasse. Er züchtete mit ihr und Siccawai Galliard einen bedeutenden Wurf. Sein Zwingername Drakehall wurde berühmt mit Drakehall Dinah im Besitz von Stig Ahlberg, Schweden. Diese Hündin gewann 1976 die Centenary Show in Scarborough. Mit Ch. Turith Adonis brachte Ruby die Italienische Ch.-Hündin Drakehall Diadem, welche die Mutter von Ch. Ginger Xmas Carol wurde. Ch. Drakehall Debra war ebenfalls aus diesem erfolgreichen Wurf. Sie wurde für den Junaken Kennel von Ken Ventress die Mutter einer Reihe hervorragender Junaken-Champions.

Eine weitere bedeutende Vererberin dieser Zeit war Bengal Chipinghey Fircone. Sie gehörte Mollie Harmsworth und brachte 12 Champions, darunter Ch. Bengal Fakir, Ch. Bengal Flyer, Ch. Jokyl Bengal Figaro, Ch. Bengal Fastnet und Ch. Bengal Gunga Din, sowie den englischen und amerikanischen Ch. Jokyl Bengal Lionhart. Fircone hatte damit bedeutenden Einfluß auf englische, deutsche und amerikanische Blutlinien.

Leider verstarb der Rüde Ch. Glentops Cracker-Jack zu früh. Seine Nachzucht machte den Glentops Kennel bekannt mit den zauberhaften Hündinnen Ch. Glentops Ocean Mist, Glentops Ocean Breeze, Glentops Raggity Ann und dem in Deutschland bekannten Rüden Ch. Gay Charlie of Glentops.

Der Turith Kennel von Beryl Blower hatte mit dem Amerikanischen Ch. Turith Adonis große Erfolge. Seine Tochter Ch. Perrancourt Playful war die erfolgreichste Ausstellungshündin aller Zeiten und begründete den Ruf des Perrancourt Zwingers. Mit Siccawai Ruby brachte er Ch. Drakehall Debra und Int. Ch. Drakehall Diadem, die Mutter der schon mehrfach erwähnten Ch. Ginger Xmas Carol«.

Der Airedaleterrier in den USA

Der erste Airedale in den USA war Bruce, der von einem bekannten Experten aus Bradford, einem Mr. C. H. Mason, nach den USA gebracht wurde. Er konnte 1881 auf einer Ausstellung in New York den ersten Preis in einer Klasse für Rauhhaarige Terrier gewinnen. Da es zu seiner Zeit noch keine Airedalehündinnen in den USA gab, gab es auch keine direkten reinrassigen Nachkommen von ihm. Erst sein in England geborener Sohn Ch. Brush führt die Ahnenreihe der Airedalezucht in den USA an.

Jahre später importierte Mr. Arden von Holland Buckley Ch. Clonmel Marvel und Ch. Clonmel Sensation, die für einen deutlichen Aufschwung der Rasse in den USA sorgten. Die Nachzucht von Clonmel Monarch in England gemeinsam mit der Nachzucht von Ch. Clonmel Marvel in den USA festigten die rassetypischen Merkmale und Eigenschaften der Briar Test-Linie.

In Canada wurde der Airedale 1899 durch Joseph Lauren (Colne Kennel) eingeführt, der keine Kosten und Mühen scheute, um bestes Zuchtmaterial aus dem Mutterland zu importieren. Seine berühmte Hündin Ch. Dumbarton Lass gewann 15 Championtitel, und Ch. Master Royal wurde ein bedeutender Vererber (siehe Rückencover).

Besonderen Wert auf die Leistungsfähigkeit der Rasse legte Lou Holliday, dessen Lionhard Kennel berühmt wurde durch höchste Erfolge, sowohl auf Leistungsprüfungen aller Art (Jagdgebrauch, Polizeidienst, Militärdienst u. a.) wie auf Zuchtschauen. Seine Hunde gelten noch heute in den USA als Beweis dafür, daß Schönheit und Leistung durchaus vereinbar sind. Im Jahre 1900 wurde der Airedale Terrier Club of America (ATCA) gegründet.

Um 1920 wurde der Airedale Terrier die beliebteste Rasse in den USA. Die ernsthaften Züchter blieben der Rasse auch später treu und verbesserten die Qualität. Der heutige Airedale hat alle charakterlichen Eigenschaften, denen er seine ursprüngliche Entwicklung verdankt, verbunden mit einem wesentlichen verbesserten Exterieur.

Clonmel Monarch (Abb. 10), der 1921 geboren wurde, hatte über seinen Enkel Walnut King Nobler (geb. 1930) großen Einfluß auf die Zucht in den USA. Die Walnut King Nobler Linie ist über den Engl. und Am. Ch. Murose Replica (1948) und Ch. Holmbury Bandit (1940) in allen bedeutenden Ahnentafeln vertreten. Sein Sohn Weycraft Wyldboy wurde ebenfalls in die USA importiert.

Überhaupt hat sich bis heute aus den Gründerjahren die Einstellung bei den Airedaleleuten in den USA erhalten, daß es immer wieder äußerst reizvoll ist, die Spitzentiere der englischen Airedalezucht zu erwerben und in Konkurrenz zu den gerade in den USA führenden Hunden zu stellen. Dieser Ehrgeiz, mit den Top-Hunden des Mutterlandes konkurrieren zu können und möglichst sogar besser zu sein als diese, hat in der Airedalezucht der USA zu einer enormen Leistungssteigerung geführt. Nicht zuletzt die heute zur Perfektion entwickelte Kunst des Trimmings und Handlings macht die in den USA gezüchteten Airedales unserer Tage den Hunden des Mutterlandes zumindest ebenbürtig.

Abb. 43: Großwildjagd – kein Problem für den Lionheart Airedale in den USA

Neben vielen anderen großen Züchtern der Gründerjahre ist es besonders Barbara Strebeigh mit ihrem Birchrun Kennel, die Airedalegeschichte geschrieben hat. Sie ist die in der ganzen Airedalewelt bekannte »Grande Dame« der Airedalezucht in den USA. Seit über 60 Jahren gibt sie als Redakteur den »Newsletter« als Informationsblatt des ATCA heraus (für Aussteller, Züchter, Jäger und Liebhaber gleichermaßen interessant). Ihr Import Ch. Bengal Sabu, den ich 1962 in Birchrunville, der Heimat des Birchrun Kennel, kennenlernen durfte, hat in den USA als Vererber Geschichte gemacht. Sabu wurde einjährig nicht allein für die Ausstellungskarriere, sondern wegen seiner guten Blutführung, bestem Typ, guter Bewegung und zuverlässigem Temperament importiert. Er wurde der Top Airedale der USA, gewann alle großen Ausstellungen (u. a. Montgomery 1959, 1960 und 1961) und wurde der Begründer der berühmten Bengal Sabu Linie.
Zusammen mit Adele Abe führt Barbara Strebeigh noch heute die Geschichte des Kennels und ist verantwortlich für die Entwicklung des A.T.C.A. tätig. Wir alle haben viel von ihr lernen dürfen, und mein ganz besonderer, herzlicher Dank an diese große alte Dame des Airedalesports soll an dieser Stelle zum Ausdruck kommen.
1970 wurde der Englische und Amerikanische Ch. Jokyl Supermann Best in Show auf der Montgomery Ausstellung. Die Montgomery Show ist noch heute *das* Terrierfestival des Jahres und findet stets im Oktober in Philadelphia statt.
Jokyl Supermanns Handler William Thompson schrieb im »Terrier Type« über ihn: »Es ist schwer, das Wesen eines Hundes in Worte zu fassen, besonders, wenn es sich um einen so besonderen Charakter handelt. Tom ist liebevoll, verspielt, intelligent, lebhaft, konzentriert und routiniert im Ring, anpassungsfähig an alle Situationen, sei es, wenn es ihm beliebt zu Hause inmitten der Weihnachtsvorbereitungen im Geschenkpapier zu schlafen oder auf dem Flughafen einem kleinen Mädchen den Teddy zu stibitzen. Dabei macht er ein Gesicht, das besagt: ›Ich spiele eben auch gern mit Teddybären.‹ Aber nur wer mit ihm lebt, weiß alle seine Qualitäten wirklich zu schätzen.«
Diese Beschreibung könnte auf so manchen anderen Airedale ebenso zutreffen, weil sie typisch ist für den besonderen Charakter der Rasse.
Aus dem berühmten F-Wurf nach dem Engl. Ch. Bengal Krescent Brave aus der Hündin Bengal Chippinghay Fircone des Bengal-Zwingers von Mollie Harmsworth kam Ch. Bengal Flyer in die USA und wurde sehr erfolgreich. 1963 und 1965 war er Best of Breed in Westminster, der großen Ausstellung in New York. Sie wird als Antwort der USA auf die Cruft's Show in London bezeichnet und findet jährlich am Wochenende nach der Cruft's im Februar statt.
Aus dem späteren Wurf (Krescent Brave-Fircone) stammt Ch. Bengal Gunga Din. Nach ihm wurde der Engl. Ch. und Am. Ch. Bengal Mowgli und dessen Sohn Bengal Buldeo gezogen, der der Vater des bedeutendsten Englischen Champions dieser Zeit Ch. Bengal Flamboyant ist. Sein Sohn, der Engl. und Am. Ch. Jokyl Spic'n Span wurde mit über 20 Champions in seiner Nachzucht der nächste bedeutende Import in die USA. Ein anderer Sohn von Flamboyant ist Ch. Siccawei Galliard, dessen Tochter Ch. Drakenhall Dinah 1976 die Airedale Centenary in England gewann. Er ist heute in allen bedeutenden englischen Linien vertreten.

Abb. 44: Das Arbeiten mit dem Airedale findet immer mehr Freude in den USA
Ch. Tartan Bannochbarn Drammond, Führer: Gilbert, Ohio

Später kam Jokyl Bengal Lionhard in die USA. Er wurde auf Anraten von Ric Chashoudian importiert. »Skipper«, wie er genannt wurde, hat es sich einmal geleistet, seine Chance in New York, die Westminster Show zu gewinnen, selbst zu verspielen. Er war in Top-Kondition, es wurde von ihm erwartet, daß er auf dieser Ausstellung mit etwas Glück den Titel Best in Show gewinnen würde. Statt dessen hatte er sich in einem unbeaufsichtigten Augenblick im wahrsten Sinne des Wortes mit frischem Wasser vollgetankt und gluckerte beim Vorführen nicht nur wie ein Wassertank, sondern zeigte sich auch entsprechend satt und zufrieden. Der Richter war nicht sehr erfreut über »Skippers« plötzliche Verwandlung in einen Wasserballon, mühsam wurde er dritter in einer Konkurrenz, die er leicht hätte gewinnen können. Das sind die Überraschungen im Hundesport. Im nächsten Jahr wurde Lionhard bester Terrier der USA. Stets wurde er dabei von Ric sorgfältig von allen großen Wasserbehältern ferngehalten.
Bei den Hündinnen war es besonders die Engl. und Am. Ch. Hündin Bengal Springtime, die ihre englische Karriere in den USA fortsetzen konnte. In den USA geboren wurde die Hündin Ch. Golliway's Gidget, die sich als hervorragende Vererberin von 19 Champions erwies. Sie stammt aus der Birchrunlinie von Barbara Strebeigh nach Bengal Sabu und wurde von Maggie Hochsteller-Becker gezüchtet und ausgestellt. Mit vier Ch.-Töchtern gewann sie 1975 überzeugend die Zuchthündinnen-Konkurrenz auf der California ATC Spezial Schau.
Der Coppercrest Zwinger von June und Robert Dutcher hatte ebenfalls große Erfolge in dieser Zeit. 1975 gewann Ch. Coppercrest Ramrod Boß auf der Beverly Hill Show. Seine Tochter Ch. Guntana wurde beste Hündin der Show.
Das Ehepaar Dutcher hat sich besonders bemüht, junge Züchter und alle interessierten Airedalefreunde zu beraten und viel Engagement in die Organisation von Spezialausstellungen und die Förderung der Interessen der Airedalezucht gelegt.
Einen sehr interessanten, aufschlußreichen und objektiven Beitrag zur Geschichte der Airedalezucht der letzten 10 Jahre in den USA hat mir *Ric Chashoudian*, einer der bedeutendsten Richter und Terrierkenner der USA geschrieben. Er beschreibt besonders einen Airedale, den kein Airedalekenner, der ihn einmal erlebt hat, sei es im Ring oder privat, je vergessen kann, nämlich die Airedalehündin Ch. Finlair Isis.

Airedale Terrier in den USA. Eine Analyse der letzten zehn Jahre / von Ric Chashouidan

»Es ist mir eine Freude, eine kurze Beschreibung der Entwicklung des Airedale Terrier in den Vereinigten Staaten während der letzten 10 Jahre zu schreiben. Während meiner 46jährigen Verbundenheit mit der Rasse erreichte die Qualität der Airedales in den Jahren von 1980 bis 1987 ihren höchsten Stand.
Bereits im Jahre 1976 waren einige hervorragende Züchter in drei bedeutenden Teilen des Landes sehr erfolgreich. Das war an der Westküste in Los Angeles und San Francisco, im Mittleren Westen in Chicago und Minnesota, sowie an der Ostküste in den Neu England-Staaten. Die USA sind ein so großes Land mit

Abb. 45: Das Ideal einer Airedale Hündin: Finlair Isis 1986/87; perfektes amerikanisches Handling, Bob La Rouche

Entfernungen von 3000 Meilen (4500 km) von Ost nach West, daß es oft ein sehr kostspieliges Unternehmen ist, eine Zuchthündin zu dem passenden Rüden zu führen, da die Flugkosten extrem hoch sind. Die amerikanische Zucht befand sich bereits auf hohem Niveau, als der Rüde Bengal Turith Comet von mir aus England importiert wurde. Dieser Rüde hatte vor seinem plötzlichen Tod nur einen Wurf mit der Hündin Ch. Bonanza Belle De AAA. Aus diesem Wurf stammen zwei Rüden, Ch. Bravo True Grit und Ch. Bravo Starbuck. Diese beiden Brüder hatten mit den vorhandenen amerikanischen Zuchtlinien so gute Erfolge, daß die Zucht neue Höhepunkte erreichte.

Ch. Finlair Tiger of Stoneridge brach alle bisherigen Rekorde als Best in Show-Sieger aller Rassen (26), und die Hündin Ch. Finlair Isis wurde zum Prototyp des modernen Airedale. Beide stammen von Ch. True Grit aus der Hündin Ch. Finlair Bodacious, gezüchtet von Kathy Finley in Baton Rouge, Louisiana, im Süden der Vereinigten Staaten. Dort bin auch ich zu Hause, und True Grit lebt hier als Zuchtrüde.

Der Bruder Ch. Bravo Star Buck lebt an der Westküste und wurde mit viel Überlegung zur Zucht eingesetzt. Ch. Finlair Isis ist der beste Airedale, den ich je gesehen habe. Sie ist überragend. Sie hat unsere Montgomery Airedale Specialty Show dreimal hintereinander gewonnen (1985, 1986 und 1987). Die Montgomery

Abb. 46: Ch. Finlair Tiger of Stone Ridge, gen. »Gator«

County Terrier Show findet jedes Jahr am ersten Wochenende im Oktober statt und ist *die* Terrierschau der Vereinigten Staaten. Wir sind sehr stolz auf diese Ausstellung, ich glaube auch zu Recht. Es ist wirklich ein großartiges Erlebnis! Die Airedalemeldungen belaufen sich stets auf 120 bis 175 Hunde, es sind die besten, die es in den USA gibt.

Ich rate allen ausländischen Züchtern, wenn sie an Airedales interessiert sind, diese Ausstellung zu besuchen, eher als Westminster. Die »Montgomery« repräsentiert die Züchter, Westminster zeigt nur einige Spitzenhunde von allen Rassen, hat dafür aber ein großartiges Finale aller Rassebesten.

Die Airedales der Vereinigten Staaten haben natürlich auch einige Probleme, insbesondere in der Bewegung der Vorhand, verursacht durch Fehler der Schulter. Die meisten anderen Punkte sind sehr gut.

Wenn unsere Züchter zuverlässig gute Fronten züchten könnten und sie mit all den anderen guten Qualitäten kombinierten, die wir in unserer Zucht erreicht haben, z. B. excellente Köpfe mit gutem Ausdruck, gute Halslinien, feste, gerade Rücken und guten Rutensitz, gute Hinterhandaktion, gute Haarqualität und Farbe, anständige Läufe und Pfoten, sowie korrekte Größe, würde unsere Zucht zu höchsten Ergebnissen gelangen.
Es scheint nie ganz perfekte Hunde zu geben, und auch Isis hat ihre Fehler. Ich würde ihr einen eine Spur längeren Kopf wünschen und ein etwas kleineres Auge, obwohl ihre Augen sehr dunkel sind. Ihre Ohren sind ziemlich hoch angesetzt, aber das sind Nebensächlichkeiten. Wenn man sie anschaut, möchte man die Schulter etwas weiter zurückliegend wünschen. Trotzdem bewegt sie sich in der Vor- und Hinterhand so perfekt, wie ich es nie zuvor bei einer Hündin gesehen habe. Bis auf diese kleinen Mängel ist sie überragend. Sie hat eine ideale Größe und ein zauberhaftes Temperament. Sie hat jetzt einen herrlichen Wurf mit 10 Welpen. Sie ist noch jung und wird später sicherlich wieder auf Ausstellungen gezeigt werden.
Ich habe kürzlich in Argentinien gerichtet und dort einige sehr ernsthafte Airedalezüchter getroffen. Die Qulität der gezüchteten Hunde war vorzüglich. Auch in Australien gibt es hervorragende Airedales. Leider hat die Qualität der Englischen Airedales nachgelassen. Aber ich bin überzeugt, daß das eine vorübergehende Erscheinung ist. Sie werden sich erholen, wie sie es immer getan haben.
Ich hoffe, eines Tages auch die Deutschen Airedales kennen zu lernen. Ich habe sehr gute Kritiken gehört von Leuten, die sie gesehen haben.«
Wenn man heute über die Ausstellungen in den USA spricht, kann man nicht nur die hohe Qualität der gezeigten Airedales ansprechen, sondern muß auch die hervorragende Arbeit der »Handler« erwähnen. Es wird viel erzählt, vor allem von den unzähligen Tricks, mit denen Champions gemanagt werden. In erster Linie ist es aber Können, ein hervorragendes Gefühl und sicheres Auge für die Terrier und insbesondere den Airedale, wodurch die Erfolge bestimmt werden. Die Airedales stehen meist für eine bestimmte Zeit bei ihrem Handler, werden nur mit der Hand getrimmt und täglich mehrmals trainiert. Die Kondition wird durch sorgfältigste, individuelle Fütterung erarbeitet. Was mir besonders gefallen hat ist, daß die Hunde immer freundschaftlich und als Partner im Wettkampf behandelt werden, nicht als Mittel zum Zweck.
Das Handling ist in den USA ein Job und kein Hobby. Aber ein Job, der mit Begeisterung und Fairness gegenüber dem Hund geleistet wird. Die Unterbringung der Hunde ist oft spartanisch. Deshalb freuen sich die Hunde auch auf das tägliche Training und die Ausstellungen. »Dienst ist Dienst«, würden wir sagen. Zu Hause bei ihren Besitzern dürfen sie dann wieder ein Privatleben führen. Die erfolgreichsten Handler der Airedales sind z. Zt. sicherlich Bob La Rouech, Wood Warnall, Peter Green, Maripi und Michael Kemp.
Es ist eine Freude, sie bei der Arbeit zu beobachten und zu sehen, wie gern die Airedales auf ihr Handling eingehen. Im Ring merkt man nichts mehr von der harten Arbeit, die geleistet werden muß, um einen Airedale perfekt vorzustellen und seine ganz persönlichen Höhenpunkte herauszuarbeiten.

Abb. 47: Amerikanischer und Mexikanischer Ch. Stone Ridge Bengal Bravo

Abb. 48: Auch das ist »Handling«. »Joshua«, Ch. Ernie's Jack Flash mit Wood Warnall

Der Airedale Terrier in Australien

Lou Endean, Queensland, sandte mir ausführliche Unterlagen über die Airedalezucht in Australien. Darin werden als erste Airedales 1890 die Hunde der Züchter Addy und Edmonston in Victoria erwähnt. 1903 importierte Mr. C. Court, ein angesehener Richter, Rice Accrington Rough. In den nächsten Jahren wurden zwei Rüden aus dem Clonmel Kennel von Holland Buckley aus dem Mutterland importiert. Es waren Clonmel Cracksman und Clonmel Grandmaster.

Der bedeutendste Züchter in Victoria war damals Mr. N. Whiting, der keine Kosten scheute, um beste Qualität aus dem Mutterland zu importieren, z. B. Ala Mode, Ch. Renown Marquiss Ardoss und Ch. Woltanton Lucky Strike. Ebenso importierte der Stoneleigh-Kennel von Bell und Ethel Brilhaut sehr gute Hunde. In den 20er Jahren hatten die Airedales einen Höhepunkt ihrer Popularität zu verzeichnen. Man hatte gelernt, die Airedales gut zu trimmen und vorzuführen, was auf den Ausstellungen einer kleinen Sensation gleichkam. 1924 zahlte ein Dr. Sparkes 1000 Silberdollar für Ch. Flyaway. Zu der Zeit waren 1000 Dollar eine Riesensumme! Nach 1945 wurden im Uralla Kennel von Mr. und Mrs. Besley hervorragende Hunde gezüchtet, von denen Uralla Roscan die größte Bedeutung erlangte. Später importierte Mrs. Platte in Victoria über 20 Jahre gute Hunde aus England. Ihr Bengal Jemedar war der Sieger 1966.

Das Trimming und Handling wurde auch weiterhin sehr ernst genommen. Gegner des perfekten Trimmings meinten, ein Richter wäre nicht dazu da, den Ausstellungsring mit einem Friseurwettbewerb zu verwechseln, sondern habe in erster Linie Anatomie und Substanz der Hunde zu beurteilen. Außerdem könne man Fehler zwar verstecken, aber niemand könne sie durch Trimmen aus der Welt schaffen. Das wurde von allen anerkannt. Trotzdem hatten perfekt getrimmte Hunde stets eine bessere Chance als ihre nicht so gut vorgestellten Konkurrenten. 1973 wurde die Hündin Ch. Strongfort Sexpot geboren, die von Mrs. G. Lesh gezüchtet und vorgeführt wurde. Sie war achtmal »Best in Show«, gewann u. a. die Gruppe 1975 auf der Sydney Royal Show unter dem englischen Richter Mr. P. Whitaker und wurde stolze Mutter von insgesamt 21 Welpen.

In Australien wurde immer großer Wert auf das Arbeiten mit dem Airedale gelegt. Der Airedale mit Ausbildungskennzeichen CD war Bret Aristocrat von Mr. Gaywood. Mr. H. Lowe aus Epping machte als erster mit seinem Ch. Fort Knox Commander die Gebrauchshundprüfung U.D. Bei der Ausbildung wird besonderer Wert darauf gelegt, den Willen des Hundes nicht zu brechen, sondern vielmehr einen fröhlich und willig arbeitenden Hund mit stets hoch getragener Rute zu erziehen.

Jane Harvey aus Victoria, eine hervorragende Kennerin des Airedale, hat sich sehr intensiv darum bemüht, das Interesse an der Ausbildung des Airedale bei den

Abb. 49: Ch. Loudwell Venus 1978

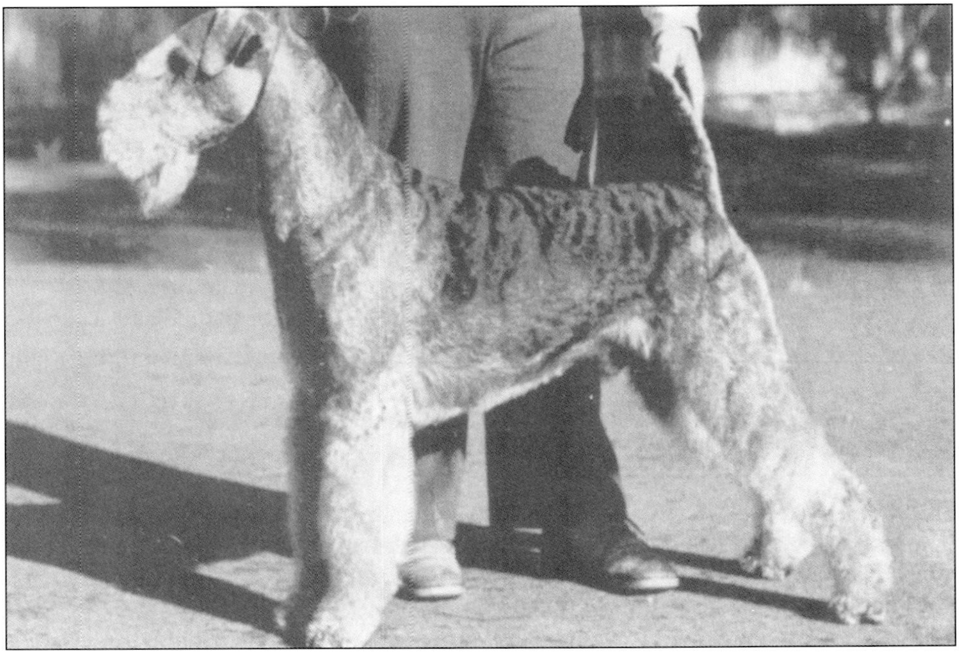

Abb. 50: Austr. Ch. Rangeaire Rolls Royce

Abb. 51: Ch. Forsvar Red Embers

Airedaleclubs zu wecken und zu aktivieren. Auf der Gebrauchshundeprüfung der Royal Melbourne Show 1973 konnte ein Airedale den ersten Platz belegen.
Ein sehr erfolgreicher Zwinger ist der Forsvar Kennel von Wayne Kelly und Sue Matthews, der 1977 gegründet wurde und seither laufend Ausstellungs- und Leistungssieger gezüchtet hat.
1977 wurde Loudwell Venus importiert, die schnell ihren Austr. Championtitel gewann und einige Gruppen- und Best in Show Siege erringen konnte.

In Queensland ist Mrs. Hilda Copplestone die große alte Dame der Queensland Airedales. Unter ihrem Patronat erscheinen die regelmäßigen Mitteilungshefte mit einer Fülle von Informationen, Terminen für Trimm- und Handlingkurse, Ausstellungskritiken, Reiseberichten und Züchterannoncen.
Vor allem Lou Endeans Burfield-Kennel, der mit Burdale-Airedales angefangen hatte, kann auf eine kontinuierliche Reihe von Erfolgen blicken.

Der Airedale Terrier in den Niederlanden

Nachfolgenden Text verdanken wir Herrn *F. X. van Leeuwen:*

»Die ersten Airedale Terrier in den Niederlanden waren Master Pepper und Clovelly Venus im Besitz von Herrn Quarles van Ufford, sowie Lady Vice von Herrn A. van Gelder. Diese drei Airedales wurden auf der zweiten Cynophiliaausstellung im Jahr 1891 ausgestellt. Master Pepper war ein Sohn von dem englischen Sieger Wharfedale Rush. Herr J. C. Kegg importierte im Jahre 1897 Cholmondely Bryong und züchtete in den folgenden Jahren u. a. Airedale Kingswell und Airedale Kate.

Bedeutende Importe beeinflußten weiterhin die Anfänge der Airedalezucht in Holland. Von diesen müssen Ch. Llanipsa Paladin, Searchlight Maid Marian und Searchlight Sequence, ein Sohn des Ch. Rural Wyrewood Appollo, sowie Searchlight Pride of Swen erwähnt werden.

Um die Jahrhundertwende war auch der »Essenburg« Kennel des Herrn Voorendonk bekannt. Er züchtete den ersten Niederländischen Sieger Killquick-Essenburg. Erfolgreich waren ebenso Hector-, Boy-, Lady- und Matjan van Brakel aus dem »van Brakel« Kennel, sowie Novas Marash, -Flora, -Monarch, -Mekki und -Myloss aus dem »Nova« Kennel von Herrn Mallinger.

Anfang dieses Jahrhunderts wurden ausgestellt: Diligent, Marvel und Crack Essenburg, Nova Westland, Thomas, Barkerind Monarch u. a. Peter Spierenberg importierte später Ch. Tycroit Tulyar und Ch. Tycroit Glenbiena, die beide 1956 den Weltsiegertitel in Dortmund gewannen.

Zu den heute bekannten Airedale-Rüden in den Niederlanden zählen A Malton of the Binglys' Pride. Intelligent Historian of Malton, Gustav Kirm of Malton, Cocas Cosmos, Dynamic Terra Rica, XY von Lossberg, Figaro of Belcantos' Home, Chess Player of the Ockenhome und Barclay of Codale.

Bei den Hündinnen sind es The Geisha of Belcantos' Home, Antoinette of Stocklots, Super Elegant Girl of Malton, First Angel Kirm of Malton, Dynamic Fascination, Glorious Laura of the Ockenhome, Fascination of Belcantos' Home, Pietas of Malton, Ganesja of Malton und Halloween Pretender.«

Abb. 52: Ch. XY vom Loßberg

Abb. 53: Ch. Double Duch of Malton

Abb. 54: Ch. Thessa Pretender und Ch. Fantastic Cracker v. d. Burg Ludwigstein

Der Airedale Terrier in Österreich

Der erste Vorsitzende des Airedale Terrier Spezial Klubs (ATS) in Wien, Herr *Josef V. Max*, hat die folgenden Angaben über die Airedalezucht in Österreich zusammengetragen.

»Im östereichischen Hundezuchtbuch von 1901, dem ältesten und vermutlich sogar ersten überhaupt, sind die Eintragungen – beginnend mit dem Jahr 1890 – nachgetragen. Zu dieser Zeit wurde noch fortlaufend numeriert und nicht jede Rasse für sich eingetragen.

Die erste Eintragung eines Airedale Terrier erfolgte unter der ZB-Nr. 1918. Dieser und den folgenden Eintragungen kann man entnehmen, daß alle Elterntiere aus dem Mutterland England stammen. Es wurden zu dieser Zeit nur Hunde importiert, die bereits Ausstellungskennzeichen oder einen Zuchtpreis erhalten hatten. Man kann aus diesen Eintragungen den Weg des Airedale Terrier in Österreich sehr genau verfolgen. Ausstellungen wurden fast nur in Garnisonstädten abgehalten, und die Airedale Terrier Besitzer kamen nur aus den höchsten Kreisen, im Gegensatz zum Mutterland, wo die meisten Züchter aus dem Mittelstand kamen. Man kann daraus ersehen, wie elitär diese Rasse in den deutschsprachigen Ländern war.

Bereits um die Jahrhundertwende wurde der Airedale Terrier als Diensthund bei Militär, Gendarmerie, Zoll und Polizei eingesetzt. Als 1909 der Österreichische Gebrauchshundeverein gegründet wurde und Diensthunde für die Polizei abrichtete, wurden neben Schäferhund und Dobermann auch Airedale Terrier angekauft und der Polizei zur Verfügung gestellt.

Aufgrund seiner Intelligenz wurde der Airedale Terrier besonders häufig in Militärdienste genommen und fand dort als Sanitäts-, Posten- oder Meldehund Verwendung, was ihm den Beinamen ›Kriegshund‹ einbrachte.«

Der Österreichische Airedale Terrier Spezial Klub (ATS) mit seinem ersten Vorsitzenden Herrn Josef Max, Wien, ist sowohl in der Zucht, wie auch im Ausstellungs- und Leistungswesen sehr aktiv. Mit den in loser Folge erscheinenden AT-Infos und den Veröffentlichungen im »Unser Hund« (UH) des Österreichischen Kynologenverbandes (ÖKV) werden die Mitglieder regelmäßig und umfassend informiert.

Zu den heute bekanntesten und erfolgreichsten Züchtern gehören Frau Margit Hannak in Krens »vom Airedy-Castle« und Frau Inge Pfalzer »von der Reichsbrücke«. Importe aus England und Deutschland ergänzen das Zuchtpotential.

Abb. 55: Airedales aus drei Generationen in Österreich. Titelbild »Unser Hund« 1984

Der Airedale Terrier in der Schweiz

Herr *Jürgen Schoch*, Präsident des Schweizerischen Airedale Terrier Clubs (SATC), hat freundlicherweise folgende Angaben über die Entwicklung des Airedale in seinem Land zusammengestellt:

»Die erste Eintragung über Airedale Terrier erschien im Schweizerischen Hundestammbuch (SHSB) im Jahre 1893 unter der Nr. 730. Es war der Airedale Shipley, gew. 1891, der bereits im Mutterland 1892 erste Preise gewonnen hatte.

1929 erschien Band XXVIII des SHSB, in dem die Airedale Terrier Brineland Baroness, Züchter: Watson, England, Besitzer: André Roberts, Mies, sowie die in der Schweiz gezüchteten Boy v. Baselbiet, Z. und Bes.: K. Bollinger, Basel, und Ch. Luna v. Hauenstein, Z.: G. Lehmann, Olten, Bes.: Henry Lassen, Genf, abgebildet sind. Von dem Zwinger v. d. Schadau des Herrn Paul Gubelmann stammt das hübsche Bild eines Wurfes der Hündin Wia-Kéty v. Sodeck nach Frasquati Stockfield Tommy aus dem Jahr 1947. Die Hündin ist väterlicher- und mütterlicherseits nach dem Schweizer Sieger 1938/39/40 Rebus v. Dachstein (SHSB 70177) gezogen (Abb. 56).

Frasquati Stockfield Tommy wurde aus Belgien importiert und stand im Besitz des Zwingers vom Arbogast des Herrn W. Reize in Muttenz. 1957 wurde der Schweizer Airedale Terrier Club gegründet. Seinem Initiator Otto Haefelin lag besonders die Arbeit mit dem Airedale als Gebrauchshund am Herzen. Er importierte Tycroit Tosca Jocular of Siccawei, sowie Gosmore Diamond, der die Sch H III ablegen konnte. Später hat Herr Hugo Zingg viel für die Rasse getan, indem er Kontakte zum Ausland aufbaute, wichtige Ausstellungen und Prüfungen in den Nachbarländern besuchte und die Ergebnisse dokumentierte. Sein besonderes Interesse gilt ebenfalls dem Gebrauchswert der Rasse.

Heute ist der Rüde Mirko von Madulain wohl der erfolgreichste Hund auf den Ausstellungen, 1986 wurde er Internationaler und Nationaler Schönheitschampion und wird ebenso als Gebrauchshund geführt (Sch H II).

Kliff v. Miekenberg ist der erfolgreichste Gebrauchshund und der einzige Airedale Terrier, der sich durch Ausscheidungswettkämpfe für die Europameisterschaft qualifizieren konnte. 1984 war er Sieger der Klubleistungssiegerprüfung des Klub für Terrier in Deutschland. Gezüchtet wurde der Rüde von Heinz Löhr in Nettlingen (BRD). Ausgebildet und geführt wird er von Urs Ochsner. Athos v. d. Tannenburg arbeitet erfolgreich als Gebrauchshund und als Katastrophenhund.

Der SATC bemüht sich besonders um die Erhaltung des unerschrockenen, mutigen Wesens des Airedale Terriers und schätzt in ihm den zuverlässigen Schutz- und Gebrauchshund. Dabei zeichnet ihn das gutmütige Temperament besonders ge-

Abb. 56: Wia-Kéty v. Sodeck 1947 mit ihrem Wurf nach dem Frasquati Stockfield Tommy

Abb. 57: Mirko v. Madulain

Abb. 58: Lancaster-Larry v. Burghorn
Int. Ch., Schweizer Sieger, SchH III und Fährtenhund

genüber Kindern als angenehmen Haus- und Familienhund aus. Mit Ankörungen, Wesensprüfungen, Formwertbeurteilung und Kampftriebproben wird eine strenge Auswahl der zur Zucht geeigneten Hunde getroffen.«
Eine fruchtbare Zusammenarbeit mit den Nachbarländern, besonders der Bundesrepublik und den Niederlanden macht die Schweizer Zucht zu einem interessanten Partner im europäischen Raum.

Die Zuchtschauen des Schweizerischen Airedale Terrier Clubs (SATC), sowie die Internationalen Ausstellungen der Schweizerischen Kynologischen Gesellschaft (SKG) werden gut organisiert und gern besucht.

Eine Reise zu den kynologischen Veranstaltungen in der Schweiz ist stets ein schöner Kurzurlaub und verbindet die Airedalefreunde über die Landesgrenzen hinweg.

Der Airedale Terrier in Dänemark

Für Dänemark hat *Inger Larsen* die Entwicklung des Airedale zusammengestellt.

»Um 1900 kamen die ersten Airedales nach Dänemark. Sie wurden aus Deutschland importiert. 1926 wurde der erste Zwinger »Furesø« von Captain Emil Soya-Jensen gegründet. Bis Ende der fünfziger Jahre hat er gezüchtet und verschiedene Hunde aus England importiert. 1931 entstand der Zwinger »Solbakken« von Helga Bumbech-Wunsch. Ihre Tochter Birthe Wunsch züchtet heute noch nach der alten Blutlinie unter dem gleichen Zwingernamen.

1950 gründete Direktor K. Hedegaard seinen Zwinger »Alabur« und 1962 Elise Vanga den Zwinger »Con Amour«. Sie züchtete sehr gute Hunde in den sechziger Jahren. Ihr Rüde Con Amour Porgy gewann viele Ausstellungen und ist der Großvater eines weiteren erfolgreichen Zucht- und Ausstellungsrüden der siebziger Jahre, La Pretas Iesper, gezüchtet von Preben Hansen, dem Besitzer des »La Preta« Zwingers. 1974 wurde Yugve v. d. Neidenburg von Liebhabern der Rasse als Ausstellungs- und Zuchtrüde aus Deutschland importiert. Er wurde Ende der siebziger Jahre auf vielen Schauen gezeigt und war 1979 bester Airedale und viertbester aller Terrierrassen in Dänemark. Yugve hat in den letzten 10 Jahren die Zucht sehr positiv beeinflußt und lebt heute mit 14 Jahren noch in seiner Familie.

1976 importierte Birthe Wunsch Highway Man of Jokyl aus England. 1976 gründete Birgit Buhl ihren Zwinger »Sandy« und importierte Turith Commander, der ein sehr erfolgreicher Rüde auf Ausstellungen und ebenfalls ein guter Vererber wurde. Die erste in Dänemark gezüchtete Airedale Hündin, die den Titel Internationaler Champion erringen konnte, war seine Tochter Sandys Hannah.

Anfang der achtziger Jahre hat Rita Bagge ihren Zwinger »Con-Tika« mit guten irischen und englischen Hündinnen aufgebaut. Etwa gleichzeitig haben Inge Hansen und Mikael Laursen ihren Zwinger »Spicaway« gegründet. Sie importierten den bekannten englischen Champion Perrancourt Pirat und haben ihn zum Dänischen, Deutschen und Internationalen Champion geführt. Er ist auch der Vater des besten Airedales des Jahres 1987 Spicaway Eye Catcher und des Jahres 1988 Spicaway Goldie. 1988 hat Birgit Buhl den jungen vielversprechenden Rüden Soul Singer of Saredon aus England importiert, der bereits beachtliche Ausstellungserfolge aufzuweisen hat.«

Abb. 59: Gute Freunde – Yngve und Pernille

Abb. 60: Ch. Spicaway Goldie, Top Airedale 1988 in Dänemark

Der Airedale Terrier in Schweden

Für Schweden hat *Stig Ahlberg* die Entwicklung des Airedale in seinem Land aufgezeichnet.
»Der erste Champion im Zuchtbuch des Schwedischen Kennel Klubs (Swenska Kennelklubbeb) war ein Airedale. Es war Ch. Reliable, der 1891 in England nach Ch. Colna Crack aus der Hündin Nell gezüchtet wurde. Er hatte bereits fünf Ausstellungen in England gewonnen, sowie Ausstellungen in München und Randers (Dänemark). 1894 gewann er auf der Kennel-Club-Schau in Stockholm. Vermutlich war dies das erste Mal, daß ein Airedale in Schweden ausgestellt wurde. Sein Besitzer stellte ihn bis zu seinem 9. Lebensjahr noch oft und erfolgreich vor.
Heute, fast 100 Jahre später, kann man sagen, daß der Airdale Terrier einen festen Platz in den Herzen der schwedischen Hundeliebhaber erobert hat. Während der beiden Weltkriege wurde der Rasse als Sanitäts- und Meldehund besonderes Interesse zuteil. Heute werden etwa 300 Airedales jährlich neu in das Zuchtbuch eingetragen. Anfangs wurden die meisten Hunde aus Deutschland importiert. Sie wurden durch Importe aus dem Mutterland ergänzt.
Der erste größere Züchter, der bis heute als der bedeutendste Züchter des Airedale in Schweden gilt, war Frau Richardis Sörvik mit ihrem »Roederich«-Zwinger. Ihr erster in Schweden gezüchteter Champion war Bolschevik Roederich. Er wurde 1919 nach Jagello de Bergerac aus Cilly vom Erfttal, die beide aus Deutschland stammten, gezüchtet. Eine sehr bekannte Züchterin war auch Carin Boman-Lindhé, die 1922 ihren »Mountebanks«-Zwinger begann und bis zu ihrem Tode 1986 neben anderen Rassen stets eine Airedalelinie züchtete. Andere erfolgreiche Züchter waren in der Zeit von 1930–1940 Frau Valessa Bichl, »Hunneskärs«, Gunnar Arvidson, »Trottens« und Emil Nilsson, »Önsvala«, der eine seiner Linien auf der deutschen Hündin Ch. Burga vom Derbyschloß aufbaute, die er kurz vor Ausbruch des 2. Weltkrieges importierte.

Die ersten Nachkriegsjahre waren eine Durststrecke für die Zucht, und die Qualitäten der Vorkriegsjahre konnten lange Zeit nicht wieder erreicht werden. Erst ab 1960 begann eine neue erfolgreiche Ära mit dem Import einer Reihe von Rüden und Hündinnen aus England. Insbesondere wurden Airedales des »Kresent« und »Bengal« Zwingers, die nahe verwandt waren, importiert. 1976 und 1977 kam der Einfluß der »Siccawei«-Linie hinzu. Zu ihnen gehörte die »Best in Show« Siegerin der 100-Jahrfeier des englischen Airedaleterrierclubs in Scarborough, Ch. Drakehall Dinah. Später wurden weitere Airedales bekannter Zwinger für die Zucht importiert, während der Einfluß deutscher Blutlinien zurückging.
In den letzten Jahren gab es eine Reihe sehr erfolgreicher Zwinger wie des Autors Zwinger »Ragtime«, Maureen Klerells Zwinger »Capperstone«, Sonja Johanssons Zwinger »Malmängen«, Gunnel Lindberg und ihrer Tochter Susanne Sparres Zwinger »Coastguard«, Pia Lundberg und Ruth Rudenholts Zwinger »Pinto« und Ingela Nilssons Zwinger »Gay Gordons'«. Dazu kommen einige jüngere Zwinger,

*Abb. 61: Zuchtgruppe des Airedale-Zwingers Mountebank.
Züchter: Carin Boman-Linhé 1925*

Abb. 62: Zuchtgruppe des Airedale-Zwingers Pinto 1987. Züchter: Pia und Stefan Lundberg

Abb. 63: Stig Ahlberg und Ragtime Applejack 1987

Abb. 64: Susanne Sparres freut sich über einen neuen Sieg ihres Rüden Coastguards Foxtrot

und die Erfolge sind recht gut, so daß schwedische Airedales sogar Gruppensiege und »Best in Show«-Siege erringen.
Obwohl einige schwedische Airedale Terrier sich als Gebrauchshunde qualifiziert haben, wird die Rasse bei uns vorwiegend als Begleithund angesehen und nicht so sehr auf Leistung geachtet wie in Deutschland.«

Abb. 65: Spielen im Schnee – Airedales lieben es sehr – Evalottas »Patsy«

Der Airedale Terrier in Finnland

Aus Finnland sandte *Laura Mäenpää* den folgenden Überblick über die Entwicklung der Airedale-Zucht in ihrem Land.
»Der älteste Nachweis des Airedale in Finnland reicht in das Jahr 1899 zurück, als der englische Rüde Ch. Reliable in schwedischem Besitz in Helsinki gezeigt wurde. Er war zuvor erfolgreich in England, Deutschland, Schweden und Norwegen ausgestellt worden. Natürlich gewann er BOB (Best of Breed) alleinstehend. Er war nach dem englischen Champion Colna Crack und der Hündin Nell gezüchtet. 1910 kamen die ersten Airedales aus Deutschland in den finnischen Polizeidienst. Der Airedale wurde in den folgenden Jahren in Finnland vorwiegend als Schutzhund, Blindenhund und in der Armee geführt.
Erster privater Züchter war Lily Björling, die von 1928–1938 unter dem Zwingernamen Airebäck züchtete. Weitere Züchter waren Geijes, Bridale, Edmuntopp, Gunhell, Eko u. a. Auch die Armee hielt Airedales, von denen im 2. Weltkrieg Satimo und Edmuntopp Kattie durch ihre Leistungen an der Grenze berühmt wurden.

Zu den bekanntesten Züchtern zählen heute Pirjo Helm (Big Ladys'), Tapio Ranta (Ranpiin), Rilva Josefsson (Soft-Air) und Gunvor Oksanen (Teinikedon). Außerdem gibt es noch weitere gute Züchter, die aber weniger bekannt sind.
Die bedeutendsten Hunde der letzten Jahre waren hauptsächlich Englische Importe, wie z. B. der Internationale, Schwedische, Norwegische und Finnische Ch. Tintara Bulrush, Ch. Mynair Nevergivin, Ch. Babu of Bengal, Ch. Tintara Much-Enough, Ch. Jokyl Hellcross Hot Potato. In Finnland wurden die Airedale Terrier Ch. Big Ladys' Xpress Xebec (von Tintara Bulrush) und Ch. Big Ladys' Good Gracious (von Mynair Nevergivin) geboren. Heute stehen die Hündin Soft Air Light of Fire (nach ABC of Papermaker) und ihre Brüder Soft Air Lazybones und Soft Air Lionheart an der Spitze.
In Finnland ist der Airedale ein Gebrauchshund. Er muß Leistungsnachweise erbringen, um Champion zu werden. Deshalb gibt es so wenig Champions in Finnland. Der Grund liegt weniger in fehlender Leistungsfähigkeit der Airedales als darin, daß die meisten Besitzer zu bequem sind, mit ihren Hunden zu arbeiten. Heute wird der Airedale nicht mehr im Polizeidienst geführt, ebensowenig als Jagdhund gebraucht.
Der Airedale gilt als eine sehr gesunde Rasse. Etwa 20% leichte HD-Fälle (meist 1. Grad) treten auf. Ab Anfang 1989 werden nur noch solche Würfe eingetragen, bei denen beide Eltern HD-geröntgt sind, was in der Ahnentafel dokumentiert wird. In den vergangenen Jahren traten auch einige Fälle von Cerebraler Ataxie bei Welpen im Alter von 5–6 Wochen auf. Es wird versucht, diese Linien sorgfältig zu kontrollieren und zu meiden.
Der Finnische Airedaleclub entstand im November 1946 mit 19 Gründungsmitgliedern. Ein Jahr später waren es 63 Mitglieder, 1987/891. Durchschnittlich kann der Club einen jährlichen Zuwachs von etwa 120 Mitgliedern verzeichnen.«

Abb. 66: Ein beliebter Spaß – Schlittenfahren mit dem Hund, z. B. mit einem Airedale

Abb. 67: Soft Air Light of Fire und Soft Air Lionheart, Helsinki 1988

Airedale Terrier in Japan

Aus Japan erreichten uns nachstehende hübsche Bilder:

Abb. 68: Sieger der japanischen Polizeihundeprüfung

Abb. 69: Yoko Sekido in Japan mit »Paulownia«

III. Der Standard des Airedale

Der englische Standard
FCI – Standard Nr. 7b vom 24. Juni 1987

General Appearance: largest of the terriers, a muscular, active, fairly cobby dog, without suspicion of legginess or undue length of body.
Characteristics: keen of expression, quick of movement, on the tip-toe of expectation at any moment. Character denoted and shown by expression of eyes, and by carriage of ears and *erect* tail.
Temperament: outgoing and confident, friendly, courageous and intelligent. Alert at all times, not aggressive but fearless.
Head & Sull: skull long and flat, not too broad between ears, and narrowing slightly to eyes. Well balanced, with no apparent difference in length between skull and foreface. Free from wrinkles, with stop hardly visible; cheeks level and free from fullness. Foreface well filled up before eyes, not dish-faced or falling away quickly below eyes, but a delicate chiselling prevents appearance of wedginess or plainness. Upper and lower jaws deep, powerful, strong and muscular, as strength of foreface is greatly desired. No excess development of the jaws to give a rounded or bulging appearance to the cheeks, as »cheekiness« is undesireable. Lips tight, nose black.
Eyes: dark in colour, small, not prominent, full of terrier expression, keeness and intelligence. *Light or bold eye highly undesirable.*
Ears: »V« shaped with a side carriage, small but not out of proportion to size of dog. Top line of folded ear *slightly* above level of skull. Pendulous ears or *ears set too high undesirable.*
Mouth: teeth strong. Jaws strong. *Scissor bite,* i. e. Upper teeth closely overlapping the lower teeth and set square to the jaws preferable, *but vice-like bite acceptable. An overshot or undershot mouth undesirable.*
Neck: clean, muscular, of moderate length and thickness, gradually widening towards shoulders, and free from throatiness.
Forequarters: shoulders long, well laid back, sloping obliquely, shoulder blades flat. Forelegs perfectly straight, with good bone. Elbows perpendicular to body, working free of sides.
Body: back short, strong straight and level, showing no slackness. Loins muscular. Ribs well sprung. In short-coupled and well ribbed-up dogs there is little space between ribs and hips. When dog is long in couplings some slackness will be shown here. Chest deep (i. e. approximately level with elbows), but not broad.
Hindquarters: thighs long and powerful with muscular second thigh, stifles well bent, turned neither in nor out. Hocks well let down, parallel with each other when viewed from behind.
Feet: small, round and compact, with a good depth of pad, well cushioned, and toes moderately arched, turning neither in nor out.
Tail: set on high and carried gaily, not curled over back. Good strength and substance. Customarily docked. Tip approximately at same height as top of skull.
Gait/Movement: legs carried straight forward. Forelegs move freely, parallel to the

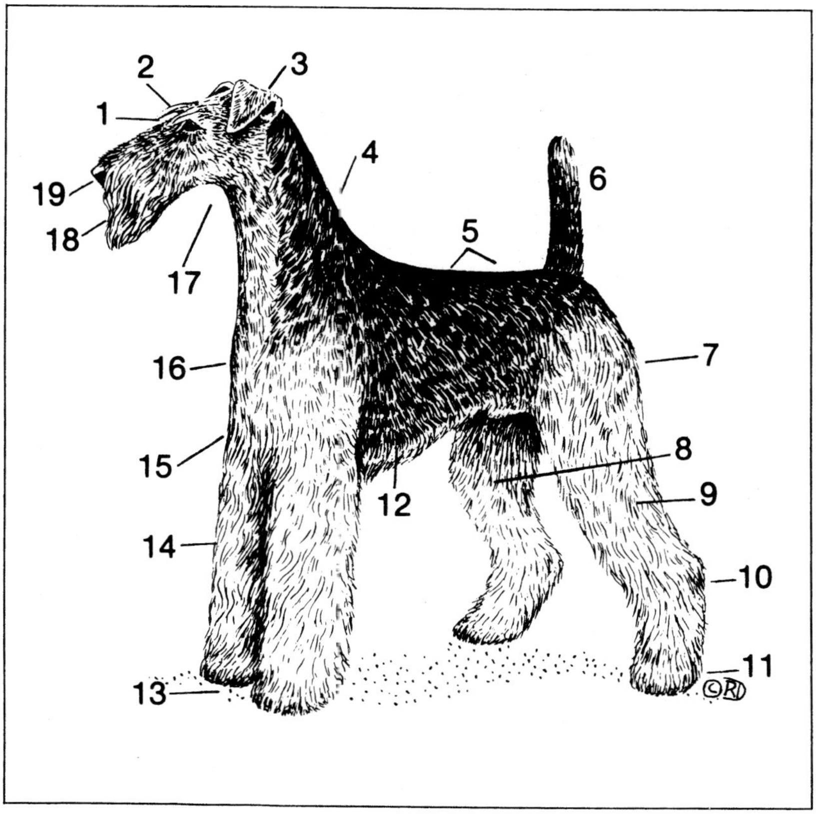

Der Standard des Airedale

1. Kleines, mandelförmiges, möglichst dunkles Auge voller Terrierausdruck.
2. Langer, flacher Schädel.
3. Ohren V-förmig, seitlich anliegend, etwas oberhalb der Schädellinie gefaltet.
4. Eleganter Halsaufsatz mit langem Widerrist.
5. Kurzer, ebener, kräftiger Rücken.
6. Rute hoch angesetzt, kräftig, lustig getragen, aber nicht überzogen.
7. Kräftige, gut bemuskelte Hinterhand.
8. Gut gewinkelte Kniegelenke.
9. Lange, kräftige Unterschenkel.
10. Tiefe Sprunggelenke, gut gewinkelt.
11. Zehennägel, schwarz und kurz gehalten.
12. Gute Brusttiefe.
13. Kleine, geschlossene »Katzenpfoten«.
14. Absolut gerade Läufe.
15. Gerade Terrierfront.
16. Schulter flach, schräg gelagert und gut zurückliegend, gute Schulterwinkelung.
17. Wenig Kehlhaut.
18. Kräftige Kiefer.
19. Kräftiger, schwarzer Nasenspiegel.

sides. When approaching forelegs should form a continuation of the straigt line of the front, feet being same distance apart as elbows. Propulsive power is furnished by hind legs.
Coat: hard, dense and wiry, not so long as to appear ragged. Lying straight and close, covering body and legs; outer coat hard wiry and stiff, undercoat shorter and softer. Hardest coat are crinkling or just slightly waved; *curly or soft coat highly undesirable.*
Colour: body-saddle black or grizzle as is top of the neck and top surface of tail. All other parts tan. Ears often a darker tan, and shading may occur round neck and side of skull. *A few white* hairs between forelegs acceptable.
Size: height about 58-61 cms (23-24 ins) for dogs, taken from top of shoulder, and bitches about 56-59 cms (22-23 ins).
Faults: any departure from the foregoing points should be considered a fault and the seriousness with which the fault should be regarded should be in exact proportion to its degree.
Note: male animals should have two apparently normal testicles fully descended into the scrotum.
Approved by the General Assembly FCI on the 23th and 24th June 1987 in Jerusalem.

Die Standardübersetzung FCI – Standard Nr. 7b vom 24. Juni 1987

Allgemeines Erscheinungsbild: Größte der (englischen) Terrierrassen. Ein muskulöser, aktiver, ziemlich kompakter Hund ohne Anzeichen von Hochläufigkeit oder unverhältnismäßiger Körperlänge.
Charakteristika: Forsch im Ausdruck, schnell in der Bewegung, jederzeit voll gespannter Erwartung. Sein Charakter wird gekennzeichnet und unterstrichen durch den Ausdruck der Augen, durch die Art, die Ohren zu tragen und durch die aufrechte Rutenhaltung.
Wesen: Offen und vertrauensvoll, freundlich selbstbewußt und intelligent. Stets wachsam, nicht aggressiv, aber furchtlos.
Kopf und Schädel: Schädel lang und flach, nicht zu breit, zwischen den Ohren und zu den Augen hin geringfügig schmaler werdend. Gut proportioniert, ohne deutlichen Unterschied in der Länge von Schädel und Vorgesicht. Ohne Stirnfalten, mit kaum wahrnehmbarem Stop. Backen flach, nicht ausgeprägt. Vorgesicht gut

Abb. I: Finlair Isis
Abb. II: Mutterfreuden, Fiora und Arna
Abb. III: Xanthy
Abb. IV: Violet
Abb. V: Xambo

II

III

IV

V

VI

VII

VIII

IX

ausgefüllt, vor den Augen nicht einfallend oder rasch verjüngt. Jedoch soll eine feine Modellierung einen keilförmigen, nichtssagenden Ausdruck vermeiden. Ober- und Unterkiefer tief, kraftvoll, stark und muskulös, da Stärke des Vorgesichts erwünscht ist.
Dagegen ist eine übermäßige Entwicklung der Kieferbögen, die eine rundliche oder hervortretende Backenbildung bedingen würde, unerwünscht. Lefzen gut geschlossen, Nase schwarz.
Augen: Von dunkler Farbe, klein, nicht hervortretend. Voller Terrierausdruck, Kühnheit und Intelligenz. Helle oder hervortretende Augen sind höchst unerwünscht.
Ohren: V-förmig, seitlich getragen, klein, aber zur Größe des Hundes passend. Die obere Linie des gefalteten Ohres befindet sich knapp über der Schädellinie. Herabhängende oder zu hoch angesetzte Ohren sind unerwünscht.
Gebiß: Kräftiger Kiefer mit einem perfekten, regelmäßigen Scherengebiß, wobei die obere Schneidezahnreihe ohne Zwischenraum über die untere greift und die Zähne senkrecht im Kiefer stehen.
Zangengebiß kann akzeptiert werden. Vorbiß und Rückbiß sind unzulässig.
Hals: Trocken und muskulös, von durchschnittlicher Länge und Stärke, allmählich in die Schultern übergehend, ohne Kehlhaut.
Vorhand: Schultern lang, gut zurückliegend, schräg gelagert. Schulterblätter flach. Vorderläufe ganz gerade mit guter Knochensubstanz. Ellenbogen lotrecht zum Körper, frei an den Schultern arbeitend.
Körper: Rücken kurz, kräftig, gerade und eben, ohne Lockerung. Lendenpartie muskulös. Rippen gut gewölbt.
Bei kurzen und gut aufgerippten Hunden bleibt wenig Raum zwischen den letzten Rippen und den Hüften. Bei einem weniger geschlossenen Hund wird sich gerade hier eine Schwäche zeigen. Brust tief, etwa bis zu den Ellenbogen reichend, aber nicht breit.
Hinterhand: Oberschenkel lang und kräftig mit gut bemuskelten Unterschenkeln und gut gewinkelten Kniegelenken, die weder nach innen, noch nach außen gedreht werden.
Tiefstehende Sprunggelenke, von hinten betrachtet parallel zueinander.
Pfoten: Klein, rund und kompakt mit gut ausgebildeten Ballen, gut gepolstert mit gut gebogenen Zehen, weder nach innen, noch nach außen gestellt.
Rute: Hoch angesetzt und fröhlich getragen, jedoch nicht über den Rücken gezogen, von guter Stärke und Substanz. Üblicherweise kupiert. Die Spitze soll in etwa die gleiche Höhe erreichen, in der sich das Hinterhauptbein befindet.
Bewegung: Läufe gerade vorwärts greifend. Die Vorderläufe werden frei und parallel zu den Seiten bewegt. Beim herankommenden Hund sollen die Vorder-

Abb. VI: La Prima Donna
Abb. VII: Wurfgeschwister
Abb. VIII: Konzentration, Katamaran
Abb. IX: Maricke

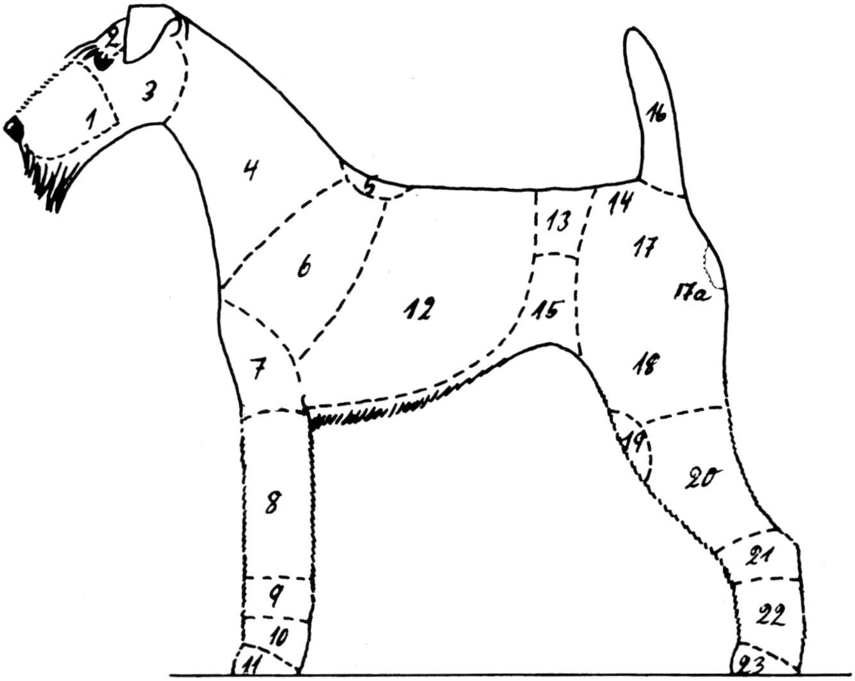

Körperregionen

1. Vorgesicht
2. Oberkopf
3. Wangenpartie
4. Hals
5. Widerrist
6. Schulter
7. Oberarm
8. Unterarm
9. Vorderfußwurzelgelenk
10. Vordermittelfuß
11. Pfoten
12. Brustkorb
13. Lende
14. Kruppe
15. Flanke
16. Rute
17. Beckenbereich
17a. Sitzbeinhöcker
18. Oberschenkel
19. Knie
20. Unterschenkel
21. Sprunggelenk
22. Hintermittelfuß
23. Pfoten

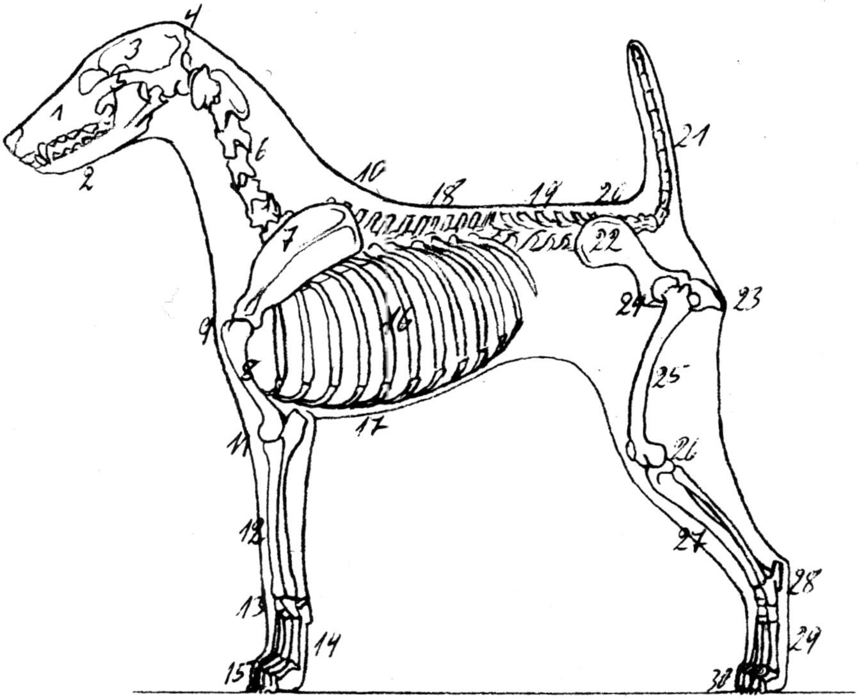

Knochenbau

1. Oberkiefer
2. Unterkiefer
3. Stirn
4. Hinterhauptbein
5. Jochbein
6. Halswirbelsäule
7. Schulterblatt
8. Oberarm
9. Buggelenk
10. Widerrist
11. Ellenbogengelenk
12. Elle und Speiche (Unterarm)
13. Vorderfußwurzelgelenk
14. Vordermittelfuß
15. Pfote, Zehen
16. Rippen
17. Brustbein
18. Brustwirbelsäule
19. Lendenwirbelsäule
20. Kreuzbein
21. Rutenwirbel
22. Becken
23. Sitzbeinhöcker
24. Hüftgelenk
25. Oberschenkel
26. Kniegelenk
27. Schienbein, Wadenbein (Unterschenkel)
28. Sprunggelenk
29. Hintermittelfuß
30. Zehen, Pfote

läufe eine Fortsetzung der geraden Linie der Front bilden, wobei die Pfoten denselben Abstand voneinander haben wie die Ellenbogen.
Die Schubkraft kommt aus der Hinterhand.
Haar: Hart, dicht und drahtig, nicht so lang, daß es struppig wirkt. Glatt und flach anliegend, Körper und Läufe bedeckend. Deckhaar hart, drahtig straff, Unterwolle kürzer und weicher.
Das härteste Haar kringelt sich oder ist leicht gewellt. Lockiges oder weiches Haar ist höchst unerwünscht.
Farbe: Sattel schwarz oder grizzle, ebenfalls Nacken und Oberseite der Rute. Alle anderen Körperpartien lohfarben. Die Ohren sind oftmals dunkler im Loh. Dunklere Schattierungen findet man gelegentlich auch am Hals und an den Schläfen. Einige weiße Haare zwischen den Vorderläufen können akzeptiert werden.
Größe: Schulterhöhe: ca. 58 – 61 cm für Rüden, ca. 56 – 59 cm für Hündinnen.
Fehler: Jede Abweichung von den vorgenannten Punkten sollte als Fehler angesehen werden, dessen Bewertung im genauen Verhältnis zum Grad der Abweichung stehen soll.
Anmerkung: Rüden sollen zwei offensichtlich normal entwickelte Hoden aufweisen, die sich vollständig im Skrotum befinden.

Gedanken zum Standard

Der Standard einer jeden Hunderasse wird vom jeweiligen Ursprungsland, beim Airedale vom Englischen Kennel Club, herausgegeben.

In der Fassung vom 24. Juni 1987, die von der F.C.I. (Fédération Cynologique International) auf ihrer Zusammenkunft anläßlich der Welthundeausstellung in Israel als verbindlich anerkannt wurde, wird die Rasse des Airedale Terrier kurz, prägnant und umfassend beschrieben. Dieser Standard ist Maßstab und Zielsetzung für die Züchter und Richter dieser Rasse.

Zum besseren Verständnis erscheint es jedoch notwendig, auf die einzelnen Standardpunkte etwas ausführlicher und wo nötig erläuternd einzugehen. Das setzt eine profunde Kenntnis der Rasse und ihrer historischen Entwicklung voraus. Deshalb möchte ich mich an dieser Stelle besonders für die freundliche Beratung und Unterstützung durch den Präsidenten der Airedale Terrier Association in England, Donald Millar, Wedmore, bedanken. Seine Hilfe konnte zur Klärung einiger wesentlicher Punkte beitragen. Der Standard des Airedale ist ursprünglich entstanden aus den vielseitigen Anforderungen als Gebrauchshund für die Jagd und den Schutz seiner Besitzer im Tal der Aire.

Das Wichtigste am äußeren Erscheinungsbild des Airedale ist seine Ausgewogenheit, das heißt, daß keiner seiner Vorzüge überbetont werden darf. Größe, Substanz, Aktivität und Kraft, seine Fröhlichkeit und sein selbstbewußtes Tempe-

rament sollen durch Ausgewogenheit und Harmonie überzeugen. Modebedingte Übertreibungen einzelner Standardpunkte stören stets die Qualität der Gesamterscheinung.
Der Airedale ist ein quadratisch aufgebauter Hund, bei dem die Körperlänge vom Buggelenk bis zum Sitzbeinhöcker identisch sein soll mit der Schulterhöhe, am Widerrist gemessen und zwar lotrecht hinter den Ellenbogen. Die Länge der Vorderläufe vom Boden bis zum Ellenbogen entspricht der Entfernung von Ellenbogen bis zum Widerrist.

Der Kopf ist lang und flach, wobei der Fang etwa dieselbe Länge aufweist wie der Oberkopf. Von der Seite gesehen soll die Oberlinie der Stirn mit der Oberlinie des Fanges eine Linie bilden, ohne sichtbaren Stop und ohne sichtbare Wölbung (Downface).
Die richtige Breite zwischen den Ohren ist ein wichtiges Kriterium. Zu schmale Köpfe vermitteln den Eindruck von Schwäche, zu breite Köpfe wirken schwerfällig und dumm. Die Stirn soll faltenfrei sein. Der Oberkopf verjüngt sich leicht zu den Augen hin.
Die Ohren prägen zusammen mit den Augen den richtigen Terriertyp. Sie dürfen nicht zu tief angesetzt und getragen werden wie bei einem Jagdhund, aber auch nicht zu hoch angesetzt sein und mit der Spitze auf die Augen zeigen wie bei einem Foxterrier. Das beste Ohr ist klein, v-förmig, seitlich an den Schläfen anliegend getragen, ohne Längsfalten und wird knapp oberhalb der Schädellinie gefaltet.
Das Auge soll klein, dreieckig, tief eingesetzt und so dunkel wie möglich sein. Eine dunkle Umrandung durch stark pigmentierte Lider verändert den richtigen Terrierausdruck. Ein helles Auge ist ein ernster Fehler, der schwer herauszuzüchten ist. Ein zu großes, rundes Auge verändert den Typ entscheidend; es blickt freundlich, milde und verträumt, anstatt lustig, feurig und intelligent zu blitzen.
Der Fang soll kräfig und vor den Augen gut ausgefüllt sein. Eine leichte Ziselierung ergibt jedoch mehr Qualität im Ausdruck. Hier ist das Können des Trimmers besonders gefordert, um den richtigen Typ herauszuarbeiten. Ober- und Unterkiefer sollen kräftig und kantig ausgebildet sein. Die relativ großen Zähne bilden ein möglichst vollzahniges, gut schließendes Scherengebiß. Zwei fehlende Prämolaren dürfen nach dem Zucht- und Ausstellungsreglement des KFT akzeptiert werden. Tatsächlich sehen wir jedoch überwiegend vollzahnige Hunde auf unseren Zuchtschauen. Beim erwachsenen Hund kann ein Zangengebiß toleriert werden. Jedoch sind den Zangenschluß verlassende untere Schneidezähne ein Fehler, der in der Weiterzucht zum Vorbiß führen kann.

Um den gewünschten kräftigen Fang des Airedale zu erhalten, ist es wichtig, bei der Beurteilung des Gebisses auch auf eine kräftige, breite Schneidezahnreihe zu achten. Keinesfalls dürfen in den weichen Gaumen des Oberkiefers greifende Eckzähne (Canini) akzeptiert werden, die gelegentlich bei zu schmalem, langem Vorgesicht vorkommen können. Die Lefzen sollen gut pigmentiert, d. h. möglichst schwarz sein und fest anliegen.
Der Nasenspiegel soll groß, breit und tiefschwarz sein. Ein zierlicher Nasenspiegel

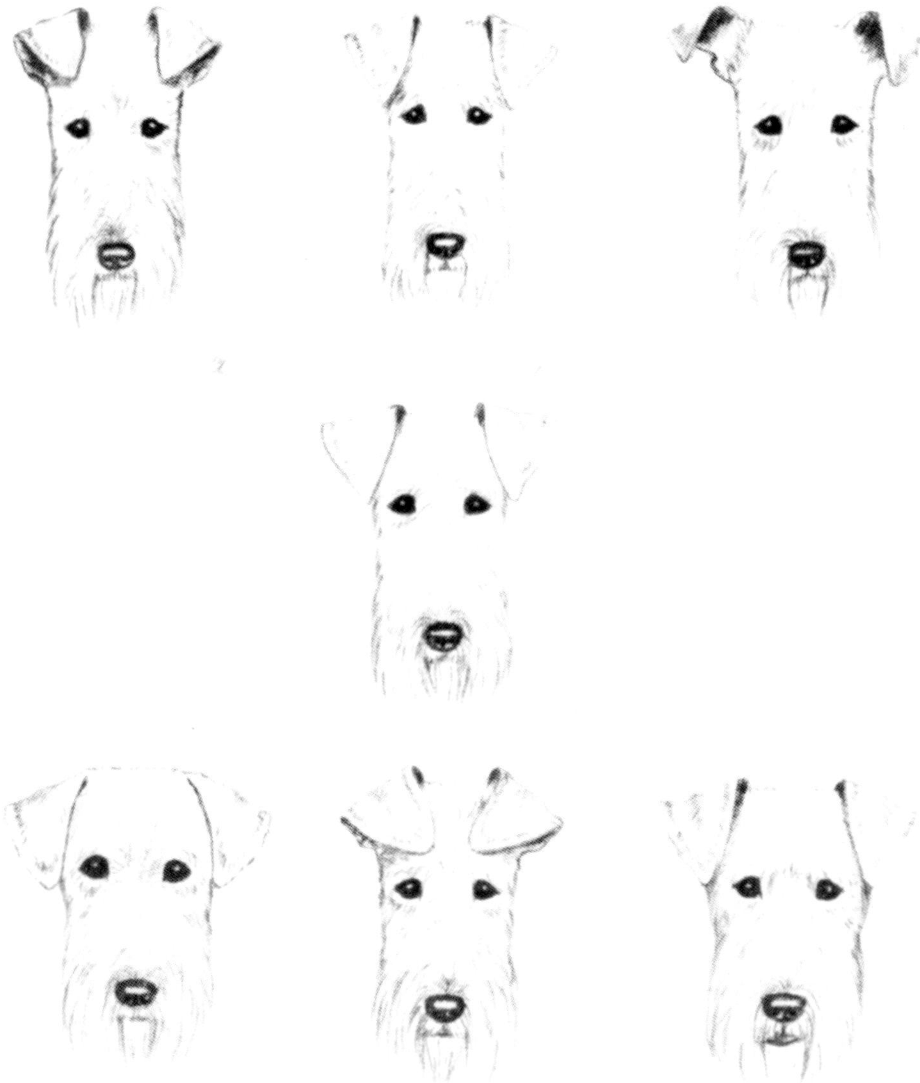

Kopf und Ausdruck

a) untypisches Ohr, zu klein, zu hoch getragen
b) zu schmaler Schädel
c) offenes Ohr
d) sehr guter Kopf und Ausdruck, gutes Auge und Ohr
e) breiter Schädel, zu tiefes, großes Ohr
f) Ohren geklebt (Junghund)
g) kurzer, kräftiger Schädel, stark ausgeprägte Wangenpartie

ist immer das Zeichen eines schwachen Fanges, der nur mit viel Barthaar kaschiert werden kann.
Der Hals soll kräftig sein, von angemessener, zum übrigen Körper passender Länge und mit schönem Schwung in die Schulterlinie übergehen, um mit einem ausgeprägten Widerrist eine gute obere Linie zum Rücken zu bilden. Wammenbildung ist unerwünscht und stört die geforderte trockene, elegante untere Linie des Halses.
Die Schultern sollen gut zurückliegend, möglichst lang und in einem Winkel von 45° zur Horizontalen ausgebildet sein. Sie sollen gut bemuskelt, aber flach sein und mit ihrem oberen Rand zusammen mit den Dornfortsätzen der ersten Brustwirbel einen möglichst langen Widerrist bilden.
Der Oberarm des Airedale soll in einem Winkel von zirka 90° an die Schultern anschließen, was nur bei guter Schräglage des Schulterblattes möglich ist. Jede Abweichung von dieser Forderung bedeutet einen Verlust der Bewegungsfreiheit und Schrittweite der Vorhand. Tom Horner und Brown Edwards sprechen von einem kurzen Oberarm, der angeblich wichtig für die gewünschte gerade Front des Airedale sein soll. Bei einem Hund von der Größe eines Airedale halte ich jedoch einen normal ausgebildeten Oberarm für die korrekte Schrittlänge der Vorhand für unerläßlich, insbesondere da der Standard einen langen Oberschenkel bei gut gewinkeltem Kniegelenk und tiefem Sprunggelenk fordert.
Dagegen ergibt ein gut ausgebildetes Brustbein mit guter Muskelverbindung zum Oberarm eine feste, gerade Terrierfront bei optimalem Bewegungsablauf. Die Knochen des Airedale sollen stark ausgebildet sein und viel Substanz zeigen.
Das Ellenbogengelenk liegt fest am Brustkorb an und ist kräftig ausgebildet.
Der Unterarm ist gut bemuskelt. Der Vordermittelfuß ist kurz und relativ steil gestellt.
Die Pfoten sind als kurze, runde Katzenpfoten mit dicken schwarzen Ballen gut gepolstert. Die Zehen sollen gut gebogen sein und mit den Krallen auf den Boden zeigen. Die Farbe der Zehennägel muß schwarz oder dunkelbraun sein.
Die Vorderläufe sind von vorn gesehen absolut gerade bis zu den Zehenspitzen. Jedes Aus- und Eindrehen der Ellenbogen oder Pfoten ist ein Zeichen von fehlender Festigkeit der Front und verhindert den gewünschten absolut parallelen Bewegungsablauf der Vorhand.
Der Brustkorb soll gut aufgerippt sein. Das heißt, die Rippen sollen gut gebogen sein und weit nach hinten reichen, ohne tonnig zu wirken. Die Tiefe des Brustkorbes soll bis zu den Ellenbogen reichen.
Der Rücken des Airedale soll fest und eben sein mit kurzer, kräftiger, gut bemuskelter Lendenpartie und hohem Rutensitz.

Bei einem gut aufgerippten Hund mit kurzer, kräftiger Lendenpartie und gut bemuskelter Hinterhand bleibt wenig Raum zwischen der letzten Rippe und der Hüfte. Ein solcher Hund hat das gewünschte geschlossene Gebäude, er wirkt »short-coupled«.
Die sogenannte obere Linie soll harmonisch vom Nacken über einen gut ausgebildeten Widerrist und den kurzen, festen Rücken bis zum Rutenansatz verlaufen.

Das korrekte Gebiß des erwachsenen Hundes

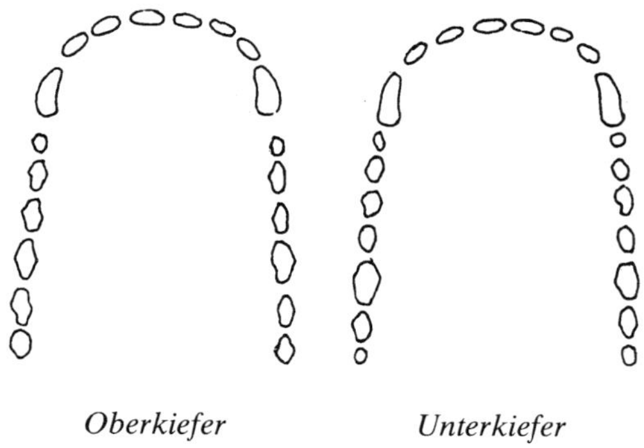

Oberkiefer	*16 C2 P8 M4 = 20*	*=42*
Unterkiefer	*16 C2 P8 M6 = 22*	

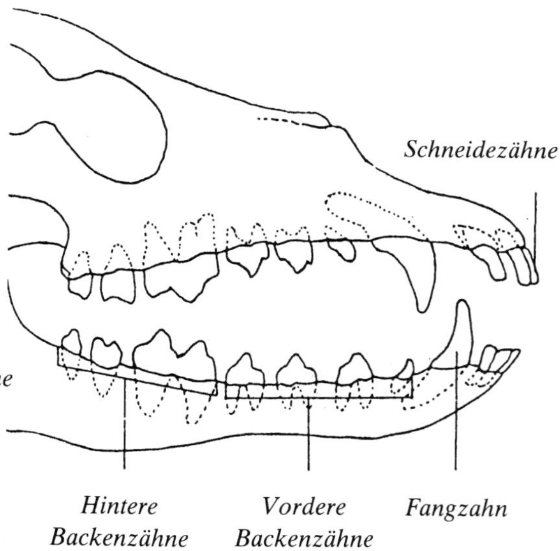

I=Incisivi=Schneidezähne
C=Canini=Fangzähne
P=Praemolaren=Vordere Backenzähne
M=Molaren=Hintere Backenzähne

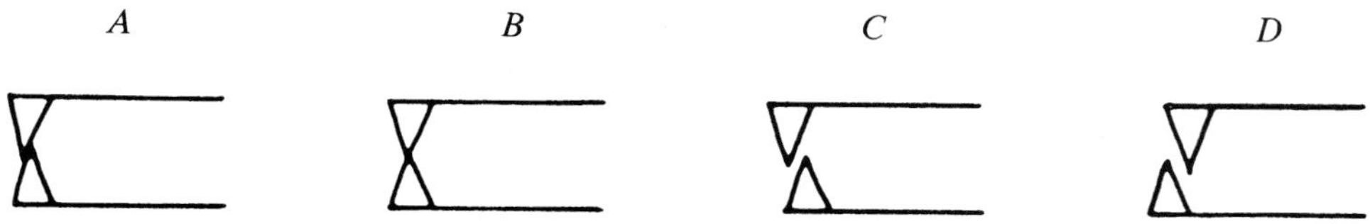

A=Scherengebiß *B=Zangengebiß* *C=Rückbiß* *D=Vorbiß*

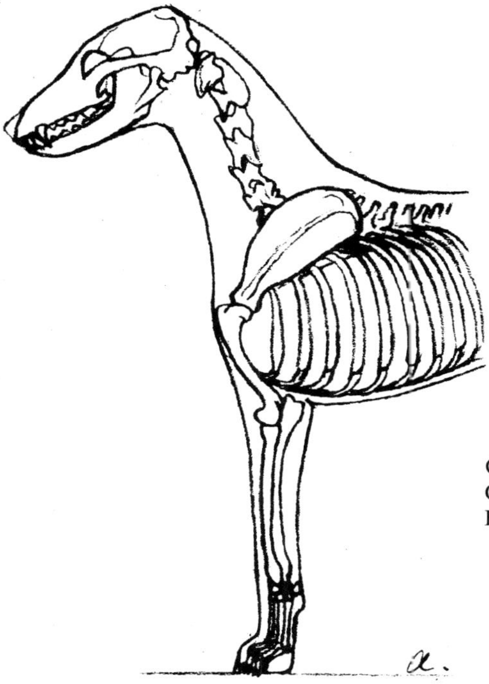

Gut gelagerte, schräge Schulter
Guter Halsaufsatz
Kleine geschlossene „Katzenpfoten“

Die Vorhand

Steile Schulter
Steiler, kurzer Oberarm
Steiler Halsaufsatz

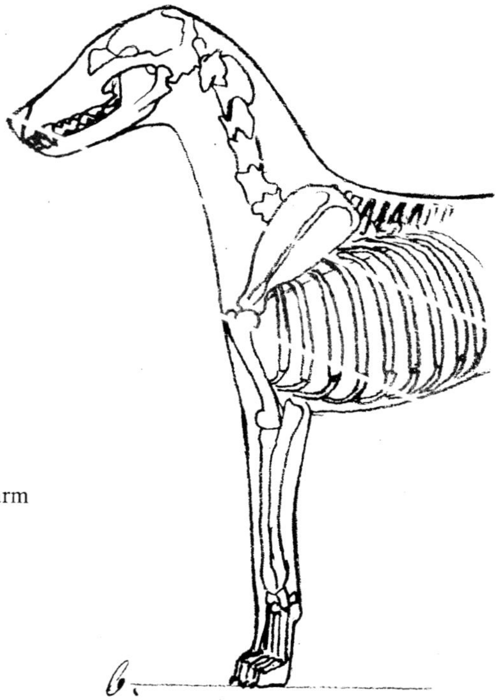

Die Front des Airedale

a) zu schmal
b) zu breit
c) nicht parallel gestellt
d) korrekte Front
e) Zeheneng
f) Zehenweit
g) lose Schulter und Ellenbogen

Sie soll auch in der Bewegung fest und ohne Schwäche hinter dem Widerrist oder in der Lendenpartie bleiben.
Die Kruppe des Airedale soll kurz und flach gelagert sein. Sie wird vom Kreuzbein und den ersten Rutenwirbeln gebildet. Bei hoch angesetzter Rute soll das Sitzbein des Beckens ein ausgeprägtes, gut bemuskeltes Hinterteil bilden.
Ist die Kruppe zu lang, erscheint die Rute hinter dem Hund angesetzt und der Rücken erheblich länger.
Die Hinterhand ist der Antriebsmotor der Bewegung. Die Ober- und Unterschenkel sollen lang und sehr gut bemuskelt sein. Das Kniegelenk soll kräftig ausgebildet und gut gewinkelt sein. Es darf weder nach innen, noch nach außen gedreht sein. Nach innen gedrehte Kniegelenke gehen immer mit nach außen geneigten Sprunggelenken einher und bedingen eine tonnige oder faßbeinige Hinterhand.
Das Sprunggelenk ist tiefgestellt und ebenfalls gut gewinkelt. Der Hintermittelfuß steht senkrecht zum Boden. Die Pfoten entsprechen denen der Vorhand. Die Hinterläufe sollen im Stand und in der Bewegung parallel zueinander stehen und nicht zu eng gestellt sein. Ein guter Abstand zwischen den Hinterläufen entspricht in etwa der Entfernung vom Sprunggelenk bis zum Boden. Im Stand sollen die Sprunggelenke von der Seite gesehen knapp hinter einer senkrechten Linie vom Sitzbeinhöcker zum Boden stehen. Sie dürfen ebenfalls weder nach außen, noch nach innen gedreht sein. Jede Abweichung der Anatomie der Hinterhand von diesen Grundsätzen bedingt einen ernstzunehmenden Verlust an Vortriebskraft in der Bewegung.
In der *Bewegung* soll der Airedale viel Boden mit Ruhe und Effektivität decken. Dabei bewegt er die Vorhand mit langem tiefem Schritt, »cutting the daisies« (Tom Horner), wobei die Läufe von vorn und hinten gesehen stets parallel zueinander bewegt werden. In der Bewegung der Hinterhand kann man bei korrektem Ablauf gerade die Ballen der Hinterläufe sehen. Jede Tendenz, die Sprunggelenke höher zu heben, ist eine Energievergeudung und deshalb unerwünscht. Die Bewegung soll schwungvoll und raumgreifend und gut ausbalanciert sein, sowie Selbstbewußtsein und Aufmerksamkeit verraten. Die Bewegung gibt Aufschluß über die korrekte Anatomie und ist oft wichtigstes Kriterium für die Beurteilung durch den Richter auf Zuchtschauen.
Das *Haarkleid* des Airedale besteht aus dichtem, hartem, drahtigem, leicht gewelltem Deckhaar und kurzer, weicher, leicht fettiger Unterwolle. Hunde mit sehr hartem Deckhaar haben weniger Bart- und Beinhaar, was für den Gebrauchshund nur ein Vorteil sein kann, aber von den meisten Liebhabern der Rasse als weniger schön empfunden wird. Weiches Deckhaar mit zuviel Beinhaar und Bart ist jedoch ein Fehler. Es bedingt übermäßig viel Aufwand beim Trimmen und ist schwer zu pflegen, da Schmutz, Sand und Kletten nur schlecht zu entfernen sind. Die ideale Haarqualität zeigt ein festes, nur leicht gewelltes Deckhaar mit genügend Fülle an kräftigem, festem Beinhaar, um dem Hund die gewünschte Form geben zu können.
Die Farbe ist schwarz oder anthrazit-grau im Nacken, auf dem Rücken und den Seiten des Brustkorbes, sowie auf der Oberseite der Rute. Alle übrigen Körperteile sind lohfarben, ein goldbrauner Farbton, dem Herbstlaub ähnlich. Ein leichtes

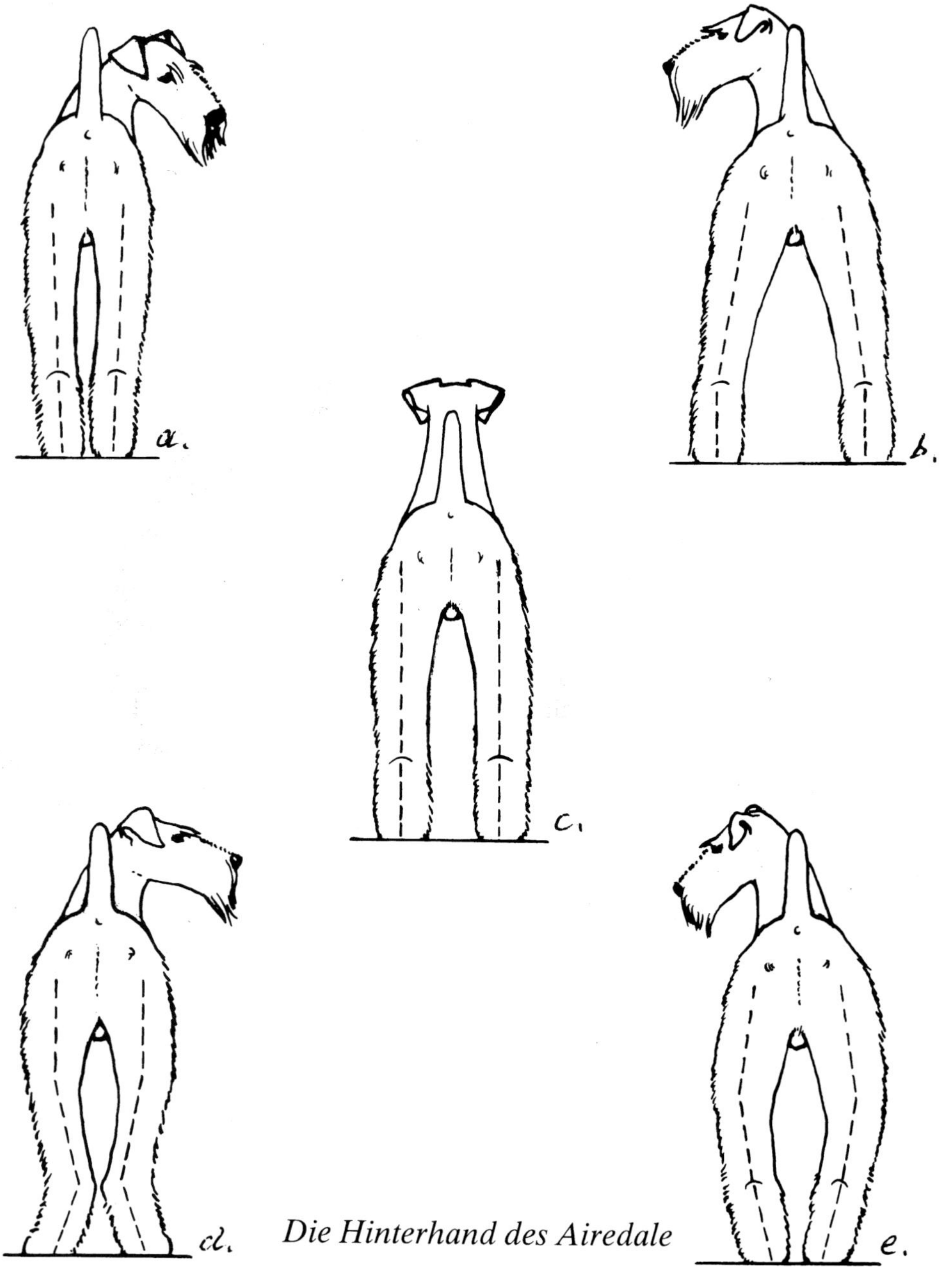

Die Hinterhand des Airedale

a) zu eng gestellt
b) zu weit gestellt
c) korrekt
d) hackeneng
e) faßbeinig

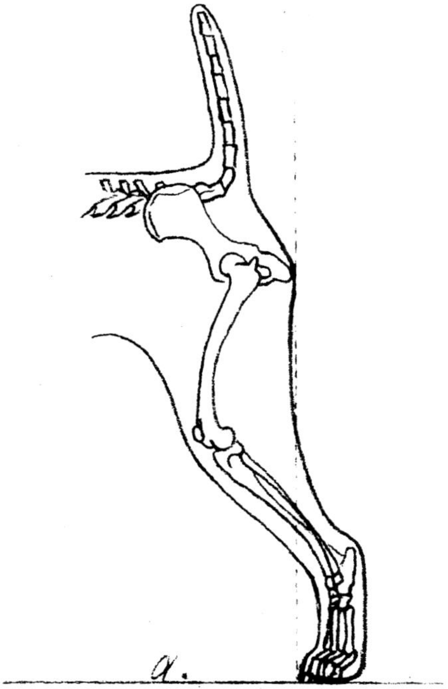

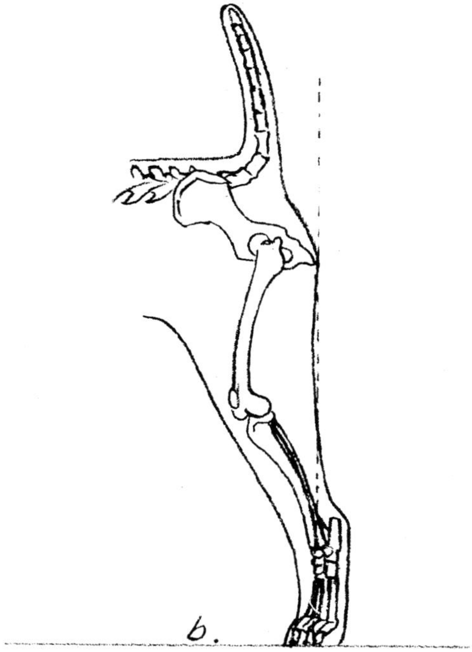

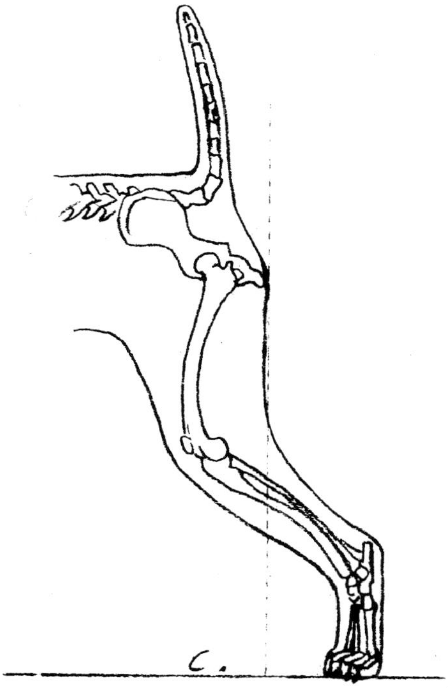

Die Hinterhand

a) korrekt gewinkelt
b) zu steil
c) überwinkelt

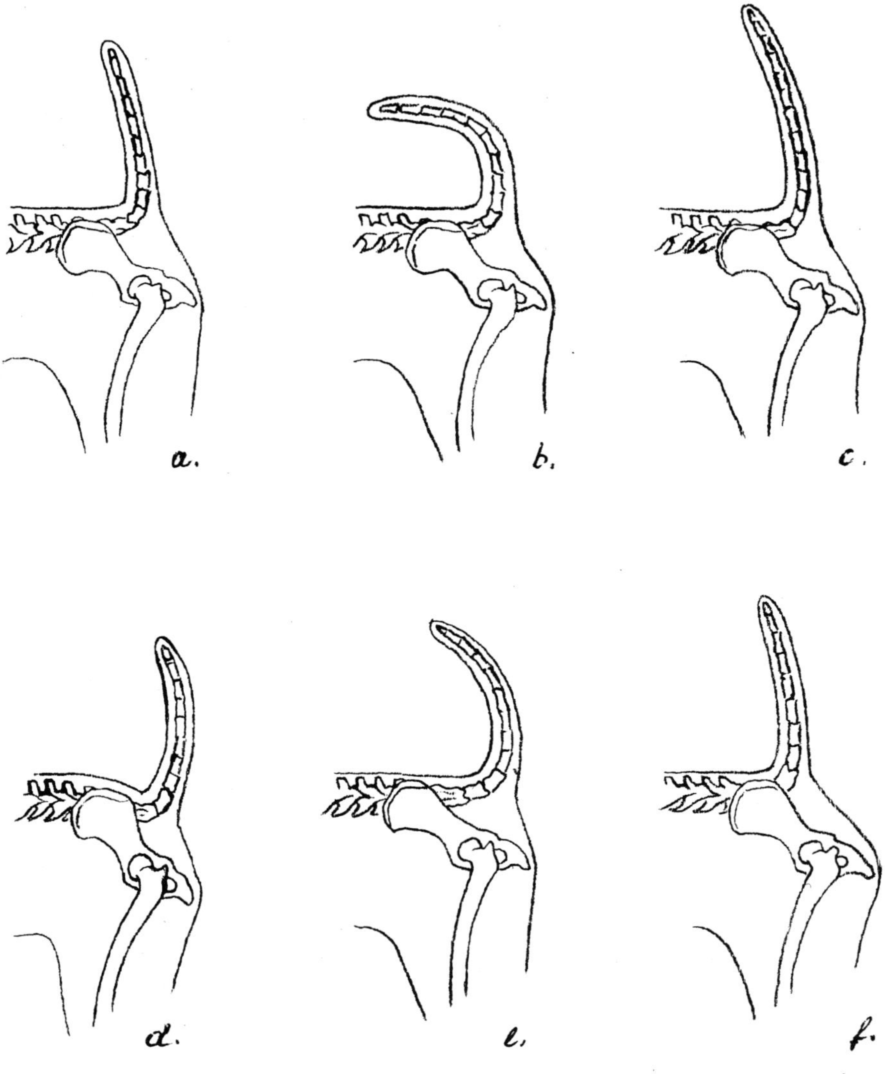

Rutenformen

a) optimaler Rutensitz
b) überzogene Rute
c) zu lang kupiert
d) abfallende Kruppe mit tiefem Rutensitz
e) Rute sollte höher angesetzt sein
f) Rute reichlich hoch angesetzt

Das Gangwerk

a) raumgreifendes Gangwerk, gut ausbalanciert, fester, gerader Rücken
b) kurzer Schritt bei steiler Vor- und Hinterhand
c) sehr weiche Bewegung mit losem Rücken und falscher Schwerpunktlage

Die Front des Airedale in der Bewegung

a) ausdrehend
b) eindrehend
c) korrekt
d) lose Ellenbogen
e) kreuzend

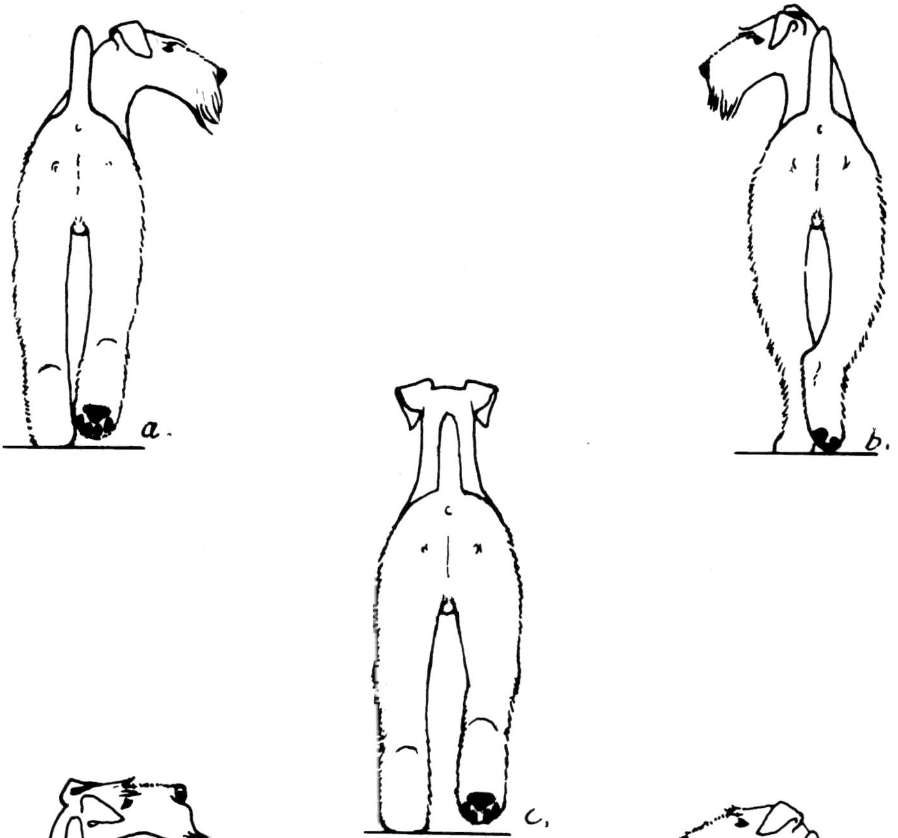

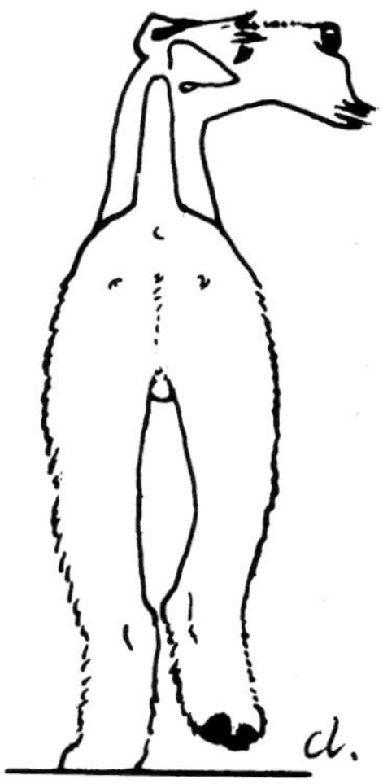

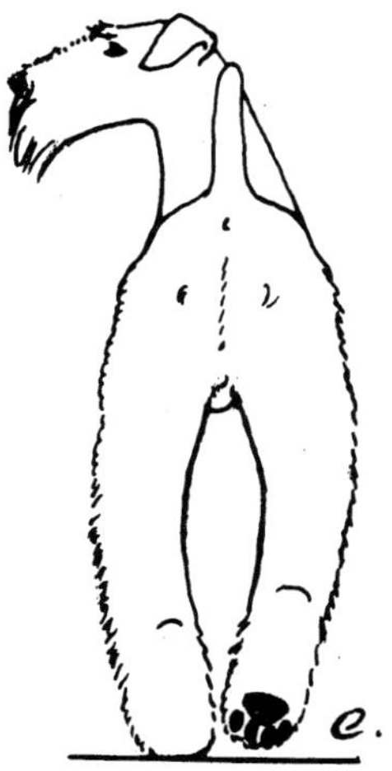

Die Hinterhand des Airedale in der Bewegung

a) zu eng
b) kreuzend
c) korrekt
d) hackeneng
e) zeheneng

Ineinanderfließen der beiden Farben am Schulterblatt und Oberschenkel sollte nicht als Fehler angesehen werden. Jedoch verändert es die Proportionen ungünstig, und der Hund wirkt etwas länger.
Da die Welpen schwarz mit wenigen lohfarbenen Abzeichen geboren werden, dauert es seine Zeit, bis der Junghund durchgefärbt ist. Mit zwei Jahren sollte diese Entwicklungsphase abgeschlossen sein. Wenn ein Hund danach noch rußige oder schwarze Schultern oder Oberschenkel hat, wird er sie sein Leben lang behalten. Meist kommen bei diesen Airedales noch dunkle Haare auf dem Nasenrücken, dunkle Schläfen und ein dunkler Halskragen dazu, was den Hunden ein etwas düsteres Aussehen verleiht und deshalb unerwünscht ist.

Einige weiße Haare zwischen den Vorderläufen sind zulässig. Große weiße Flekken, die mit einer Streichholzschachtel nicht mehr abgedeckt werden können, sind unerwünscht. Weiße Pfoten mit rosa Ballen sind ein zuchtausschließender Fehler. Beim neugeborenen Welpen findet man häufig weiße Abzeichen an der Brust und den Zehen, die aber allmählich verschwinden und sich bis zur Abgabe der Welpen ausgewachsen haben. Reicht das Weiß beim Neugeborenen über die Zehengelenke hinaus, so daß die ganze Pfote weiß erscheint bei gleichzeitig unpigmentierten Ballen, muß man mit bleibenden Fehlern rechnen. Das sogenannte Afghanenhaar, wolliges und feines Haar, das gelegentlich vorkommt, ist meist an Kopf und Läufen fahlgraubraun mit sehr dunkler Decke. Oft bleiben auch die Ohren an der Außenseite schwarz gefärbt. Solche von den Engländern als »Woolies« bezeichneten Hunde sind meist anatomisch gut aufgebaut, was sie bei viel Haarpflege zu sehr attraktiven Hunden macht. Diese Haarqualität ist jedoch ein zuchtausschließender Fehler.
Die Größe des Airedalerüden wird im Standard mit 58–61 cm Schulterhöhe und die der Hündin mit 56–59 cm angegeben.
Gemessen wird vom höchsten Punkt des Widerristes lotrecht hinter dem Ellenbogen. Dabei kann ein Hund mit ausgeprägtem Widerrist größer erscheinen als ein im Rücken gleich hoher Hund mit schlechtem Halsaufsatz und zu schwach ausgeprägtem Widerrist.

Ein Rüde von 58 cm Schulterhöhe wird uns immer ein wenig feminin erscheinen. Ein Rüde, der weit über die gewünschten 61 cm Schulterhöhe hinausgeht, bekommt dagegen leicht ein etwas grobes und schwerfälliges Erscheinungsbild. Der kluge Züchter tut deshalb gut daran, sich in etwa an die obere Standardgröße zu halten, wenn auch die Qualität und Ausstrahlung eines Rüden beim Airedale wichtiger ist als die reine Körpergröße in cm.
Eine Hündin sollte die 56 cm nicht unterschreiten. Sie würde an Typ und Qualität verlieren. Dagegen darf sie annähernd so groß sein wie ein Rüde, solange sie dabei ihr feminines Exterieur, sowie ihre Anmut und Harmonie in der Bewegung behält. Airedaleterrier haben ihr Größenwachstum im wesentlichen mit 10–12 Monaten abgeschlossen. Große Hunde können aber bis zu 18 Monaten noch 2–3 cm zulegen. Kräftige, kompakte und kurze Hunde wirken immer etwas kleiner als leichte, hochbeinige Hunde mit weniger Brusttiefe und längerem Rücken.

In jedem Fall sollte die Qualität der Gesamterscheinung eines Hundes wichtiger sein als sein genaues Stockmaß.
Das Wesen des Airedale ist neben seinem ansprechenden Erscheinungsbild der wesentliche Faktor seiner Beliebtheit und seines Erfolges.
Er ist ein zuverlässiger Freund und Partner seiner Besitzer, der je nachdem, wie und zu welchem Zweck er gehalten wird, sehr anpassungsfähig den an ihn gestellten Erwartungen zu entsprechen versteht. Als Familienhund ist er ein stets gut gelaunter, verläßlicher, liebebedüftiger Freund und Spielkamerad der Kinder, ein begeisterter Spaziergänger und Begleiter am Fahrrad, der wachsame Beschützer von Haus und Auto und ein idealer Begleiter auf Urlaubsreisen.

Als Partner im Hundesport beruht die Erziehung auf Gegenseitigkeit. Der Airedale arbeitet gern und zuverlässig. Er ist jedoch kein Befehlsempfänger oder Blitzableiter für seinen Besitzer und kennt keine Unterwürfigkeit. Die Ausbildung muß deshalb konsequent, aber freundschaftlich vor sich gehen, sonst läuft beim Airedale gar nichts. Er hat übrigens ein sehr gutes Gedächtnis und vergißt nicht, was er einmal gelernt hat. Ob man nun den Ausstellungs- oder Leistungssport vorzieht oder beides mit Passion betreibt, der Airedale wird mit viel Freude und Aufmerksamkeit bei der Sache sein und richtig geführt beachtliche Leistungen erbringen.

Seine Jagdpassion, die aus seiner Entwicklungsgeschichte verständlich ist, macht ihn zum verständigen, einsatzfreudigen und stets begeisterten Begleiter seines jagdlich engagierten Herrn oder seiner Herrin.

Ob Wasserarbeit oder Nachsuche, Stöbern, Schleppe oder Feldarbeit, richtig angelernt wird er allen Forderungen spielend gerecht. Seine besondere Passion gilt dem Schwarzwild. Hier kennt er kein Zurück, was ihm bei seiner Größe sehr leicht zum Verhängnis werden kann.
Zwei Wesensmängel sind beim Airedale absolut unverzeihlich – nämlich Aggressivität und Ängstlichkeit.

Im Standard heißt es: nicht aggressiv, aber furchtlos. Der Airedale soll freundlich und verläßlich sein, solange er nicht angegriffen wird oder ein Familienmitglied in Bedrängnis gerät. Dann jedoch muß er bereit sein, sich ein- und durchzusetzen, ohne zurückzuweichen.

Die vollständige Entwicklung all dieser liebenswerten und wertvollen Eigenschaften des Airedale ist abhängig von einer möglichst frühzeitigen, bereits an der Wurfkiste beginnenden positiven Kontaktaufnahme zum Menschen und einem verständnisvollen Heranführen des Welpen und Junghundes an die an ihn gestellten Aufgaben.

So verstanden, wird der Airedale trotz gelegentlichem Dickkopf, der ja auch ein Zeichen von Charakter sein soll, jedem, den er ein Stück seines Lebensweges begleiten durfte, unvergeßlich bleiben.

IV. Mein erster Airedale

Erinnerung

Die Liebe zum Hund als Freund und Begleiter entwickelt sich meist schon in frühester Kindheit. So hatte ich schon sehr früh die Möglichkeit, Hunde der verschiedensten Rassen in meinem Elternhaus kennenzulernen. Meine Liebe zum Airedale wurde dann durch eine Begegnung geweckt, welche richtungsweisend wurde für meine Entscheidung für gerade diese Rasse, für die Jahre meines Lebens mit dem und nicht zuletzt auch für den Airedale.

In den letzten Kriegstagen in Berlin 1945 waren in der Neidenburger Allee schon die Russen eingezogen, während am Bahnhof Heerstraße, knapp einen Kilometer stadteinwärts, noch heftig gekämpft wurde. In all dem hektischen Durcheinander lief suchend und unruhig ein ziemlich großer, grauschwarzer Rüde herum, den ich hier vorher nie sah und der offensichtlich seine Besitzer verloren hatte. Er gefiel mir sofort durch sein selbstbewußtes, reserviertes, aber nicht unfreundliches Verhalten. Ich war damals knapp 10 Jahre alt, und auf mein freundliches Zureden hin entschloß er sich, mich nach Hause zu begleiten. Meine Eltern waren absolut nicht der Meinung, daß wir uns bei all den Schwierigkeiten der damaligen Situation auch noch mit einem herrenlosen Hund belasten sollten. Wir hatten nichts zu essen und hausten in zwei notdürftig ausgestatteten Kellerräumen unseres kleinen Einfamilienhauses, das von russischen Soldaten beschlagnahmt worden war. Ich hatte eine Idee. Mit einem sauber ausgeschrubbten Eimer zog ich mit »meinem Hund« zur großen Gulaschkanone der Russen, aus der es immer so fantastisch duftete. Die Soldaten hatten striktes Verbot, an die deutsche Bevölkerung auch nur einen Brotkanten abzugeben. Ich hatte aber beobachtet, daß die Russen sehr tierlieb waren, und so versuchte ich ihnen zu erklären, daß ich unbedingt etwas aus der Gulaschkanone für diesen armen, ausgehungerten Hund haben müßte. Es klappte erstaunlicherweise hervorragend. Ich zog stolz mit Hund und Eimer, der gut zwei Liter herrlichster Gulaschsuppe mit Fleisch enthielt, nach Hause. Hier wurde die Suppe sogleich mit Wasser und durch die Kaffeemühle gedrehten Weizenkörnern verlängert, so daß die ganze Familie einschließlich Hund etwas zu essen bekam. Da mir dieser Trick auch in den folgenden Tagen immer wieder gelang, wurde der neue Hausgenosse stillschweigend geduldet.

Einige Tage später wollte ich gerade mit einem jungen Mann, der für kurze Zeit bei uns Unterschlupf gesucht hatte, durch die Kellertür in den Garten hinausgehen, weil die Abendsonne so schön schien. Der junge Mann ging vor und stand bereits auf der ersten Stufe der Kellertreppe, als »mein Hund« mich plötzlich wütend knurrend ansprang und in eine zu Löschzwecken im Keller stehende Sandkiste warf. Im gleichen Augenblick gab es eine ohrenbetäubende Detonation. Staub, Dreck und Schreie und der schwer auf mir liegende Hund sind meine Erinnerungen der nächsten Sekunden. Der junge Mann lag in einer großen Blutlache im Kellerausgang. Ein großer Granatsplitter hatte ihm die Brust zerrissen. Mein Vater lag bewußtlos, aber sonst unverletzt, daneben. Ihn hatte ein

Abb. 70: Mir geht's so richtig gut . . .

flacher Splitter an der Schläfe getroffen. Meine Mutter faßte sich als erste und begann zu handeln. Ich saß stumm und dankbar in der Sandkiste mit meinem Hund, der am ganzen Körper zitterte, fest im Arm.
Es folgten ein paar ruhige Tage, an denen ich mit meinem nun voll zur Familie gehörenden Hund, soweit erlaubt, auf Erkundung ausging. Die Geräusche der immer noch erbitterten Kämpfe der letzten Kriegstage ebbten langsam ab, und die russischen Besatzungstrupps zogen stadteinwärts. Zwischen den einzelnen Trupps zogen aber immer wieder einzelne Plünderer durch die Gegend, die von allen gefürchtet wurden, weil sie schlimmer als die russischen Soldaten, brutal, rücksichtslos und unberechenbar auftraten. Ich war gerade mit meinem Hund im Garten, als plötzlich zwei solcher zwielichtigen Gestalten über die niedergetretenen Zäune durch die Büsche schlichen. Der Hund, der die stets laut und direkt auftretenden Soldaten nie angegriffen hatte, spürte wohl die veränderte Situation und stellte die beiden Männer sofort. Es ging dann alles sehr schnell. Schüsse fielen, ich schrie aus Angst um sein Leben, die Männer lachten, und mein Hund wälzte sich mit offenem Bauch auf dem Rasen. Sie ließen ihn so liegen. Meine Mutter riß mich ins Haus, und mein Vater, selbst passionierter Jäger, mußte das Unvermeidliche mit einer Axt erledigen. Ich war ihm dankbar, daß er so schnell und entschlossen handelte.
Wir haben »unseren Hund« dann in einem Bombentrichter in unserem Garten beerdigt. Ich wußte so wenig von ihm, aber ich wußte, ich würde ihn nicht vergessen können.

Jahre später, wir wohnten noch in demselben Haus, und ich hatte zur Konfirmation mein erstes Fahrrad bekommen, mit dem ich die weitere Umgebung erkundete, kam ich am Haus unseres Apothekers in der Heerstraße vorbei, als ich plötzlich im Garten etwas durch die Büsche toben sah, was fast genauso aussah wie mein unvergessener Hund der letzten Kriegstage. Ich stürmte aufgeregt in die Apotheke und fragte den Inhaber, was das denn für eine Rasse sei, und wo er diesen jungen Hund bekommen habe. So erfuhr ich zum erstenmal, daß mein Hund ein Airedale gewesen war. Der Apotheker kannte und liebte die Rasse seit langem und erlaubte mir, seinen Hund des öfteren zu besuchen. Für mich stand fest, sobald es uns die Verhältnisse wieder erlauben würden, einen Hund zu halten, mußte es ein Airedale Terrier sein.
Ich mußte mich aber noch einige Jahre gedulden. Inzwischen wurde ein Sparschwein gefüttert, und nach dem bestandenen Abitur war es dann endlich soweit, ein Hund durfte wieder ins Haus. Es bedurfte gar keiner weiteren Diskussion, ein Airedale mußte es sein.
Zu meinem großen Kummer war in ganz Berlin damals kein junger Rüde aufzutreiben. So war es eine reizende, junge Airedalehündin, Nory vom Deutschen Airedale Hof, die in unser Haus und in unser Leben einzog. Sie wurde sehr hübsch, und unter der Anleitung der Züchterin lernte ich, sie zu trimmen und auszustellen. Mit dreieinhalb Jahren bekam sie ihren ersten Wurf. Sie gehörte später zu meiner Aussteuer und hat es verstanden, mit ihrer liebenswerten Art und ihrem fröhlichen Wesen meinen Mann so zu beeindrucken, daß nach ihrem für uns

sehr schmerzlichen Tod mit etwas über zehn Jahren auch für ihn nur wieder ein Airedale in Frage kam. Es wurden durch ein kleines Mißverständnis zwei, die nun zusammen aufwuchsen. Bengal Nektar und Petra v. d. Eichgasse. Nektar wurde ein neuer Anfang. Sie begleitete uns fast 15 Jahre und lebt für uns in ihren Kindern fort.

Überlegung vor der Anschaffung eines Airedales

Die Anschaffung eines Hundes, insbesondere eines Airedale Terriers, will gut überlegt sein. Schließlich übernimmt man dabei die Verantwortung für ein Lebewesen, das man nicht wie einen Einrichtungsgegenstand nach Belieben wieder abgeben kann. Vielmehr geht man eine Bindung für normalerweise 10–12 Jahre ein, die der Airedale uns auf unserem gemeinsamen Lebensweg durch dick und dünn begleiten soll. Denn genau dafür ist er der ideale Gefährte. Das Leben mit uns und für uns ist seine schönste Aufgabe. Er gehört ganz in die Familie und ist als Zwingerhund völlig ungeeignet. Er möchte alles miterleben und so viel wie möglich an unserem Leben teilhaben. Deshalb muß die Anschaffung eines Airedale auch eine Entscheidung der ganzen Familie sein. Der Airedale möchte sich als Familienmitglied fühlen dürfen und wird sich sehr anpassungsfähig in die jeweiligen Gegebenheiten einleben.
Der Airedale ist ruhig im Haus, nachdem die ersten Flegelmonate erst einmal glücklich überstanden sind. Dafür aber um so temperamentvoller, wenn er zum Spaziergang aufgefordert wird. Er geht behutsam mit alten Leuten und kleinen Kindern um. Für die größeren Kinder ist er ein unentbehrlicher Spielkamerad und Erzieher und wenn nötig auch ein zuverlässiger Beschützer. Er liebt große Spaziergänge, Fahrradtouren und Reisen über alles und ist durch seine Sauberkeit und die Tatsache, daß er bei regelmäßigem Trimming so gut wie überhaupt nicht haart, sehr »pflegeleicht«.

Er ist überhaupt sehr robust, nimmt nichts so leicht krumm, ist immer fröhlich und zu einem Schabernack bereit. Einen schlecht gelaunten oder mürrischen Airedale gibt es eigentlich nicht. Vielmehr spürt er sehr sensibel die jeweilige Stimmungslage seiner Familie und weiß, wann er eine Chance hat, alle wieder aufzuheitern, oder wann er sich besser dezent zurückzieht. Meist gelingt es ihm aber, für gute Laune zu sorgen, denn seine Lebensfreude ist geradezu ansteckend. Er liebt alle Mitglieder seiner Familie, jeden auf eine andere Art. Er braucht und fordert aber ein Familienoberhaupt, das für ihn den Rudelführer darstellt. Wird das versäumt, wird er sich selbst dazu ernennen, was natürlich einige Schwierigkeiten mit sich bringt. Ein Airedale wird zwar nie ein Familienmitglied verletzen, das würde seinem angeborenen Wesen absolut widersprechen. Er würde aber versuchen, seinen Willen durchzusetzen, und das paßt nicht immer in die Absichten seiner Familie. Er sollte deshalb von Anfang an gewisse Tabus kennen lernen.
Er lernt gern und spielend leicht, wenn er nur früh genug daran gewöhnt wird. Die größte Freude kann man seinem Airedale machen, wenn man sich die Zeit nimmt,

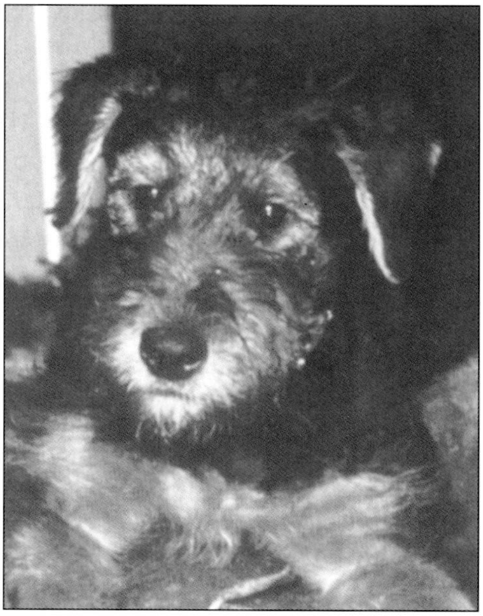

Abb. 71: Heute habe ich relativ wenig kaputt gemacht!

ihn auszubilden. Seine vielseitige Begabung macht es uns dabei leicht, eine für unsere persönlichen Zwecke geeignete und mögliche Ausbildungsform zu wählen. Es gibt heute so zahlreiche Angebote, die alle unter dem Sammelbegriff »Hundesport« zusammengefaßt sind, daß man sicher das geeignete für sich und seinen Airedale dabei finden wird. Zu den grundlegenden Überlegungen vor der Anschaffung eines Airedale gehören folgende Entscheidungen:

- Ist genug Zeit und Platz für die Haltung eines Airedale vorhanden? Unser Hund braucht mindestens einen längeren Spaziergang am Tag, auch wenn ihm ein großer Garten zur Verfügung steht. Er braucht die Bewegung und mehr als das, das gemeinsame Erlebnis mit seinem Besitzer. Erst einmal daran gewöhnt, werden auch Sie die regelmäßigen, gemeinsamen Unternehmungen bestimmt nicht mehr missen wollen.
- Wohnt man zur Miete, ist die Frage der Haustierhaltung unbedingt vor der Anschaffung eines Hundes zu klären und zwar schriftlich, damit es später keine unangenehmen Überraschungen geben kann.
- Die Urlaubsplanungen müssen in Zukunft das neue Familienmitglied mit einbeziehen. Entweder reist man gemeinsam, was sehr viel Freude macht, aber gut geplant sein will, oder man überlegt rechtzeitig, wer unseren Lümmel oder Lümmeline in unserer Abwesenheit übernehmen kann und will. Eine Hundepension, auch wenn sie noch so gut geführt ist, ist für einen Airedale eine Strafe. Er trauert unendlich und lebt schlecht und recht nur dem Tag entgegen, an dem er aus seiner Isolierung wieder befreit wird.

Abb. 72: Wieso Frauchens Bett? . . . ich finde das toll!

Eine gute Lösung sind da befreundete Airedalebesitzer, die im Austausch für die Urlaubszeit einen zweiten Airedale aufnehmen können. Das hat sich sehr bewährt und macht auch viel Freude. Man muß natürlich dafür Sorge tragen, daß eine Hündin nicht gerade zu der Zeit läufig wird und vor allem, daß der eigene Hund ausreichend versichert ist. Eine ausreichende Hundehaftpflicht ist nach Anschaffung eines jeden Hundes unbedingt notwendig.

- Dabei werden nun auch die Kosten angesprochen, die bei der Anschaffung eines Airedale zu bedenken sind. Im wesentlichen sind das außer dem Kaufpreis des Hundes die Kosten für die Ernährung, für Steuer und Versicherung, für das regelmäßige Trimmen und die eventuell anfallenden Tierarztkosten. Zumindest die Schutzimpfungen müssen alle 1–2 Jahre wiederholt werden.

Sind alle diese Punkte sorgfälltig überlegt worden, steht dem nächsten Schritt, nämlich der Auswahl eines geeigneten Welpen, nichts mehr im Wege.

Besuch beim Züchter

In den meisten Fällen wird es sich bei der ersten Anschaffung eines Airedale um den Wunsch nach einem Welpen handeln. Aber auch die Übernahme eines schon etwas erwachseneren Hundes kann ihre Vorteile haben. Wenn ein junger Airedale bislang in einer Familie oder beim Züchter mit sehr sorgfältiger Aufzucht und vor allem mit der in dieser Zeit des Heranwachsens unbedingt notwendigen persönli-

Abb. 73: Sauber, warm, trocken und freundlich – so soll eine Kinderstube aussehen

chen Zuwendung aufgewachsen ist, ist dagegen auch nichts einzuwenden. Man sieht bei einem solchen Hund sofort, was man hat und erlebt keine Überraschungen mehr mit der Größe, der Haarqualität und Farbe, der Zahnstellung u. a. Allerdings sollte man sich in einem solchen Fall immer dafür interessieren, aus welchem Grund der Hund abgegeben wird und ob man diese Gründe akzeptieren kann. Gibt z. B. ein Züchter einen zauberhaften Junghund ab, weil er leider nach dem Zahnwechsel ein für die Zucht und Ausstellung ungeeignetes Gebiß bekommen hat oder ein Ohr nicht mehr korrekt trägt, dann kann das der ideale Hund für jemanden sein, der nicht züchten oder ausstellen möchte.
Im allgemeinen wird man aber einen Welpen erwerben wollen, um ihn heranwachsen zu sehen und seine körperliche und charakterliche Entwicklung miterleben und auch beeinflussen zu können. Die Adressen geeigneter Züchter erhalten Sie vom Klub für Terrier (KFT) Kelsterbach/Main. Von der Geschäftsstelle erhalten Sie auf Anfrage eine Züchterliste. Sie sollten auch nach Ausstellungen in Ihrer Gegend fragen, auf denen Sie mit Ausstellern und Züchtern Kontakt aufnehmen können.

Besorgen Sie sich einige Fachliteratur und sprechen Sie ruhig Leute an, die Ihnen mit einem netten Airedale begegnen. Sie werden sich über Ihr Interesse freuen und Ihnen gerne sagen, von welchem Züchter sie ihren Airedale bekommen haben. Nehmen Sie nun Kontakt zu dem Züchter Ihrer Wahl auf und bitten Sie um einen Besuchstermin, wenn die Welpen des nächsten Wurfes ein Alter erreicht haben, in dem Ihr Besuch die junge Hundefamilie nicht mehr stört. Das kann von Fall zu Fall verschieden sein und hängt weitgehend vom Verhalten der Mutterhündin ab. Über den richtigen Zeitpunkt muß der Züchter selbst entscheiden. Im allgemeinen sollen die Welpen schon 4–5 Wochen alt sein, bevor sie den ersten Besuch bekommen.
In einem guten Zwinger werden Sie einen freundlichen Züchter, eine selbstbewußte, gepflegte Mutterhündin und saubere, fröhliche Welpen, normalerweise 4–8, in einer artgerechten, sauberen und geräumigen Zwingeranlage antreffen. Nehmen Sie sich etwas Zeit, um sich von dem Züchter beraten zu lassen. Er hat die Erfahrung und den Wunsch, seine Welpen nur in geeignete und zuverlässige Hände abzugeben.

Spätestens jetzt sollten Sie auch die Entscheidung treffen, ob ein Rüde oder eine Hündin in Ihre Familie einziehen soll und dies dem Züchter mitteilen, damit er disponieren kann. Rüde oder Hündin, das muß jeder selbst entscheiden, man kann da sehr schwer raten. Oft ist das einfach eine Frage der persönlichen Einstellung. Manche Leute entscheiden sich zeitlebens immer wieder für eine Hündin, für andere kommt nur ein Rüde in Frage. Die allgemeine Regel, daß Rüden temperamentvoller, mutiger und wilder und Hündinnen liebevoller, gehorsamer und leichtführiger sind, stimmt beim Airedale jedenfalls nur sehr bedingt. Wenn man sich darauf verläßt, wird sich unter Umständen gerade der eigene Hund zu der bewußten Ausnahme von der Regel entwickeln.
Tatsache ist allerdings, daß eine Hündin zweimal im Jahr für etwa 3 Wochen läufig

Abb. 74: Wie findest Du mich? Wer fragt wen . . .?

Abb. 75: Welcher davon wird mal unser Hund?

wird. Der Rüde dagegen interessiert sich das ganze Jahr über für die Hundedamen seiner Umgebung, insbesondere wenn diese läufig sind. Man sollte also schon ein wenig auch an die Hundepopulation der Nachbarschaft denken. Die Besitzer der Hündinnen haben aber heute die Möglichkeit, die Läufigkeit zu unterbinden und dieses Problem, wenn es überhaupt eins sein sollte, mit Hilfe ihres Tierarztes zu meistern. Am besten sollte der Familienrat entscheiden, ob ein Rüde oder eine Hündin ins Haus kommen soll. Ein kleiner Tip hierzu: In eine Familie mit mehreren Töchtern gehört ein Rüde zu Vaters Unterstützung und umgekehrt.

Das beste Alter zur Übernahme des Welpen ist für den Airedale die 10. bis 12. Lebenswoche. Ein Airedale ist in jeder Beziehung ein Spätentwickler, und er braucht diese Zeit, um sich zu einem selbstsicheren, vertrauensvollen und handfesten kleinen Kerl zu entwickeln. Er braucht die Balgerei mit seinen Geschwistern und das gemeinsame Erlebnis in der Gruppe. Ab der 10. Woche bedeuten ihm neue Umwelterfahrungen und Kontakte zu neuen Menschen mehr als seine gewohnte Umgebung, und es ist für den Welpen und für die neuen Besitzer jetzt um vieles einfacher und problemloser, den kleinen Kerl an seine Umgebung und die damit verbundenen Umstellungen zu gewöhnen. Außerdem hat der Welpe die Möglichkeit gehabt, nach den ersten Schutzimpfungen, die in der 7. bis 8. Woche vorgenommen werden, eine gewisse Grundimmunisierung aufzubauen, die ihm schon einen gewissen Schutz gegen die wichtigsten Infektionskrankheiten gibt. Diese Impfungen müssen aber in jedem Fall ab der 12. Woche wiederholt werden.

Nur in Ausnahmefällen sollten Airedalewelpen vor der 10. Woche abgegeben werden. Vor der 8. Lebenswoche darf ein Welpe nicht den Zwinger verlassen. Das ist in den Zuchtbestimmungen des KFT und V.D.H. festgelegt.

Vor der Abgabe der Welpen wird der Wurf nochmals von einem Zuchtwart des KFT besucht und bei dieser Gelegenheit u. a. auch tätowiert, daß heißt, jeder Welpe bekommt seine Tätonummer, die mit der Zuchtbuchnummer auf seiner Ahnentafel identisch ist, ins rechte Ohr tätowiert. Damit kann nun zeitlebens die Identität des Hundes nachgewiesen werden. Schon so mancher Airedale konnte anhand seiner Tätowierung seinem Besitzer sehr schnell wieder zugeführt werden, wenn er einmal abhanden gekommen war. Ist die Tätowierung später einmal nicht deutlich zu lesen, was schon mal vorkommen kann, so kann sie von einem Zuchtwart oder Tierarzt, der über ein geeignetes Tätowiergerät verfügt, entsprechend der Ahnentafel im linken Ohr wiederholt werden. Das wird aber nur in Ausnahmefällen notwendig sein.

Der Welpe ist also bei der Abgabe bereits geimpft und tätowiert, erhält seinen Impfpaß, der außer den persönlichen Daten des Welpen, wie den Namen und das Geburtsdatum, auch die Tätowier- und Zuchtbuchnummer enthält.
Werden von einem Züchter einmal Welpen bzw. Junghunde von 4–6 Monaten angeboten, so sind die Aufzuchtbedingungen im Zwinger von entscheidender Bedeutung. Wenn alle Familienmitglieder berufstätig sind, und der junge Airedale

Abb. 76: Welpen – müde vom Spiel

überwiegend sich selbst überlassen wurde, kann das ein Grund für nur sehr schwer zu behebende Verhaltensfehler sein.

Meist wird sich aber ein Familienmitglied ganztägig um die Aufzucht und Entwicklung der Welpen kümmern können. Dann kann es von Vorteil sein, einen schon etwas vernünftigeren jungen Hund zu übernehmen, der sehr schnell stubenrein und leinenführig wird und damit schon bald »aus dem Gröbsten« raus ist.
Gerade ein Airedale ist so anpassungsfähig und unkompliziert, daß er einen Besitzerwechsel in fast jedem Lebensalter gut übersteht, ohne jedoch seine frühere Umgebung und seine Bezugspersonen je zu vergessen.

Auswahl des Welpen

Worauf soll man nun achten, wenn man sich für einen Welpen entscheiden muß? Der Welpe sollte fröhlich und unbefangen mit seinen Wurfgeschwistern herumtollen, wenn nicht gerade Schlafen nach der Fütterung oder einer ausgedehnten Toberei angesagt ist. Dann ruhen aber alle Welpen gemeinsam und sollten auch nicht gestört werden.
Ausgesprochen scheue und ängstliche Welpen entsprechen nicht der normalen Entwicklung und werden mit größter Wahrscheinlichkeit Sorgenkinder bleiben.
Bei der Übernahme sollte das Welpengebiß ein Scherengebiß sein, bei dem die oberen Schneidezähne über die untere Schneidezahnreihe greifen. Ein Vorbiß im Welpenalter wird sich beim Airedale im Gegensatz zu manchen anderen Rassen nicht mehr ändern und ist ein zuchtausschließender Fehler. Ein Vorbiß hat jedoch keine gesundheitlichen Konsequenzen, und ein solcher Hund ist für jemanden, der später nicht züchten oder ausstellen möchte, ein ganz normaler Airedale Terrier. Nur muß dieser Fehler dem Käufer vor dem Kauf bekannt gegeben werden. Das gleiche gilt für eventuelle Hodenfehler. Hoden, die zum Zeitpunkt der Abgabe noch nicht gut tastbar sind, können sich noch ganz normal entwickeln. Tun sie es nicht, wofür niemand garantieren kann, ist auch dieser Hund nicht für Zucht und Ausstellung zugelassen. Bleibt ein Hoden bei der Entwicklung im Leistenbereich stecken, hat das keine gesundheitlichen Folgen. Nur wenn ein Hoden in der Bauchhöhle bleibt, muß er früher oder später operativ entfernt werden.

Nabelbrüche können vorkommen und werden normalerweise schon vom Züchter vor der Abgabe in Ordnung gebracht. Dazu ist ein kleiner operativer Eingriff durch den Tierarzt notwendig. Nach zehn Tagen ist alles überstanden und hat keine weiteren Folgen für die Zukunft.
Die Haarqualität und Farbe ist beim Welpen sehr schwer zu bestimmen, weil er sein Babyhaar noch einmal komplett wechselt. In der Regel kann man aber davon ausgehen, daß je härter und dunkler das Welpenhaar ist, desto besser werden die endgültige Decke und das Tan sein. Selbst ein lockiger, wuscheliger und damit sehr ansprechender Welpe kann noch ein tadelloses Haarkleid bekommen. Er sollte jedoch um die Augen herum und auf der Rute bereits die endgültige Haarqualität und Farbe erkennen lassen. Weiße Abzeichen an den Pfoten sollten im Alter von 10–12 Wochen ganz verschwunden sein. Weiße Abzeichen zwischen den Vorderläufen sollten nicht größer sein als man mit einem Daumen abdecken kann. Sie wachsen sich zwar noch aus, werden aber nicht ganz verschwinden.

Die Stellung und Haltung der Ohren wird sich während der Entwicklung noch mehrfach verändern. Sie müssen meist beim Umzahnen beobachtet und, wenn nötig, täglich massiert oder geklebt werden, bis sie korrekt sitzen.
Sitz und Haltung der Rute ist schon recht gut zu beurteilen. Wird sie stark übergezogen getragen, wird man nur mit viel Mühe und täglicher Massage etwas daran ändern können. Will man das nicht in Kauf nehmen, kann als letzte Rettung

Abb. 77: Interessiert – aufmerksame Welpen »v. Hubachtal«, bei denen schon deutliche Unterschiede erkennbar werden

Abb. 78: Wenn das kein Champion wird . . .!

Abb. 79: Der Abschied naht – recht skeptisch schaut das Hundekind

noch ein operativer Eingriff vom Tierarzt Abhilfe schaffen. Ein solcher Eingriff muß unter Betäubung vorgenommen werden. Hunde mit operativ korrigierter Rute dürfen genau wie solche mit operativ korrigierten Ohren nicht mehr auf Ausstellungen vorgestellt werden, damit der amtierende Richter nicht getäuscht wird.
Sehr temperamentvolle Hunde ziehen ihre Rute nur bei äußerster Anspannung über, tragen sie sonst aber in einem durchaus ansehnlichen, schwungvollen Bogen. Solche Ruten sind als völlig in Ordnung anzusehen.
Recht unterschiedlich ist das Größenwachstum bei den Welpen. Da kann man die größten Überraschungen erleben. Ein kleiner Welpe kann sich zu einem Riesenbaby auswachsen, und ein vermeintlich großer Welpe kann durch frühen Wachstumsstop im Standardbereich bleiben. Dagegen kann man die Knochenstärke und Substanz der Welpen recht gut beurteilen. Sie sollen im Idealfall so kompakt sein, daß man die Rippenbögen gerade noch tasten kann.

Die Proportionen von Hals und Rücken, die Lage der Schulter und des Oberarmes, gerade Läufe und feste Pfoten, die Winkelung der Hinterhand und Höhe der Sprunggelenke kann man am Welpen schon recht gut beurteilen. Nur kann man nie mit Sicherheit sagen, in welcher Weise der heranwachsende Hund sich noch verändern wird. Nach außen gedrehte Vorderpfoten wachsen sich oft noch aus. Eine hackenenge Hinterhand dagegen bleibt meist ein Fehler. Die Stellung der Vor- und Hinterhand kann man am besten beurteilen, wenn man den Welpen auf den Trimmtisch stellt, vorn am Hals bzw. hinten an der Rute leicht anhebt und vorsichtig wieder auf die Platte stellt. Ein korrekt gebauter Welpe wird sich mit allen vier Läufen parallel und in optimaler Winkelung aufstellen. Das gelingt nicht beim ersten Mal, aber sobald er den Tisch kennt, lernt er sehr schnell, was wir von ihm erwarten. Schließlich gibt es ja auch jedesmal eine kleine Belohnung, damit er den Spaß an der Sache nicht verliert.

Im übrigen verlassen Sie sich am besten auf Ihren eigenen Instinkt und die Beratung des Züchters. Jeder Hund wird eine Vielzahl guter Rassemerkmale von der Natur mitbekommen, kein Hund wird in allen Punkten des Rassestandards perfekt sein können. Schauen Sie sich die Elterntiere, in jedem Fall aber die Mutterhündin wiederholt an. Wenn sie Ihnen gefällt und Ihnen auch der Typ der übrigen Hunde Ihres Züchters zusagt, werden Sie mit ziemlicher Sicherheit viel Freude an dem von Ihnen ausgewählten Welpen haben.
Mit vielen guten Ratschlägen vom Züchter und einem ersten Futterplan, der die zum Zeitpunkt der Abgabe in diesem Zwinger übliche Ernährung beschreibt, versehen, geht es nun auf die erste große Reise ins neue Heim. Dabei hat es sich bewährt, den Welpen möglichst früh am Tage abzuholen, damit er sich vor der ersten Nacht in fremder Umgebung noch recht gründlich orientieren kann. Von den vielen neuen Eindrücken und neuen Erlebnissen auf den ersten Entdeckungsreisen in Haus und Garten wird er dann am Abend rechtschaffen müde sein und die erste Nacht durchschlafen wie ein Murmeltier.
Der Welpe sollte auf jeden Fall von seinem zukünftigen Besitzer persönlich beim

Abb. 80: Ich bekomme eine super Haarqualität. Sieht man doch jetzt schon, oder? Juste v. Wissel

Züchter abgeholt werden. Dieser Vorgang ist für den Welpen ein entscheidender Eingriff in sein junges Leben. Er nimmt in diesem Alter bereits alle Veränderungen sehr aufmerksam wahr und wird durch die Art und Weise der Übernahme schon entscheidend geprägt.

Aufzucht, Haltung und Pflege

Bei seinem Züchter hat der Welpe schon gelernt, neben seiner Einordnung und Sozialisierung innerhalb der Geschwistermeute erste Verhaltensweisen im Umgang mit dem Menschen zu erproben. Dabei war er stets Teil einer Gruppe und mußte die Zuwendung durch die Familie des Züchters und diverse Besucher mit den Geschwistern teilen.

Jetzt ist er auf sich allein gestellt in »seiner« Familie und ohne Rückendeckung durch seine Geschwister. Dafür darf er alle Aufmerksamkeit für sich allein in Anspruch nehmen. Das ist eine gewaltige Umstellung für solch einen kleinen Kerl. Ein Airedale von 10–12 Wochen schafft es aber recht gut, wenn einige erfahrungsgemäß wichtige Spielregeln eingehalten werden.

Unser Welpe braucht einen ruhigen, etwas abgeschirmten Schlafplatz, auf den er sich zurückziehen kann, wenn er müde wird. Welpen brauchen noch sehr viel Schlaf und sollten dabei möglichst wenig gestört werden.
Nach dem Schlafen und nach dem Fressen ist stets ein Bächlein fällig. Dafür ist es wichtig, in etwa die gleichen Bedingungen zu schaffen, die der Welpe im Zwinger gewöhnt war. Hatten die Welpen einen Freiauslauf mit Naturboden, so bringt man den Welpen am besten in den Garten und bleibt bei ihm, bis er sich gelöst hat, wofür er überschwenglich gelobt wird. Dann weiß er sofort, was er soll.
Kennt er nur einen gefließten Auslauf, wird er sicher warten, bis er aus dem Garten in die Küche darf, um dort sein Bächlein zu erledigen. Sicher gibt es irgendwo ein paar Steinplatten, die man zum Übergang benutzen kann. Sonst hilft auch der bewährte Zeitungstrick: Ein Bächlein im Haus wird mit einer Zeitung oder einem alten Tuch aufgenommen und dann im Garten an einer geeigneten Stelle ausgelegt und liegengelassen. Führt man nun den Welpen zum Bächleinmachen immer wieder an diese Stelle, wird er sich schnell erinnern und dort sein Geschäftchen erledigen. Loben Sie ihn ausführlich für seine Leistung. Damit erreichen Sie viel mehr, als wenn Sie ihn bestrafen, wenn nochmal ein Malheurchen im Haus passiert. Außer nach jeder Mahlzeit und nach jedem Schlafen soll der Welpe morgens so früh wie möglich, abends so spät wie möglich und zwischendurch alle zwei Stunden ins Freie geführt werden. Mit einiger Geduld sollte ein Welpe von 10–12 Wochen innerhalb einer Woche sauber sein. Kleine Unfälle können natürlich noch gelegentlich passieren.

Die Bänder, Sehnen und Gelenke des Welpen sind noch weich und verformen sich, wenn sie unphysiologisch beansprucht werden. Deshalb darf ein Welpe nie an den Vorderläufen hochgehoben werden. Wenn es überhaupt nötig ist, ihn zu tragen, dann greift man unter das Gesäß und unter den Brustkorb und hat den Welpen so gut im Griff. Aus dem gleichen Grund soll ein Welpe möglichst wenig Treppen steigen. Beim Heraufklettern gibt es O-Beine, beim Herunterlaufen lose Schultern und Ellenbogen. Deshalb bitte Treppen möglichst lange meiden. Einzelne Stufen schaden nicht, solange sie nicht den ganzen Tag zum Spielen benutzt werden. Eine weitere wichtige Hilfe für den wachsenden Organismus ist das Hochstellen des Futternapfes in bequeme Freßhöhe. Dabei werden vor allem die Vorderfußwurzelgelenke geschont, die besonders beim Airedale stark, fest und gerade ausgebildet sein sollen.

Laufen, Traben und Galoppieren darf der junge Airedale dagegen, so viel er mag. Er weiß schon selbst, wenn es genug ist und ruht sich aus. Gemeinsame Spaziergänge sollen ganz allmählich gesteigert werden, damit auch hierbei der heranwachsende Hund nicht überfordert wird. Zweimal täglich ½ Stunde sollte für einen halbjährigen Hund genug sein. Dann kann man allmählich steigern und auch schon mal kleine Runden mit dem Rad machen. Am Rad ist der Hund stets an kurzer Leine zu führen, damit keine Stürze passieren, wenn unser Temperamentsbündel plötzlich losstürmt. Am Rad läuft der Hund stets auf der rechten, dem Verkehr abgewandten Seite.

Abb. 81: So werden die Ohren geklebt, wenn sie unkorrekt getragen werden

Abb. 82: Apportieren macht Spaß!

Die Haarpflege ist beim Airedale zwar wichtig, macht aber im Vergleich zu anderen Hunderassen wenig Arbeit. Täglich wird er einmal mit einem weitgezinkten Kamm und einer groben Bürste gekämmt und gestriegelt, wozu man ihn am besten auf einen Trimmtisch oder alten Gartentisch stellt. Das ist bequemer als auf der Erde und erzieht den Welpen gleichzeitig dazu, für einige Minuten stillzuhalten und die notwendige Pflege über sich ergehen zu lassen.

Gekämmt werden der Bart und das Beinhaar, um es von leichten Verschmutzungen zu befreien und die Hautdurchblutung anzuregen. Um so besser wächst das neue Haar durch, und das lose Babyhaar wird ganz nebenbei nach und nach entfernt. Die Decke wird kräftig mit dem Strich gebürstet, wobei lose Haare immer wieder mit dem Kamm aus der Bürste entfernt werden. Alle 8–10 Wochen muß der Airedale ganz getrimmt werden. Das kann man einem Fachmann überlassen oder mit einigem Geschick auch sehr gut selber lernen.

Der Zahnwechsel kann gleichzeitig kontrolliert und beobachtet werden. Mit etwa 16 Wochen wechseln die mittleren Schneidezähne im Unter- und Oberkiefer. Sie stehen noch recht beweglich im Zahnfleisch und können, wenn nötig, durch tägliche Massage in ihrer richtigen Stellung unterstützt werden. Korrekterweise greifen die oberen Schneidezähne wie beim Milchgebiß über die unteren Schneidezähne. In dieser Zeit ist es wichtig, nicht ständig den Welpen mit einem Lappen oder Sack zu zergeln. Sein Beute- und Schutztrieb wird dabei zwar spielerisch geübt, aber der korrekte Zahnschluß gefährdet. Mit 6–7 Monaten ist der Zahnwechsel abgeschlossen. Eventuell fehlende Prämolaren werden nicht mehr erscheinen. Zwei fehlende Prämolaren können beim Airedale akzeptiert werden. Mehr als drei Prämolaren sollten jedoch nicht fehlen.

Zu der Zeit des Zahnwechsels spielen die meisten Welpen auch mit den Ohren, d. h. Ohren, die vorher ganz einwandfrei getragen wurden, werden nun plötzlich nach hinten gezogen oder mehr oder weniger offen getragen. Bei der täglichen Kontrolle auf dem Trimmtisch werden erste Veränderungen gleich bemerkt, und die Ohren können in die richtige Lage massiert werden. Sind sie sehr hartnäckig, müssen sie geklebt werden. Dabei werden die Ohrspitzen mit einem geeigneten Kleber wie z. B. Copydex oder Patex am Kopf befestigt. Man kann auch ein Tesaband in schwarz oder braun um den Kopf kleben, wie ein Stirnband, und die Ohren auf der Stirn befestigen. Am besten läßt man sich das von seinem Züchter einmal richtig zeigen.
Gleichzeitig hat der Züchter Gelegenheit, die Entwicklung »seines« Welpen zu beurteilen und an Kopf und Körper soweit wie nötig reifes Haar abzutrimmen.
Die Zehennägel werden manchmal nicht genügend abgelaufen. Das kommt insbesondere dann vor, wenn der junge Airedale überwiegend auf weichem Boden läuft. Die Zehennägel dürfen nie so lang werden, daß es beim Laufen klappert. Sie müssen dann geschnitten oder gefeilt werden, weil die korrekte Ausbildung der Pfoten, der Pfotenstand sonst gefährdet wird. Statt runder, fester Katzenpfoten entwickeln sich weiche Gelenke und sogenannte Hasenpfoten.

Für die Fütterung gibt es heute für Welpen und heranwachsende Hunde nach wissenschaftlichen Erkenntnissen optimal zusammengestellte Futtermittel, in Dosen oder in Trockenform. Diese Futtermittel müssen stets exakte Angaben über den Energiegehalt sowie über die Anteile von Rohprotein, Rohfett, essentiellen Fettsäuren und über den Calcium-, Phosphoranteil, weitere Mineralstoffe, Spurenelemente und Vitamine per 100 g Trockensubstanz enthalten (s. Analyse Trockennahrung bzw. Dosennahrung im Anhang '93). An diesen Richtwerten muß jedes Welpen- und Junghundfutter gemessen werden. Frisches Wasser sollte immer zur Verfügung stehen. In der Zusammenstellung der speziellen Aufzucht-Futtermittel (z. B. der Firmen Hills oder Effem) ist das für den Knochenaufbau so wichtige Calcium in ausreichender Menge vorhanden, vorausgesetzt der Welpe nimmt die nach seinem Energiebedarf zu errechnende Futtermenge an. Das ist erfahrungsgemäß nicht immer der Fall. Bei einem Kalorienbedarf von 150 Kcal/kg KGW müßte ein 10 kg schwerer Welpe 1500 Kcal, d. h. mindestens 350 g Trockennahrung bzw. 1100 g der Dosennahrung erhalten. Der in dieser Futtermenge enthaltene Calciumanteil von ca. 4,5 g würde den Calciumbedarf mehr als ausreichend abdecken. Dieses gilt selbst bei sinnvoller Ergänzung des Futterplanes durch frisch zubereitete Speisen mit 3,5% H-Milch, Quark, Joghurt, Gelbei, Honig, Obst, gedünstetem Gemüse, abgekochtem Frischfleisch vom Rind oder Lamm (Kopffleisch, Herz, Pansen), Wild und Fisch.
Bei ausschließlich selbst zusammengestellten Futterplänen sollten die in den oben genannten Tabellen angegebenen spezifischen Richtwerte eingehalten werden, was erfahrungsgemäß ausgesprochen schwierig ist. Insbesondere der Gehalt an Calcium muß überprüft und eventuell durch zusätzliche Mineralstoffgaben ergänzt werden. Es ist deshalb stets empfehlenswert, ein zuverlässig zusammengestelltes Futtermittel als Grundnahrungsmittel zu verwenden und sinnvoll zu ergänzen.
Bitte beachten Sie, niemals rohes Schweinefleisch jeglicher Art wegen der Gefahr der Übertragung des tödlichen Aujeszky-Virus zu füttern. Dieses Verbot gilt auch für Mett, Schinken und Wurstwaren.
Die zweite Immunisierung gegen Staupe, Hepatitis, Leptospirose und Parvovirose, die auch als Wiederholungsimpfung bezeichnet wird, ist mit 12 bis 16 Wochen, frühestens aber drei Wochen nach der Grundimmunisierung fällig und darf nicht versäumt werden. Mit einem halben Jahr kann der Welpe auch seine erste Tollwutimpfung erhalten. Das ist insbesondere dann wichtig, wenn der Welpe mit ins Ausland reisen soll, jagdlich geführt wird oder in einem tollwutgefährdeten Bereich lebt. Bei der Teilnahme an Ausstellungen und Leistungsprüfungen ist die Tollwutimpfung zwingend vorgeschrieben. Alle Impfungen müssen in 1- bis 2jährigen Abständen wiederholt werden.
Nehmen Sie sich im ersten Jahr soviel Zeit wie möglich für Ihren Welpen. Erstens geht diese schöne Zeit des Heranwachsens viel zu schnell vorüber, zweitens braucht Sie Ihr junger Airedale nie wieder in späteren Jahren so sehr zum gemeinsamen Lernen und gegenseitigen Kennenlernen wie in diesem ersten Lebensabschnitt.
Mindestens zehn Jahre Freude, Gesundheit und gutes Verstehen sind der Dank für Ihre Investitionen im ersten Jahr.

*Abb. 83: Es macht richtig Spaß, mit Dir zu spielen . . .
oder versuchst Du mich schon zu erziehen?*

Grundlagen der Erziehung

An die Stubenreinheit gewöhnt sich unser neuer Hausgenosse bei konsequenter und liebevoller Aufmerksamkeit unsererseits wie oben besprochen sehr rasch. Ist er doch von Natur aus sauber und bemüht, seinen Wohnbereich nicht zu verunreinigen.
Einen regelmäßigen Tagesrhythmus lernt er auch sehr rasch durch möglichst pünktliche Verabreichung seiner Mahlzeiten. Zwischen den Mahlzeiten sollte er auch von Kindern und liebevollen Omis nichts bekommen, damit er erst gar nicht auf die Idee kommt, sich das Betteln anzugewöhnen. Einen so erzogenen Hund können Sie später überall mit hinnehmen, auch in ein Restaurant, ohne unangenehm aufzufallen.
Eine Ausnahme von dieser Regel machen die kleinen Belohnungen, die man für die spätere Ausbildung braucht. Dazu eignet sich dann eine Trockenfuttersorte in Presslingen, die er sonst nicht regelmäßig erhält und besonders gern mag.

Eine der ersten Notwendigkeiten, die unser Welpe lernen muß, ist die Leinenführigkeit. Schließlich möchten wir ihn so früh wie möglich mitnehmen und müssen ihn dabei zu seiner eigenen Sicherheit an der Leine führen können. Das ist zunächst eine Einengung seiner persönlichen Freiheit, die er nicht so ohne weiteres verstehen und akzeptieren kann. Wie alle neuen Übungen beginnt man auch mit dem Erlernen der Leinenführigkeit zuerst im Haus in der vertrauten Umgebung. Am besten eignet sich hierfür eine sogenannte Vorführleine, die man auf Ausstellungen benutzt. Diese Leinen sind leicht und weich und stören den Welpen nicht so sehr wie eine neue starre Lederleine mit Halsband. Diese Vorführleine gibt es meist nur auf Ausstellungen. Deshalb ist es eine nette Geste, wenn der Züchter z. B. seinen Welpen eine solche Leine für den Start in die große Welt mitgibt. Sie riecht dann sogar noch etwas vertraut für den Welpen, was das Lernen noch erleichtert.

Solch eine leichte Leine, die zugleich eine Schlinge als Halsband enthält, legen wir nun also unserem Hundekind in der Wohnung an und lassen sie erst einmal lose schleifen. Zunächst wundert sich der Welpe natürlich über dieses Anhängsel. Bald beginnt er aber mit uns zu spielen und vergißt die Leine mehr oder weniger, da sie ihn ja kaum behindert. Als nächsten Schritt fassen wir das Ende der Leine und bewegen uns immer mit dem Welpen in der von ihm gewünschten Richtung nach dem Motto »Hund führt Herrchen oder Frauchen«.
Allmählich geben wir nicht mehr so leicht nach und bemühen uns unter freundlichem Locken und Rufen, einem leichten Zug an der Leine ein angenehmes Erfolgserlebnis folgen zu lassen. Hier dürfen nun die ersten Belohnungsbröckchen angewendet werden. Man sollte sie immer in der rechten Jackentasche vorrätig haben, das merkt sich unser Airedale sehr schnell, und wir können diesen Trick später sehr gut für das Ausstellungstraining oder die Ausbildung auf dem Übungsgelände ausnutzen. Wenn wir von vornherein eine bestimmte Jacke für alle Lern-

Abb. 84: Wo ist eigentlich Herrchen? Der könnte ruhig mal helfen . . .!

Abb. 85: »Sitz« ist eine der ersten und wichtigsten Lektionen. Der Anfang ist gemacht!

und Übungszwecke verwenden, wird auch diese Regelmäßigkeit von großem Nutzen sein. Nichts erleichtert das Erziehen unseres Hundes so sehr wie Regelmäßigkeit, Konsequenz und viel, viel Lob natürlich. Gerade bei der ersten Gewöhnung an die Leine darf es keinen Zwang und keine Ungeduld unsererseits geben. Die Leine soll im ganzen späteren Hundeleben etwas besonders Erfreuliches für unseren Hund sein, bedeutet sie doch Ausgehen, Mitgenommenwerden, Erlebnisse, Ereignisse und auf jeden Fall eine gemeinsame Unternehmung, das Tollste, was wir unserem Hund bieten können.

Sehr schnell gewöhnt sich unser Airedalekind nun daran, angeleint nur noch in der von uns gewünschten Richtung zu gehen. Zunächst wird im Garten geübt, bald geht's aber auch ins freie Gelände. Manchmal muß er noch stehenbleiben oder sich sogar auf seine vier Buchstaben setzen, wenn er etwas ganz Neues sieht oder auch mal etwas bocken möchte, nur so zum Ausprobieren. Dann wird wieder liebevoll, aber konsequent gelockt und gelobt, und weiter geht's. Gewöhnen Sie Ihren Welpen gleich von Anfang an daran, links neben Ihnen zu laufen. Die Leine gehört in die linke Hand, und wenn es der Hund nie anders erlebt, gibt es später bei der Ausbildung von vornherein keine Meinungsverschiedenheiten. Es gibt nur eine Ausnahme, nämlich bei der Begleitung am Fahrrad. Dabei läßt man den Hund wegen des übrigen Verkehrs besser rechts neben dem Rad laufen, immer kurz an der Leine, versteht sich.

Ansonsten darf die Leine ruhig auch mal etwas länger gelassen werden, damit sich unser Hund freier bewegen kann. Anschließend fassen wir die Leine wieder etwas kürzer, um ihn ganz allmählich an das später so wichtige Gehen bei Fuß zu gewöhnen. Das richtige Begleitwort lautet einfach »Fuß«. Aber bitte nur spielerisch angehen, für eine ernsthafte Ausbildung ist es noch viel zu früh.
Als nächste einfache Übung, die nur den Sinn und Zweck haben soll, unseren Airedale daran zu gewöhnen, auf unsere Anweisungen aufmerksam einzugehen und zu lernen, daß das Ausführen einer Anweisung ein Erfolgserlebnis bedeutet, ist die Übung »Sitz«. Sie werden begeistert sein, wie schnell und freudig ihr kleiner Airedale es lernt, korrekt vor Ihnen »Sitz« zu machen und Sie dabei fröhlich und erwartungsvoll ansieht. Jetzt gibt es nämlich zur Belohnung eine Kalktablette oder ein anderes, beliebtes Bröckchen und natürlich viel Lob.

Zum Erlernen dieser Übung braucht man eigentlich nur die ihm zugedachten Kalktabletten auffällig in der Hand in Gürtelhöhe vor sich hinzuhalten und das Kommando »Sitz« solange zu wiederholen, bis unser kleiner Kerl sich von alleine hinsetzt, weil ihm das Warten auf die Kalktablette zu lange dauert. Sofort bekommt er sie nun mit einem großen Lob, und das Ganze wird noch ein paarmal wiederholt. Ganz schnell hat er das begriffen, und man kann nun das Kommando »Sitz« auch bei anderen Gelegenheiten anwenden, z. B. wenn der Hund angeleint werden soll zum Spazierengehen. Nie darf ein solchermaßen erlerntes Verhalten als Strafe benutzt werden, wie z. B. Pfui und »Sitz«.
Damit machen wir uns unglaubwürdig und erschweren unnötig weitere Lernpro-

Abb. 86: »Platz« ist das Nächste, was schon früh geübt werden kann. Um so besser klappt es später!

Abb. 87: Was denn nun – »Sitz« oder »Platz«, genaue Anweisungen bitte!

zesse. Für leichte Strafen ist allein das Wort »Pfui« oder nachdrücklicher: »Pfui ist das« zuständig.
Schläge kann unser kleiner Hund überhaupt nicht verstehen, weil sie in der Hundesprache bei der Erziehung durch den Rudelführer einer Meute nicht vorkommen. Da versteht er schon eher einen Griff ins Nackenfell oder einen für ihn sehr schmerzhaften Griff ans Ohr. Solche Maßnahmen können im Flegelalter schon mal notwendig werden, aber bitte nur, wenn Sie sicher sind, daß Ihr Hund ihren Ärger auch begreifen kann. Sonst kommt Ihre Handlungsweise einem Überraschungsangriff gleich und ist für die weitere vertrauensvolle Beziehung zu Ihnen nur hinderlich. Also in solchen Fällen immer erstmal tief Luft holen und überlegen, *was* angebracht ist.
Wichtig ist es auch, daß unser junger Airedale möglichst früh lernt, auf Rufen unverzüglich heranzukommen. Nur wenn er das sicher beherrscht, hat man die Freiheit, ihn auch ohne Leine herumtollen zu lassen.
Zwei grundsätzliche Vorraussetzungen für das Erlernen und Befolgen des Kommandos »Hier!« sind:

1. Das Kommando darf nur gegeben werden, wenn es auch Aussicht auf Erfolg hat. Wenn z. B. ein anderes, natürlich unerzogenes Hundekind zum Toben auffordert, haben wir es zu Anfang schwer, uns durchzusetzen. Jede Ablenkung erschwert den Lernprozeß.
2. Es darf nichts Schöneres für unseren Hund geben als auf das Kommando »Hier« herbeizustürmen. Großes Lob und eine Belohnung sind wichtig und vor allem, daß unser junger Airedale zu Anfang mindestens ebenso oft nach dem Herankommen und Loben wieder lostoben darf, wie er bei gleicher Gelegenheit angeleint wird.
   Er würde nämlich sehr bald den Spaß an der Befolgung unseres Kommandos »Hier« verlieren, wenn er nur immer angeleint wird, und das Herankommen das Ende aller so geliebter Toberei bedeutet.
3. Niemals darf ein Airedale beim Herankommen gestraft werden. Er kann es nicht verstehen und verknüpfen, und die Folge wäre, daß er das nächste Mal höchstens auf eine Distanz von 1½ Metern herankommt.

Die nächste sehr wichtige und nützliche Übung ist »Platz«. Aus dem Sitz heraus wird der junge Airedale wieder mit einem Leckerchen, das man auf die Erde vor ihm hinlegt und immer wieder zeigt, mit dem Begleitwort »Platz« dazu aufgefordert, sich zu legen. Er begreift das schnell, wird aber zunächst sofort wieder aufspringen wollen. Jetzt kommt es darauf an, ihn mit sanfter Gewalt am Boden zu halten und zu loben, bis wir ihn mit einem freundschaftlichen Klaps und dem Begleitwort »Fuß« zum Aufstehen auffordern.

Die Übung »Platz« wird wieder zuerst im Haus, dann im Garten auf kurze Distanz von 1 bis 3 Metern und später bei jeder Gelegenheit beim Spazierengehen in wachsender Entfernung geübt. Man kann auch als Sichtzeichen mit erhobender Hand das Kommando auf großer Entfernung verstärken. Insbesondere bei Gefah-

Abb. 88: Na bitte, das klappt doch schon vorzüglich!

Abb. 89: Komm, wir spielen »Wilder Mann«

Abb. 90: Zwei Rüden – toben muß sein

rensituationen jeder Art ist ein sicheres »Platz« eine große Hilfe. Hinzu kommt, daß jeder Airedale, der auf Distanz »Platz« gemacht hat und seinen Besitzer gespannt beobachtet, nur darauf wartet, endlich abgerufen zu werden, auf das Kommando »Hier« sofort herbeigestürmt kommt.
Mit den Begriffen »Fuß«, »Sitz«, »Platz« und »Hier« haben Sie schon einen recht guten Einfluß auf Ihren Hund, und Ihr Airedale versteht, was Sie von ihm erwarten.

Das Autofahren ist für die meisten Airedales ein großen Vergnügen. Entweder auf dem Rücksitz oder im hinteren Teil des Kombiwagens ist der Airedale gut aufgehoben. Sollte ihm als Welpe ausnahmsweise das Autofahren nicht so gut bekommen, lassen Sie sich am besten ein paar Reisetabletten von Ihrem Tierarzt geben, die man etwa ½ bis 1 Stunde vor der Fahrt geben muß. Dann gewöhnt er sich schnell an das Fahren, insbesondere, wenn Sie in der ersten Zeit etwas vorsichtiger beschleunigen und in die Kurve gehen.

Gehen Sie bei der Erziehung stets mit Konsequenz, Geduld und Einfühlvermögen vor, und fangen Sie so früh wie möglich damit an. Und üben Sie nicht zuviel auf einmal! Unser Airedale ist zwar intelligent, wie Sie schnell herausfinden werden, aber er ist eben noch ein Welpe. Mit der gezielten Ausbildung für die Prüfungen sollte man erst ab dem 9. Monat beginnen. Wenn er dann aber schon gelernt hat zu lernen, wird die weitere Ausbildung, zu welcher Art Sie sich auch entschlossen haben, viel erfolgreicher und schneller vor sich gehen.
Ihr Airedale lernt sehr gern und ist für das gemeinsame Arbeiten dankbar. Denken Sie stets daran, daß ein Airedale ihr Begleiter und Partner bei jedem Sport sein möchte. Er ist nie ein Befehlsempfänger, der sich einem ehrgeizigen Ausbilder unterordnet. In Freundschaft geführt, ist er dagegen zu ganz außerordentlichen Leistungen fähig.

Reisen mit dem Airedale

Der Airedale macht alles mit, was ihm ermöglicht, uns zu begleiten und gemeinsam mit uns etwas Neues zu erleben. Er ist tottraurig bis beleidigt, wenn wir einmal ohne ihn verreisen müssen. Deshalb nimmt er jede Unbequemlichkeit gern in Kauf, um nur ja mitkommen zu dürfen. Er rollt sich auf dem kleinsten Plätzchen im Auto zusammen, fährt stundenlang mit, ohne zu stören, ist mit etwas frischem Wasser und gelegentlichen kurzen Pausen, um das Nötigste zu erledigen, zufrieden und ist, am Zielort angekommen, vergnügt und unternehmungslustig. Deshalb sollte man seine Ankunft immer so planen, daß noch Zeit bleibt für einen kleinen Spaziergang vor der ersten Nacht in fremder Umgebung.

Der Airedale ist ein idealer Reisebegleiter, da er es sehr schnell lernt, sich in fremder Umgebung und unter fremden Menschen zivilisiert zu benehmen. Im Restaurant liegt er unauffällig unter dem Tisch. Gebettelt wird nicht, das sollte

Abb. 91: Darf ich mitkommen?

strikt eingehalten werden. Im Hotel nimmt man seinen Hund nicht mit in den Speiseraum. Er bekommt, bevor wir zum Essen gehen, genügend Auslauf und sein eigenes Futter. Danach schläft er eine Runde, bis wir vom Essen zurückkommen und ihm eine kleine Belohnung mitbringen. Ruhig im Hotelzimmer bleiben, will natürlich auch gelernt sein. Unser Airedale muß es auch zu Hause schon kennengelernt haben, gelegentlich sich allein überlassen zu bleiben, ohne jedesmal Dummheiten anzustellen oder seinem Unmut lautstark Ausdruck zu geben. Eine eigene Reisedecke oder noch besser die eigene Box sind ein vertrauter Platz für unseren Hund. Zerlegbare Flugboxen (z. B. Variokennel Gr. 4) sind leicht zu transportieren und werden vom Airedale als eigene, private Höhle und sicherer Ruheplatz angesehen, wenn er sie von zu Hause kennt. Reisen wir mit einem Kombiwagen, dem idealen Verkehrsmittel, wenn man viel mit Hunden reist, kann die Box auch im Auto als Hundehütte dienen. Sie schützt den Hund im Auto zusätzlich bei hoffentlich nie eintretenden Unfällen.

Bitte im Sommer nie vergessen, genügend Frischluft in den Wagen zu lassen, solange der Hund sich darin befindet. Der Airedale ist erstaunlich unempfindlich gegen Kälte. Er ist aber schon unter normalen Bedingungen sehr empfindlich gegen Hitze und gerät in einem ungenügend belüfteten Auto schnell in Lebensgefahr. Leider kenne ich mehrere Airedaleterrier, die den Aufenthalt im geschlossenen, heißen Auto nicht überlebt haben. Im Extremfall helfen nasse Handtücher,

Abb. 92: Autofahren find' ich toll, viel besser als zu Hause bleiben

die auf den Hund gelegt werden, um durch Verdunstungskälte Kühlung zu verschaffen.
Denken Sie auch daran, Ihren Airedale vor der Reise trimmen zu lassen. Sie haben es dann unterwegs viel leichter, immer einen gut gepflegten Hund als Begleiter zu haben, anstelle eines total verschlammten Wildschweines, weil halt Schwimmen und im Sand buddeln so schön ist; oder einen Eisbären, weil das Toben im Schnee solchen herrlichen Spaß macht. Bei richtiger harter Haarqualität und kurzem Trimming ist das alles mit wenig Aufwand auszubürsten. Schnell noch einmal schütteln, und der Airedale ist wieder fit.

Und noch eine grundsätzliche Regel: niemals eine Autotür öffnen, ohne daß der Airedale angeleint ist. Übermut tut bekanntlich selten gut, und ganz bestimmt nicht auf belebten Straßen oder Waldrändern mit gutem Wildgeruch. Angefahren oder durchgebrannt, beides darf nicht aus Leichtsinn passieren.
Vor der Abreise muß klar geregelt sein, daß unser Hund im Hotel oder Urlaubsquartier gern gesehen ist. Für den Notfall kann ein Airedale auch mal im Auto übernachten, aber das sollte eine Ausnahme bleiben.

Selbstverständlich müssen die Impfpapiere immer mitgenommen werden. Ein ausreichender Impfschutz gegen Staupe, Hepatitis, Leptospirose, Parvovirose und Tollwut ist unbedingt notwendig. Für einige Länder gilt ein Einreiseverbot für Hunde (Quarantänevorschriften). Zur Zeit gilt das noch für England und Irland, Norwegen, Schweden und Australien.

Ins Reisegepäck für den Airedale gehören außer je einem Futter- und Wassernapf, Bürste und Kamm, Decke, Hundehandtuch und Ersatzleine. Ein Fieberthermometer, eventuell notwendige Medikamente. In südlichen Ländern (USA, Australien) an Herzwurmtabletten denken, die vom ersten Tag an 1× täglich gegeben werden müssen. Desinfektionsmittel und Verbandszeug für kleinere Verletzungen. Ein Medikament gegen Durchfall und Erbrechen läßt man sich am besten vom Tierarzt vor der Abreise geben.
Bei den Hundedamen sollte sicher sein, daß sie während der Reise nicht läufig werden. Im Zweifelsfall lieber die Läufigkeit durch eine Injektion hinausschieben bis nach dem Urlaub.

Bei längerem Aufenthalt am Urlaubsort ist es nützlich, sich bald nach der Ankunft die Adresse und Telefonnummer des nächsten Tierarztes zu besorgen. Im Notfall braucht man dann nicht erst zu suchen.
Im übrigen liebt ein Airedale nichts mehr als große Spaziergänge, die ihm nie zu lang werden. Auf Wanderungen bitte immer etwas Frischwasser mitnehmen. Bei Fahrradtouren den Hund nie stundenlang auf befestigten Straßen laufen lassen. Heißen Asphalt oder Stein verträgt der Airedale nicht. Er läuft sich regelrecht Blasen, und die heilen nur sehr langsam ab. Auf Naturboden wird einem Airedale nichts zuviel.
Viel Bewegung an frischer Luft, das ist der Traumurlaub für jeden Airedale!

V. Das Trimmen des Airedale

Abb. 93: Wieso schon wieder trimmen? Ich find mich toll!

Einführung

Die besondere Haarbeschaffenheit des Airedale bedingt ein regelmäßiges Trimmen. Dabei werden die losen alten, abgestorbenen Anteile des sich ständig regenerierenden Haarkleides entfernt, das verbleibende junge, kräftige Haar in die Form getrimmt, die dem Airedale sein typisches Aussehen verleiht.
Das Haarkleid des Airedale besteht im Idealfall aus dem festen, drahtigen und leicht gewellten, dichten Deckhaar und einer feinen, kürzeren, etwas fettigen Unterwolle. Ein solches Haarkleid ist äußerst pflegeleicht, da Schmutz und Feuchtigkeit schnell und leicht zu entfernen sind. Je weicher und voller das Haar ist, um so mehr Pflege ist nötig, um den Hund immer gut in Form zu halten. Die Haarqualität ist angeboren und nur sehr schwer durch Ernährung, Haltung und Pflege zu beeinflussen.

Der große Vorteil des regelmäßigen Trimmens ist außer dem sehr ansprechenden äußeren Erscheinungsbild des gut getrimmten Hundes die Tatsache, daß der Airedale so gut wie gar nicht haart und dadurch ein äußerst sauberer Hausgenosse und Begleithund ist. Im Idealfall erlernt der Besitzer das Trimmen selbst, so daß er laufend, je nach Zeit und Freude an dieser Tätigkeit, seinen Hund übertrimmen und totes Haar entfernen kann. Auf diese Art sieht der Hund stets gut gepflegt aus. Das Erlernen des Trimmens ist nicht schwer, wenn man es richtig gezeigt bekommt. Mit der Zeit entwickelt sich mit zunehmender handwerklicher Fertigkeit die Freude an den Feinheiten und kleinen Tricks der Formgebung und Modellierung. So gesehen kann das Trimmen eine entspannende, nützliche und sinnvolle Freizeitbeschäftigung sein.

Üblicherweise wird der Airedale jedoch alle 8–10 Wochen ganz getrimmt. Das inzwischen vollgewachsene Haar wird insgesamt gekürzt und modelliert. Die hierzu verwendeten Trimmesser sollten möglichst nicht neu und scharf geschliffen sein. Das geht zwar schneller und leichter, hat aber den Nachteil, daß das junge, verbleibende Haar angeschnitten und damit verletzt wird. Ein solches Haar trocknet schneller aus, verliert an Farbintensität und liegt nicht so gut wie gesundes Haar. Man kann davon ausgehen, je stumpfer die Hilfsmittel, um so mühsamer ist das Trimmen, aber um so schöner ist das Resultat. Ein auf diese Art liebevoll handgetrimmter Airedale sieht einfach toll aus. Da aber meist nur zwei bis drei Stunden für das Trimmen alle 8–10 Wochen zur Verfügung stehen, müssen Kompromisse in Kauf genommen werden.
Die schwer zu trimmenden Partien am Hals, in den Ohren, am Unterbauch und unter der Rute können mit einer Klippschere geschnitten werden. Das Bart- und Beinhaar und die Pfoten können mit einer guten Schere in Form gebracht werden. Die Kopfpartie, das Deckhaar, die Schultern und die Übergänge zum längeren Haar an den Läufen sollten immer getrimmt werden.
Am schnellsten und bequemsten bekommt man die Haare natürlich mit einer Schermaschine ab. Das sollte aber immer eine Notlösung bleiben, denn ein

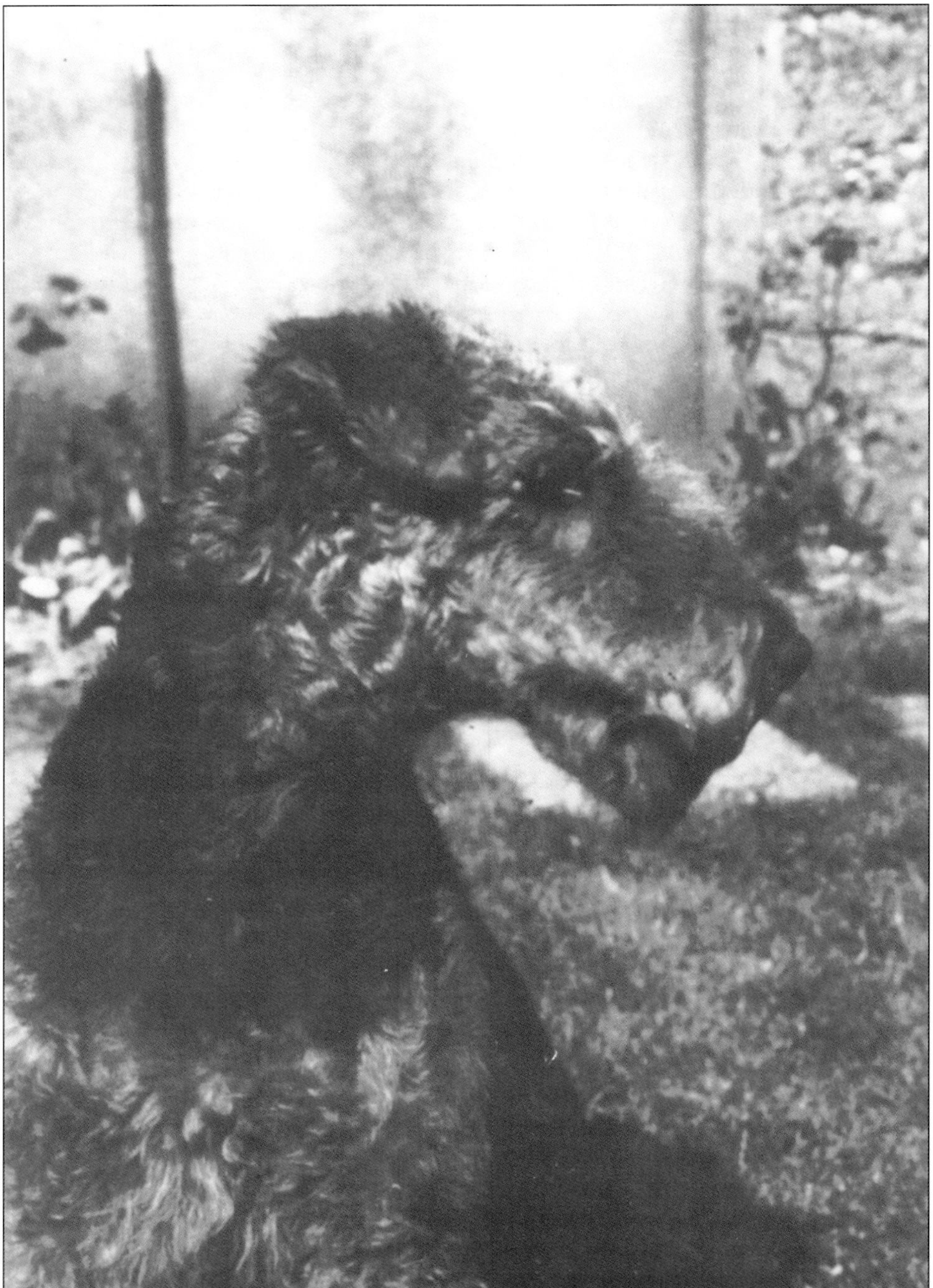

Abb. 94: Alle 8–10 Wochen sollte nachgetrimmt werden

Abb. 95: Der Airedale – perfekt getrimmt – in Top-Kondition

geschorener Airedale sieht aus wie ein Schaf, und es kostet viel Zeit und Mühe, ein solches Haar wieder in Top-Form zu bringen.
Den ersten Schnitt bekommen die Airedalewelpen meist schon beim Züchter mit 6–8 Wochen, bevor sie an den neuen Besitzer abgegeben werden. Dabei werden das Köpfchen, die Ohren, die Pfoten und das Hinterteil kurz getrimmt und das Babyhaar am Körper, soweit es schon lose ist, herausgekämmt. Das erste richtige Trimmen ist dann erst mit 4–5 Monaten fällig, je nach Haarqualität und Wachstumsintensität. Beim Welpen wird die Klippschere überall dort benutzt, wo das Trimmen an den empfindlichen Körperstellen noch zu unangenehm ist.
Das Trimmwerkzeug besteht aus einem Grundinstrumentarium, das später je nach Bedarf ergänzt werden muß. Man braucht eine gute Bürste, die für das Terrierhaar geeignet ist, z. B. eine Hindes-Bürste, einen grobzahnigen Trimmkamm, eine gute Haarschere, ein oder zwei Klippscheren (Hauptner) und einige Trimmesser mit unterschiedlicher Zahnung. Es gibt die verschiedensten Trimmesser, und jeder versierte Trimmer schwört auf seine Marke. Man muß ausprobieren, womit man selbst am besten zurecht kommt.
Besonders haben sich handgearbeitete Edelstahlmesser bewährt. Sie sind leider nicht im Handel, sondern nur privat erhältlich. Außerdem gibt es hervorragende

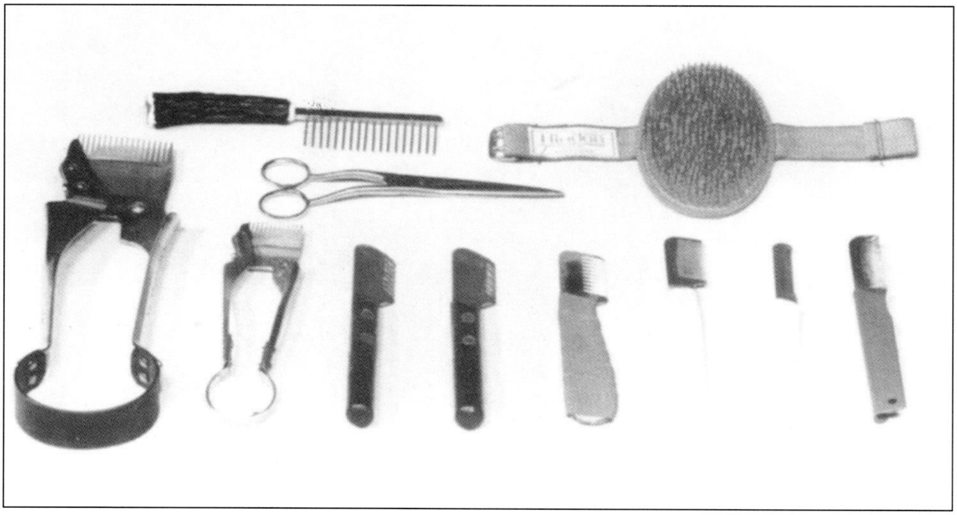

Abb. 96: Die Grundausstattung für das Trimmen

Erzeugnisse aus England und den USA. Diese Messer bekommt man am besten auf den Ausstellungen an den Verkaufsständen für Hundesportartikel. Von diesen Trimmessern braucht man einen doppelten Satz, damit man immer jeweils ein stumpfes und ein geschliffenes Messer zur Verfügung hat. Prinzipiell wird das Haar um so schöner liegen und nachwachsen, je stumpfer das verwendete Trimmesser war. Aber an den Wirbeln und empfindlichen Körperstellen ist es gerade für den noch ungeübten Trimmer leichter, mit neueren Messern zu arbeiten. Die Trimmmesser sind teuer (50,– bis 80,– DM), halten aber bei guter Pflege lange und können, wenn nötig, nachgeschliffen werden. Es gibt übrigens auch Trimmesser für Linkshänder.
Außerdem braucht man einen guten Trimmtisch, Höhe: ca. 77 cm, Breite: 45–50 cm, Länge: 80–90 cm. Dazu gehört eine Anbindemöglichkeit. Ein Haken in der Decke, an den eine Vorführleine gehängt werden kann, stört am wenigsten beim Trimmen. Für alle Trimmtische gibt es aber auch sogenannte »Galgen« zum Befestigen einer Leine. Eine gute, rutschfeste Gummiauflage gibt dem Hund Halt und Sicherheit auf dem Tisch. Der Welpe hat meist schon beim Züchter gelernt, auf einem Trimmtisch zu stehen. Das sollte unbedingt beibehalten werden. Auf dem Tisch ist der Hund stets diszipliniert und läßt sich viel besser bürsten, kämmen und trimmen als auf der Erde. Außerdem hat er es beim Tierarzt leichter, wenn er mit einem Tisch vertraut ist.
Im Idealfall ist der Züchter bereit und in der Lage, das Trimmen der von ihm gezüchteten Hunde zu übernehmen oder dem Besitzer zu zeigen, wie er es erlernen kann. Solch ein Besuch beim Züchter ist immer zugleich eine gute Gelegenheit zum Erfahrungsaustausch und zum Besprechen eventueller Probleme der Haltung, Fütterung, Erziehung und Ähnlichem.

Das Trimmen der einzelnen Körperpartien

Kopf und Hals:
Die untere Halspartie kann mit der großen Klippschere gegen den Strich kurz geschoren werden. Die Innenseite der Ohren wird mit der kleinen Klippschere, vom Rand zur Mitte hin schneidend, kurz geschoren. Die Außenseite der Ohren kann gegen den Strich geschoren werden. Viel besser sehen die Ohren aber aus, wenn die Außenseite mit dem Strich kurz getrimmt wird. Anschließend werden die Ohrränder mit der Schere sauber beschnitten. Vorsicht bei der hinteren Ohrfalte. Bitte nicht hineinschneiden.
Der Oberkopf wird auf der Stirn und an den Seiten in der Wuchsrichtung der Haare kurz getrimmt, wobei das Haar am Ansatz der Ohren ganz kurz werden muß.
Man arbeitet mit dem groben Trimmesser vor und macht die Feinarbeit anschließend mit dem feineren Messer. Die Augenbrauen werden nur etwas ausgedünnt und in Form gebracht. Sie sollen nicht buschig wirken, müssen aber deutlich sichtbar erhalten bleiben. Sie unterstützen wirkungsvoll den typischen Terrierblick des Airedale. Am äußeren Augenwinkel müssen die Haare, auch die Augenbrauen, ganz kurz sein (wenige Millimeter). Vor den Augen wird das Barthaar glatt nach vorn gekämmt und soweit mit dem groben Trimmesser ausgedünnt, daß der Kopf eine lange, keilförmige Form annimmt. Dabei werden die Haare auf dem Nasenrücken ziemlich kurz. Die obere Linie des Kopfes soll vom Hinterhauptbein bis zur Nasenspitze in einer möglichst geraden Linie verlaufen.

Das gleiche gilt für die Seiten des Kopfes. Dabei hilft eine gedachte Linie vom äußeren Augenwinkel zum äußeren Mundwinkel. Vor dieser Linie sollen die glatt nach vorn gekämmten Barthaare ganz allmählich etwas länger werden. Bei einem kräftigen Fang brauchen die Barthaare nur wenige Zentimeter lang zu sein, um dem Kopf die gewünschte Keilform zu geben. Unter dem Kinn dürfen die Barthaare vom Mundwinkel an etwas länger bleiben. Alle Haare hinter der gedachten Linie vom äußeren Augenwinkel zum Mundwinkel werden ganz kurz getrimmt.

Nacken und Schultern:
Der Nacken wird mit dem groben Trimmesser gleichmäßig durchgetrimmt, bis alles alte, lose Deckhaar und die Unterwolle entfernt sind. Es darf nur neues, gesundes und festes Deckhaar mit wenig kurzer Unterwolle bleiben. Dabei soll stets mit der Wuchsrichtung des Haares gearbeitet werden, um die schöne leichte Wellung zu erhalten und zu betonen.
Die Schultern werden zuerst mit dem groben Trimmesser und anschließend mit dem feinen Messer ganz kurz getrimmt. Auch hier ist es wichtig, die Wuchsrichtung des Haares zu beachten. Die Übergänge vom etwas längeren Haar am Nacken zum kurzen Haar am unteren Hals und auf der Schulter müssen sehr sorgfältig ausgeglichen werden.

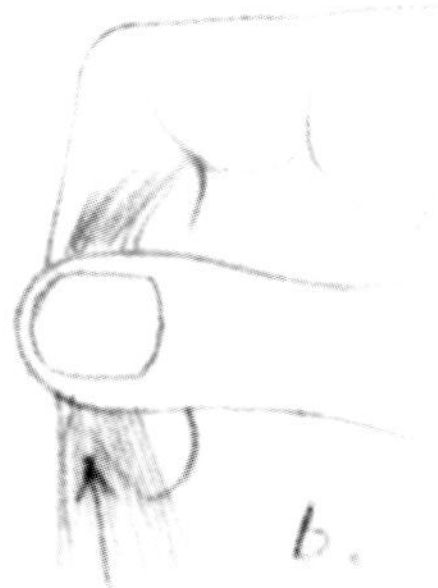

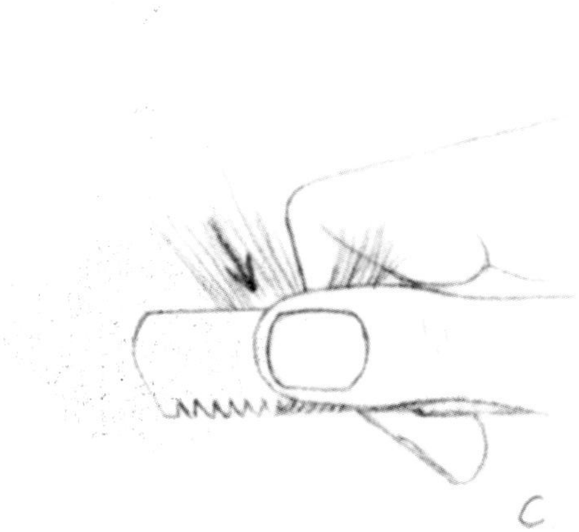

Das Trimmen

a) und b) Zupfen mit der Hand
c) Einsatz eines Trimmessers

Das Trimmen des Kopfes, Vorgesicht

1. Vorgesicht leicht modelliert
2. Zu viel Haare zwischen den Augen und am Bart, zu kurz unter den Augen
3. Untere Halslinie harmonisch auslaufend
4. Ohren Innenseite mit Klippschere gegen den Strich

Die verschiedenen Haarlängen müssen stufenlos ineinander übergehen. Das gleiche gilt vom Übergang der kurzen Schulterpartie zum längeren Haar an den Läufen.

Die Vorderläufe:
Das Haar an den Läufen bleibt ziemlich lang. Es wird kräftig durchgebürstet und gegen den Strich aufwärts gekämmt. Dann wird alles lose und überständige Haar ausgetrimmt, wobei darauf geachtet werden muß, daß die Läufe soviel Fülle behalten, daß die Front des Airedales vollkommen gerade erscheint. An der Rückseite der Vorderläufe sind die Haare bei fast allen Rassen mit längerem Haar gut »befedert«. Das heißt, die Haare haben eine glattere und festere Struktur als das übrige Beinhaar.
Diese Partie darf länger belassen werden, um den Läufen mehr Fülle zu geben. Abschließend wird das Beinhaar mit dem groben Kamm nach unten in Form gekämmt.
Das Brusthaar an der Front wird kurz getrimmt und darf nicht vorstehen.
Die Pfoten sind ein Kapitel für sich. Sie sollen wie kurze, feste, gut geschlossene Katzenpfoten ausgebildet sein, was durch das Trimmen noch betont wird. Dazu gehört, daß die Krallen kurz gehalten werden. Das geschieht am besten durch regelmäßiges Feilen mit einer Holzfeile. Das Nägelschneiden haben die meisten Airedales nämlich gar nicht gern. Bei zu langen Nägeln leidet der korrekte Pfotenstand. Das Haar zwischen und an den Zehen muß so kurz geschnitten werden, so daß die Pfoten schön rund werden. Das Haar zwischen den Ballen wird ebenfalls entfernt, damit sich dort keine Fremdkörper (Steinchen) festsetzen können, und das Haar nicht verfilzt.

Der Rücken und die Brustseiten:
Der Rücken und die Brustseiten sind schwarz oder grizzle und werden, wie der Nacken, mit dem groben Trimmesser durchgetrimmt, bis alles tote und lose Haar entfernt ist. Nur das junge, feste Haar bleibt stehen, wobei das Verbleiben von etwas Unterwolle im Standard vorgeschrieben ist. Die tanfarbenen Haare der Unterbrust bleiben stehen. Der Bauch wird kurz geschoren mit der großen oder kleinen Klippschere. Dabei kann man unbesorgt bis zum Bauchnabel, der bei den meisten Hunden zeitlebens erkennbar bleibt, ganz kurz scheren. Beim Rüden darf die Vorhaut des Penis nur in Wuchsrichtung der Haare vorsichtig geschoren werden, sonst gibt es Hautverletzungen. Die tanfarbenen Brusthaare werden mit dem Trimmesser oder der Schere etwas in Form gebracht, wobei eine Linie von den Ellenbogen zu den Flanken harmonisch den Verlauf des Brustkorbes nachzeichnen soll.

Die Hinterhand:
Die Rute wird auf ihrer schwarzen, oberen Seite kurz getrimmt. Die untere tanfarbene Seite wird ganz kurz getrimmt oder geschoren. Die Spitze wird mit der Schere rund geschnitten. Die Seiten werden mit dem Trimmesser angeglichen. Dabei muß darauf geachtet werden, daß die ganze Rute gleichmäßig kräftig

Das Trimmen des Körpers

a) 1. Halsunterseite sehr kurz trimmen.
   2. Ohren, Stirn, Hals, Nacken, Rücken, Rute, Schulter und Brustkorb kurz trimmen

b) Übergänge zum Vorgesicht und zu den Läufen angleichen. Langes Haar durchtrimmen und modellieren.

1. Das Trimmen der Front

a) Ohren, Oberkopf, Hals, Schulter und Brustbereich kurz trimmen
b) Übergänge zum Vorgesicht und zu den Läufen angleichen und langes Haar durchtrimmen und modellieren

2. Das Trimmen der Hinterhand

a) Unterseite der Rute und Region zwischen After und Hodenansatz oder Scheide kurz halten.
b) Beinhaar durchtrimmen und modellieren.

Korrekt getrimmte Pfoten
mit kurz gehaltenen Krallen

erscheint und nicht ein dünnes Rattenschwänzchen übrig bleibt. Vom After bis zum Hodenansatz oder bis zur Scheide wird das Haar kurz geschoren oder mit der Schere ganz kurz geschnitten. Zum Trimmen ist diese Partie meist zu empfindlich.
Die Rückseite der Hinterläufe wird bis zu den Sprunggelenken kurz getrimmt. Von den Sprunggelenken bis zur Pfote läßt man wie an den Vorderläufen die Fahne stehen. Dadurch wird die Hinterhand optisch verlängert und sieht besonders gut aus.
An der Vorderseite der Läufe bleibt relativ viel Haar stehen. Hier wird das Haar dem anatomischen Verlauf der Hinterhand entsprechend nur soweit gekürzt, daß altes und totes Haar entfernt wird.
Das Haar der Ober- und Unterschenkel wird kräftig durchgebürstet und in Form gekämmt. Vom kurzen Rückenhaar auf der Kruppe wird mit allmählichem Übergang zum meist tanfarbenem Haar an den Oberschenkeln alles alte Haar entfernt. Dabei wird wieder in Wuchsrichtung der Haare gearbeitet.
Die Bemuskelung der Hinterhand soll erkennbar werden. Keinesfalls dürfen unschöne »Hosen« wie bei einem Pudel stehen bleiben. Vorsichtig muß man bei den Außenseiten der Sprunggelenke sein, da hier oft recht wenig Haar vorhanden ist, so daß kaum noch getrimmt werden darf.
Die Innenseite der Hinterläufe wird begradigt, so daß die Innenseite gerade erscheint und der Hund, von hinten betrachtet, nicht »über die Tonne gebügelt« oder »x-beinig« erscheint.
Die Pfoten werden wie an den Vorderläufen schön kurz und rund getrimmt.

Für dieses Trimmen müssen mindestens zwei Stunden, meist aber drei Stunden gerechnet werden. Je besser der Hund in der Zwischenzeit mit regelmäßigem Bürsten und Kämmen gepflegt wurde, um so leichter ist das Trimmen für den Trimmer und den Hund. Wenn man das Trimmen selber erlernen möchte, was immer die beste Lösung ist, hat man genügend Zeit, das Trimmen in Etappen vorzunehmen.
Der Hund sieht dann immer gleichmäßig gepflegt aus, und das Haar wird nie zu lang und überständig.

VI. Der Sport mit dem Airedale

Einleitung

Zum Hundesport gehören alle Arten der Ausbildung des Hundes als Freizeitbeschäftigung. Der Airedale hat durch sein Temperament und vielseitige Veranlagung viel Freude an allen Dingen, die er gemeinsam mit seinem Besitzer erleben und erlernen kann. Er soll dabei stets als unser Freund und Partner angesehen und angesprochen werden, dann wird er mit Begeisterung und Durchhaltevermögen bei der Sache sein. Dagegen ist der Airedale als reines Ausbildungs- und Prestigeobjekt, gleichsam als Sportgerät, das jederzeit zu funktionieren hat, völlig ungeeignet. Das widerspricht seinem selbständigen und selbstbewußten Charakter.
Aber gerade sein besonderer Charakter, der gelegentlich auch zum Dickkopf wird, macht das Arbeiten und den Erfolg mit dem Airedale so reizvoll und interessant. Alle Mühe, Geduld und liebevolle Zuwendung, die wir in unseren Airedale investieren, schenkt er uns zeitlebens vielfach zurück.
Ein großer Vorteil bei der Ausbildung des Airedale ist die Tatsache, daß der Airedale einmal Erlerntes nicht wieder vergißt. Noch nach Jahren apportiert er z. B. mit Begeisterung, auch wenn es lange Zeit, aus welchen Gründen auch immer, nicht von ihm verlangt wurde. Gelegentliche Strenge bei der Ausbildung läßt sich nicht vermeiden, sie sollte aber immer so angewandt werden, daß die freundschaftliche Beziehung zu unserem Hund nicht darunter leidet.
Von den verschiedenen Möglichkeiten des Hundesports eignen sich folgende Ausbildungen am besten für den Airedale:

Der Breitensport
Die Begleithundprüfung (BH)
Die Schutzhundprüfungen (Sch H, II und III)
Die Ausdauerprüfung (AD)
Die Fährtenhundprüfung (FH)
Die Jagdeignungsprüfung (JEP)
Die Ausbildung zum Katastrophenhund
Die Ausbildung zum Blindenhund
Der Ausstellungssport

Abb. 97: Sport mit dem Airedale

Der Breitensport

Der Breitensport ist der ideale Einstieg in den Hundesport für alle diejenigen, die Spiel und Spaß mit ihrem Hund im gemeinsamen Training als eine sinnvolle und gesunde Freizeitbeschäftigung verstehen.
Viel Bewegung an der frischen Luft und ein wachsendes, gegenseitiges Verständnis zwischen Mensch und Hund geben dem Zusammenleben mit unseren vierbeinigen Freunden eine besondere Bedeutung. Viele kleine Alltagsprobleme des Gehorsams und der Kommunikation erledigen sich bei regelmäßigem Breitensporttraining ganz von selbst.
Der Airedale wird stets begeistert sein von diesen gemeinsamen Aktivitäten und gewöhnt sich spielerisch daran, unsere Wünsche zu verstehen und unsere Anweisungen gern zu befolgen. So entsteht eine freundschaftliche gegenseitige Bindung, die das Halten eines Hundes erst sinnvoll werden läßt.
Der Breitensport ist für jeden erlernbar und beginnt mit leichten Übungen, die über eine gut durchdachte, weiterführende Ausbildung bei steigenden Anforderungen an die Geschicklichkeit und den Gehorsam des Hundes bis zur Teilnahme an Prüfungen und Turnieren führt.
Die Turnierordnung für den Breitensport mit dem Hund, herausgegeben vom Deutschen Hundesportverband im VDH, sieht folgende Ausbildung vor:

VIERKAMPF MIT DEM HUND

1.0. *Gehorsamsübungen*

1.1.1. *Leinenführigkeit*
Gehen und Laufen mit angeleintem Hund. Eingefügt sind Wendungen, Tempowechsel und Anhalten.

1.1.2. *Freifolge*
Gehen und Laufen mit abgeleintem Hund. Eingefügt sind Wendungen, Tempowechsel und Anhalten. Die Führleine ist umzuhängen oder in die Tasche zu stecken.

1.1.3. *Sitzübung*
Sitzenlassen des Hundes aus der Bewegung und Abholen. Die Übung wird mit freifolgendem Hund gezeigt.
Aus der Grundstellung geht der Hundeführer mit seinem freifolgenden Hund auf das Hörzeichen »Fuß« mindestens zehn Schritt geradeaus. Auf das Hörzeichen »Sitz« muß sich der Hund schnell hinsetzen. Ohne anzuhalten oder sich umzusehen, geht der Hundeführer 20 Schritte weiter, hält an und dreht sich zu seinem Hund um. Nach ca. 10 Sekunden geht der Hundeführer auf die Anweisung des Bewerters zu seinem Hund zurück und nimmt die Grundstellung ein.

1.1.4. *Platzübung*
Ablegen des Hundes aus der Bewegung und Heranrufen. Die Übung wird mit freifolgendem Hund gezeigt.

Abb. 98: Patsy ist schon ein Profi – Breitensport in Schweden

Abb. 99: Komm schnell – wir schaffen das!

1.2. *Hürdenlauf*

Der Hundeführer muß gemeinsam mit seinem Hund auf einer Laufstrecke von 50 m drei hintereinander aufgestellte 50 cm hohe und 200 cm breite Hürden überspringen. Jede der Hürden besteht aus zwei Lattenträgern, auf denen eine Querlatte lose aufgelegt ist. Der Abstand von der Startlinie zur ersten Hürde bzw. von der dritten Hürde zur Ziellinie beträgt 15 m, zwischen den Hürden beträgt er 10 m.

Der Hürdenlauf wird in zwei Durchgängen gezeigt. Beide Durchgänge müssen in der gleichen Art – entweder mit oder ohne Leine – gezeigt werden.

1.3. *Slalomlauf*

Der Hundeführer durchläuft mit seinem Hund einen mit Stangen ausgesteckten Zick-Zack-Kurs, der aus einem Start- und einem Zieltor und fünf weiteren Toren besteht. Die Laufstrecke mißt ca. 75 m. Die Torstangen müssen mindestens 180 cm hoch und möglichst elastisch sein. Der lichte Abstand zwischen den Torpfosten beträgt 140 cm.

Das Tragen von Sportschuhen mit Spikes oder Stollen ist nicht erlaubt.

Der Slalomlauf wird in zwei Durchgängen ausgeführt. Beide Durchgänge müssen in der gleichen Art – entweder mit oder ohne Leine – gezeigt werden.

1.4. *Kurzstreckenlauf*

Hundeführer und Hund führen einen 75 m langen Kurzstreckenlauf aus. Hierbei muß der Hund acht verschiedene Hindernisse überwinden, während der Hundeführer unmittelbar parallel zur Hindernisbahn mitläuft. Der Hindernislauf wird in zwei Durchgängen gezeigt.

2.0. *Hindernislauf*

2.1. 2000 Meter-Lauf

2.2. 5000 Meter-Lauf

Der Hundeführer hat mit seinem Hund eine 2000 bzw. 5000 Meter lange Strecke im Gelände zu durchlaufen. Die ausgemessene und gekennzeichnete Strecke muß über freies Gelände, über Feld- oder Waldwege verlaufen, die möglichst nicht geteert sein sollten. Neben der Kennzeichnung der Strecke sind Strecken- bzw. Kontrollposten einzusetzen.

Der Hund muß angeleint sein! Es erfolgt Einzelstart. Zeitabstand zum folgenden Läufer mindestens eine Minute, er kann bei Bedarf vergrößert werden.

3.0. *Hindernislauf-Turniere*

Hindernislauf-Turniere werden in zwei Gruppen ausgetragen.

Gruppe 1: Hundeführer mit Hunden bis einschl. 50 cm Schulterhöhe.

Gruppe 2: Hundeführer mit Hunden über 50 cm Schulterhöhe.

Ein Hindernislauf-Turnier wird in zwei Durchgängen gelaufen. Bei über 100 Teilnehmern kann die Teilnehmerzahl für den 2. Durchgang begrenzt werden. Mehrfachstarts mit einem Hund durch verschiedene Personen sind nicht erlaubt. Dagegen kann ein Teilnehmer mit mehreren Hunden starten. Der Start von zwei Familienmitgliedern mit einem in der Familie gehaltenen Hund ist zulässig, sofern der Veranstalter dies nicht aus organisatorischen Gründen einschränkt.

Bei regelmäßigem Training und zunehmender Kondition ist der Breitensport immer ein Gesundheitssport, andernfalls wird er mißverstanden.

Wer an diesem gemeinsamen Freizeithobby mit seinem Airedale besonders viel Freude hat, sollte sich alsbald den weiteren Aktivitäten, die der Hundesport bei uns heute anbietet, zuwenden. Der nächste Schritt wäre das Üben für die Begleithundprüfung (BH), die als Voraussetzung für die Zuchtzulassung im KFT anerkannt wird.

Die Begleithundprüfung

Die Anforderungen für die Begleithundprüfung sind in der Prüfungsordnung enthalten und sollen hier nur auszugsweise wiedergegeben werden. Wer daran interessiert ist, kann die Prüfungsordnungen des Verbandes für das Deutsche Hundewesen (VDH) beim Klub für Terrier beziehen.

Prüfungsordnung für Begleithunde (BH)

A) Begleithundprüfung auf einem Übungsplatz oder freiem Gelände. Jede Einzelübung beginnt und endet mit der Grundstellung.

1. Leinenführigkeit und Unbefangenheit, Hörzeichen »Fuß«
2. Freifolgen, Hörzeichen »Fuß«
   Zeigt sich der Hund schußscheu, scheidet er sofort von der Prüfung aus. Zeigt der Hund auf den Schuß Angriffslust, so ist das bedingt fehlerhaft, sofern er noch in der Hand des Hundeführers steht. Volle Punktzahl kann nur der schußgleichgültige Hund erhalten.
3. Hinsetzen und Sitzenbleiben
4. Ablegen in Verbindung mit Herankommen
5. Ablegen des Hundes unter Ablenkung, Hörzeichen »Platz«, »Sitz«

B) Prüfung im Verkehr

Die Übungen sollen im öffentlichen Verkehrsraum (Straßen, Wege oder Plätze) mit mäßigem Verkehr durchgeführt werden. Der öffentliche Verkehr darf nicht beeinträchtigt werden.

Nur der zu prüfende Hund, sein Führer, der Leistungsrichter, gegebenenfalls auch der Prüfungsleiter sind in Aktion. Alle anderen Teilnehmer halten sich mit ihren Hunden abseits an einem geeigneten angewiesenen Ort (Vereinsheim, Übungsplatz, sonstiger Treffpunkt) auf Abruf bereit. Die Durchführung dieses Teils der Prüfung erfordert wegen ihrer Eigenart einen erheblichen Zeitaufwand. Die Leistungsforderungen dürfen nicht durch oberflächliche Abnahme vieler Hunde beeinträchtigt werden. Daher dürfen an einem Prü-

Abb. 100: Ein harmonisches Team – Jenny beim Training für die Begleithundprüfung

fungstag höchstens zwölf Hunde geprüft werden. Punkte werden für die einzelnen Übungen des Teiles B nicht vergeben. Für das Bestehen dieser Prüfungsabteilung ist der gesamte Eindruck über den sich im Verkehr bewegenden Hund maßgeblich.

Prüfungsablauf:

1. Führigkeit und Verhalten im Straßenverkehr
2. Verhalten des Hundes unter erschwerten Verkehrsverhältnissen.
3. Verhalten des kurzfristig im Verkehr angeleint allein gelassenen Hundes; Verhalten gegenüber anderen Tieren.
4. Gehorsamsprüfung im Verkehr.

Die Schutzhundprüfungen

Die Schutzhundprüfungen I, II und III sind ähnlich aufgebaut und unterscheiden sich nur in den Leistungsanforderungen. Die SchH I ist der Abschluß der Grundausbildung des Schutzhundes, auf der die weitere Ausbildung zur SchH II und SchH III mit gesteigerten Leistungen aufbaut. Die Schutzhundprüfungen bestehen aus jeweils drei Abteilungen.

1. Abteilung A: Fährtenarbeit
2. Abteilung B: Unterordnung
3. Abteilung C: Schutzdienst

1. ABTEILUNG A: LEISTUNGEN IN DER FÄHRTENARBEIT

Hörzeichen »Such«, Höchstpunktzahl 100, Mindestpunktzahl zur Erlangung eines Ausbildungskennzeichens 70. Verlorensuche auf einer 300 bis 400 Schritt langen, mindestens 20 Minuten alten Hundeführer-Fährte mit zwei Gegenständen an 10 Meter langer Fährtenleine oder freisuchend. Die Fährte enthält zwei rechte Winkel.

Bei der SchH II beträgt die Fährte 400 bis 500 Schritt. Es handelt sich um eine mindestens 30 Minuten alte Fremdfährte mit zwei dem Fährtenleger gehörenden Gegenständen, an zehn Meter langer Fährtenleine oder freisuchend. Die Fremdfährte enthält zwei rechte Winkel.

Bei der SchH III beträgt die Fährte 800 bis 1000 Schritt. Sie ist mindestens 50 Minuten alt und enthält drei dem Fährtenleger gehörende Gegenstände. Sie enthält vier rechte Winkel. Der Richter bestimmt auch hier unter Anpassung an das Fährtengelände den Verlauf der Fährte.

Die Fährte kann an einer zehn Meter langen Fährtenleine oder freisuchend ausgearbeitet werden. Der Hundeführer muß vor dem Beginn der Fährtenarbeit dem Richter angeben, ob sein Hund die ausgelegten Gegenstände aufnimmt oder verweist. Beim Aufnehmen kann der Hund stehenbleiben, sich setzen oder zum Hundeführer (HF) kommen. Auf keinen Fall darf er aber auf der Fährte weiterlaufen. Das Verweisen kann stehend, sitzend oder liegend geschehen. Der HF begibt sich sofort zum Hund und zeigt durch Hochheben des Gegenstandes an, daß der

Abb. 101: Das Bringen eines Gegenstandes auf das Hörzeichen »Bring«
Herr Liermann, »v. Gollenstein«

Hund gefunden hat. Dann wird der Hund wieder auf die Fährte gebracht und setzt die Arbeit fort. Für ungenaues Ausarbeiten der Fährte, Fallenlassen des Gegenstandes, häufiges Kreisen an den Winkeln, unzulässige Hilfen des Hundeführers, Fährten mit vorwiegend hoher Nase, nicht gefundene Gegenstände usw. gibt der Richter Punktabstriche. Als Mindestpunktzahl müssen 70 Punkte erreicht werden.

2. ABTEILUNG B: UNTERORDNUNGSLEISTUNGEN

Höchstpunktzahl 100, Mindestpunktzahl 80

Jede Einzelübung beginnt und endet mit der Grundstellung, d. h. der Hund sitzt an der linken Seite des Hundeführers.

2.1. Leinenführigkeit und Unbefangenheit. Hörzeichen »Fuß«.
2.2. Freifolgen. Hörzeichen »Fuß«.
2.3. Sitzübung. Hörzeichen »Fuß«.
2.4. Ablegen in Verbindung mit Herankommen. Hörzeichen »Platz« / »Hier« / »Fuß«.
2.5. Bringen eines dem Hundeführer (HF) gehörenden Gegenstandes auf ebener Erde. Hörzeichen »Bring«.
2.6. Bringen eines dem HF gehörenden Gegenstandes im Freisprung über eine 1 Meter hohe und 1,50 Meter breite Busch-Hürde. Hörzeichen »Hopp« und »Bring«.
2.7. Voraussenden mit Hinlegen. Hörzeichen »Voraus«, »Platz«, »Sitz«.
2.8. Ablegen des Hundes unter Ablenkung. Hörzeichen »Platz«, »Sitz«.

Die Ausführung der einzelnen Übungen ist in der Prüfungsordnung des VDH ausführlich beschrieben. Man tut gut daran, dieses Büchlein beim Arbeiten immer griffbereit zu haben, um sich jederzeit informieren zu können. Nichts erweist sich störender bei der Ausbildung, als wenn man überflüssige Anforderungen an seinen Hund stellt oder ungenau arbeitet. Gerade der Airedale merkt sich unsere Fehler sehr genau. Seine Lernfreudigkeit und sein gutes Gedächtnis sollen deshalb von Anfang an und konsequent für die wesentlichen, bei der Prüfung geforderten Aufgaben genutzt werden.

Bei der SchH II wird die Unterordnung erweitert durch schwerere Bringhölzer anstelle kleiner, dem Hundeführer gehörender Gegenstände. Als zusätzliche Übung folgt der Klettersprung über eine Schrägwand, die 1,80 Meter hoch und 1,30 Meter breit ist, in Verbindung mit Bringen eines dem HF gehörenden Gegenstandes.

Die SchH III beginnt mit dem Freifolgen in verschiedenen Gangarten mit vorgeschriebenen Rechts-, Links- und Kehrtwendungen und Bewegung durch eine Gruppe. Während der Übung werden 2 Schüsse abgegeben (wie bei der SchH I und II), wobei sich der Hund schußgleichgültig verhalten soll. Es folgen wie bei den vorherigen Prüfungen die Übungen Sitz aus der Bewegung und Ablegen in Verbindung mit Herankommen. Als neue Übung kommt das Stehenbleiben aus dem Schritt hinzu. Hörzeichen »Steh« und »Sitz«. Es folgt das Stehenbleiben aus dem Laufschritt. Hörzeichen »Steh« und »Hier«.

Abb. 102: Hürde und Kletterwand auf dem Übungsplatz

Abb. 103: Mannarbeit übt man zunächst einmal an den Hosenbeinen

Das Bringen auf ebener Erde wird mit einem zwei Kilogramm schweren Bringholz durchgeführt.
Das Bringholz über die 1 Meter Hürde wiegt 650 Gramm.
Die weiteren Übungen entsprechen den Anforderungen der SchH II.

3. ABTEILUNG C: SCHUTZDIENST

Höchstpunktzahl 100, Mindestpunktzahl 80

Bewertung:	Stellen und Verbellen (3/2)	5 Punkte
	Überfall	35 Punkte
	Verfolgen und Stellen (Mutprobe)	60 Punkte
		100 Punkte

Der Schutzdienst wird systematisch aufgebaut und stellt die Hauptanforderung an das Bestehen einer Schutzhundprüfung dar. Dabei soll der Hund bereit sein, seinen Besitzer in Notsituationen zu verteidigen und lernt selbständig zu arbeiten, ohne unkontrolliert zu beißen. Zunächst muß der Hund einen Helfer (Täter) finden, stellen und verbellen, ohne ihn anzupacken. Es folgt ein Angriff des Helfers auf den Hundeführer. Jetzt darf und muß der Hund den Helfer angreifen und fest fassen. Stellt der Helfer auf Anweisung des Richters den Angriff ein, muß der Hund sofort und selbständig ablassen. Einen folgenden Fluchtversuch des Helfers muß der Hund verhindern, indem er den Täter verfolgt und stellt. Es folgt der Transport des Täters zum Richter.
Außer den für die Arbeit zu vergebenden Punkten muß der Richter den Mut und die Härte des Hundes (Kampftrieb) mit »ausgeprägt«, »vorhanden« oder »nicht genügend« beurteilen.
Bei der SchH II werden folgende Anforderungen an den Hund gestellt:
Streifen nach dem Helfer: (5 Punkte). Auf die Hörzeichen Revier, Voran und Hier sucht der Hund selbständig ein Gelände nach dem versteckten Helfer ab.
Stellen und Verbellen: (10 Punkte). Hat der Hund den Helfer in seinem Versteck gefunden, soll er ihn stellen und verbellen. Der Hund wird dann von seinem Führer angewiesen, sich vor dem Versteck abzulegen. Der Helfer verläßt das Versteck, wird durchsucht vom HF, und das Versteck wird kontrolliert. Dabei soll der Hund das Geschehen aufmerksam verfolgen, ohne jedoch den Helfer zu fassen.
Flucht und Abwehr: (10 und 40 Punkte). Der Hund darf nun einen Fluchtversuch des Helfers durch festes Zupacken vereiteln. Sobald der Helfer ruhig stehen bleibt, muß der Hund auslassen. Erst bei einem Angriff auf den Hund darf er wieder aktiv werden und den Angriff durch festes Zupacken verhindern.
Transport: (5 Punkte). Hundeführer und Hund folgen dem Helfer und überwachen seinen Transport zum Richter.
Überfall und Mutprobe: (30 Punkte). Während des Transportes erfolgt ein erneuter Überfall des Helfers, diesmal auf den HF. Diesen Angriff hat der Hund durch schnelles, festes Zufassen zu verhindern. Der Helfer versucht zu fliehen. Der Hund verfolgt den Helfer und muß einen erneuten Angriff abwehren und am Platz

Abb. 104: Stellen und Verbellen vorbildlich ausgeführt

verharren. Der HF läuft nun zum Helfer und entwaffnet ihn. Es folgt nun der endgültige Abtransport des Helfers zum Richter.
Der Kampftrieb einschließlich Mut und Härte des Hundes während der gesamten Übung muß mit den Bewertungen »ausgeprägt«, »vorhanden« oder »nicht genügend« beurteilt werden.
Der Schutzdienst der SchH III ist die hohe Schule der Ausbildung zum Schutzhund. Zunächst verläuft die Prüfung entsprechend der SchH II. Als Abschluß wird aber auf die Übungen Überfall, Einholen und Mutprobe (45 Punkte) der größte Wert gelegt. Nach dem Transport erfolgt ein Überfall des Helfers auf den HF, den der Hund zu verhindern hat. Anschließend verläßt der HF mit seinem freifolgenden Hund den Platz.
Der Helfer wird versteckt. Der HF betritt mit freifolgendem Hund wieder den Platz. Der Helfer verläßt sein Versteck und versucht zu fliehen. Der HF schickt seinen Hund zur Verfolgung des Täters. Der Helfer dreht sich um und greift den Hund heftig an, der ihn wiederum unbeirrt durch festes Zufassen festhalten muß. Stellt der Helfer die Gegenwehr ein und bleibt ruhig stehen, muß der Hund ablassen und beobachtend beim Helfer verbleiben. Der Helfer greift erneut an, wobei der Hund zwei Schläge mit einem Schlaggegenstand (Stock) erhält. Der Hund faßt wiederum fest zu, und der Helfer stellt den Kampf ein, worauf der Hund vom Helfer ablassen muß. Auf Anweisung des Richters holt der HF nun seinen Hund ab und entwaffnet den Helfer. Es folgt ein Seitentransport zum Richter. Anschließend verläßt der HF mit seinem frei bei Fuß folgendem Hund den Platz.
Der Kampftrieb wird wie bei der SchH I und SchH II gesondert bewertet. Höchstes Ausbildungsziel ist der sauber arbeitende, beim Angriff fest zufassende, bei Beendigung des Angriffes sofort auslassende Hund. Ein unkontrolliert nachbeißender und damit undisziplinierter Hund darf die Prüfung nicht bestehen.
Die Forderungen der Ausbildung zum Schutzhund entsprechen in hohem Maße dem Standard des Airedale, von dem verlangt wird, daß er nicht aggressiv, aber furchtlos sein soll. Das heißt, ein Airedale, der ernsthaft angegriffen wird oder dessen Besitzer in eine Notsituation gerät, darf und muß energisch zur Verteidigung bereit sein. Ohnen Grund darf ein Airedale aber niemals angreifen und einen Menschen gefährden. In diesem Punkt ist diese Rasse absolut zuverlässig.
Der KFT führt laufend Schutzhundprüfungen, Landessiegerprüfungen und jährlich eine Klubleistungssiegerprüfung durch, an der bis zu 24 Sch III Hunde, die sich in ihren Landesgruppen qualifiziert haben, teilnehmen.
Einen besonders eindrucksvollen Beweis, wie freudig und diszipliniert ein Airedale arbeiten kann, brachte auf der Klubleistungssiegerprüfung 1987 in Lüneburg die Siegerin Jutta Weintritt aus Hamburg mit ihrem »Gandhy von der Weinhütte«. Mit 290 (97, 97, 96) Punkten brachte er eine überzeugende Werbung für unsere Airedales.
Bewertung der gesamten Prüfung:
Mindestpunktzahlen:

A: 70 – B: 70 – C: 80

286–300 Punkte = Vorzüglich	240–269 Punkte = Gut
270–285 Punkte = Sehr gut	220–239 Punkte = Befriedigend

Abb. 105: Kampf mit dem Scheintäter, hier muß der Airedale energisch zupacken

Abb. 106: Schutzdienst mit Verfolgen des flüchtenden Scheintäters

Abb. 107: Das Leistungsteam der Landesgruppe Westfalen 1988 unter der Leitung von Manfred Sauerwald (mitte) mit (von l. nach r.): Perry v. d. Neidenburg, Landesgruppensieger 1987 – Jürgen Klönne; Urchin v. Kloster Bardel – Frank Ulbrich; Valk v. Eulenhorst –

Hans-Josef Böning; Artos Comet Haley, Klubleistungssieger 1988 – Peter Wollenhaupt; Drago v. d. Wittekindstadt – Martin Linker; Chico v. Pferdegrund – Edgar Böcker.
Foto: Dreuscher Kamen

Die Klubleistungssieger des KFT 1950–1992

Jahr	*Airedale Terrier*	*Hundeführer*
1950	Berry v. Moorfleth	Hans Ziegler, Oberhausen
1951	Ceno v. d. goldenen Wetterau	A. Müller, Frankfurt
1952	Bardo v. Wildbruch	Frh. H. Kronenberg, Wuppertal
1953	Enno v. Haus Metana	L. Scharenberg, Essen
1954	Erra v. d. Klappergasse	Marga Swoboda, Stuttgart
1955	Nero v. Bült	Pol. Meister Pukike, Göttingen
1956	Enno v. Haus Metana	L. Scharenberg, Essen
1957/58	Afra v. Feuerblut	Anita Fischer, Kelsterbach
1959/60	Amor v. Baerlerbusch	Willi Moll, Kamp Lintfort
1961	Amor v. Schloß Britta	Willi Moll, Kamp Lintfort
1962	Anio v. Baerlerbusch	Alfred Hölble, Duisburg
1963	Erko v. St. Leutsch	Otto Melis, Kamen
1964	Donar v. Treffenfeld	Dr. H. Rehfeld, Ratzeburg
1965	Donar v. Treffenfeld	Dr. H. Rehfeld, Ratzeburg
1966	Amor v. Schloß Britta	Willi Moll, Kamp Lintfort
1967/68/69	Asner v. d. Iris	Uwe Behmer, Ratzeburg
1970/71	Etzel v. Dreibergen	Willehard Sieland, Bremen
1972/73	Dux Fortissimo	Herbert Stein, Duisburg
1974	Gordo v. Welfenstolz	Walter Bartels, Uelze
1975	Jim v. Schloß Borbeck	Frank Blanke, Duisburg
1976/77	Kai v. d. Wotansau	H. Ginster, Duisburg
1978	Lassy v. Stollberg	H. Weert, Kamp Lintfort
1979/80	Wolf v. Morgenstern	Hans Löhr, Nettlingen
1981	Wotan v. Theresienstein	W. Hrubesch, Unterschleißheim
1982	Fau v. Mildeskreuz	M. Marcinkowski, Hänigsen
1983	Wotan v. Theresienstein	W. Hrubesch, Unterschleißheim
1984	Cliff v. Miekenberg	Ursus Ochnser, Düsseldorf
1985	Apoll v. klingendem Amboß	Heiko Martin, Coppenbrügge
1986	Vox v. Morgenstern	Kurt Meier, Mülheim
1987	Gandhy v. d. Weinhütte	Jutta Weintritt, Hamburg
1988	Artos Comet of Halley	Peter Wollenhaupt, Lünen
1989	Fox v. Morgenstern	Kurt Meyer, Mülheim
1990	Gandhy v. d. Weinhütte	Jutta Weintritt, Hamburg
1991	Gandhy v. d. Weinhütte	Jutta Weintritt, Hamburg
1992	Gandhy v. d. Weinhütte	Jutta Weintritt, Hamburg

Abb. 108: Klubleistungssieger 1987 Gandhy v. d. Weinhütte mit seiner Züchterin u. Führerin Jutta Weintritt

Schutzdienst

SCH. H. I

– bildlich gesehen –

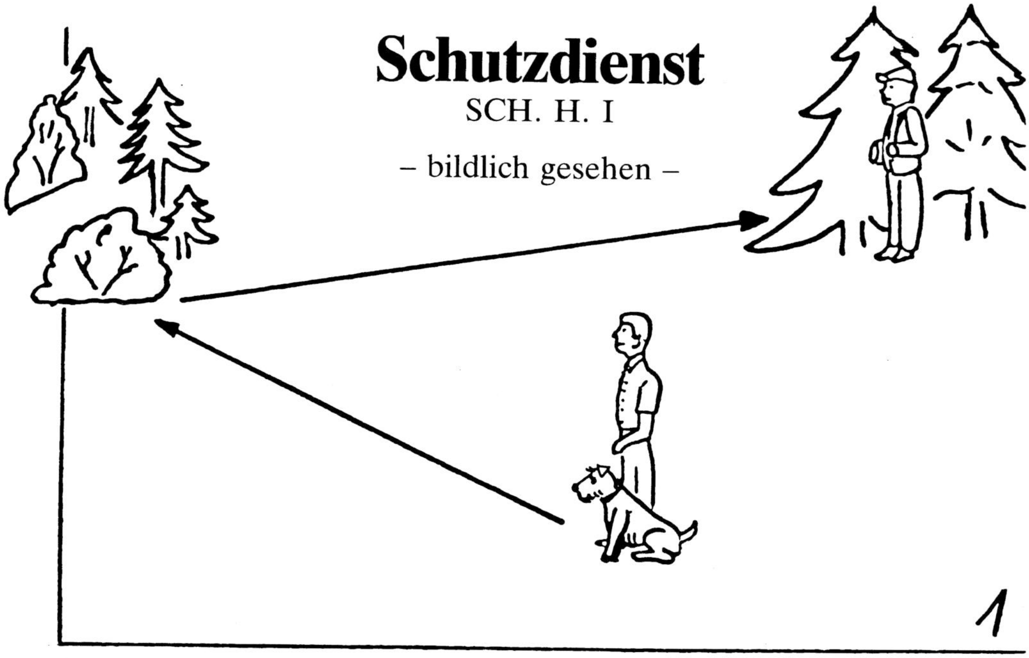

Der Helfer muß in einer Entfernung von 40 Schritt so gestellt werden, daß dem Hund mindestens ein Seitenschlag nach rechts oder links möglich ist.

Auf Anweisung des LR läßt der HF seinen Hund auf die Hörzeichen „Voran“ oder „Revier“ nach dem Helfer stöbern.
Das Hörzeichen „Hier“ kann mit dem Rufnamen des Hundes ergänzt werden.

Sobald der Hund den Helfer erreicht hat, hat er ihn, ohne zu fassen, zu verbellen. Der HF bleibt in einer Entfernung von etwa 25 Schritt stehen.

Wenn der Hund anhaltend verbellt hat – bei Nichtverbellen nach entsprechendem Zeitraum – holt der HF auf Anweisung des LR seinen Hund ab. HF und Hund verlassen den Platz und gehen in Deckung. Hierbei wird der Hund an der Leine geführt.

5

Auf Anweisung des LR geht der HF mit seinem angeleinten Hund etwa 25 Schritt in Richtung des Versteckes, leint aus der Bewegung seinen Hund ab und legt den Rest der Strecke zum Versteck mit seinem frei bei Fuß folgendem Hund zurück. Die Leine ist für den Hund nicht sichtbar zu tragen (Hosentasche oder umhängen). Hierbei muß das Schloß an der dem Hund abgewendeten Seite getragen werden.

6

Der Hundeführer wird von dem plötzlich aus seinem Versteck hervortretenden Helfer von vorn angegriffen. Ein Handgemenge ist nicht gestattet.

7

Der Hund muß sofort den Helfer angreifen und fest zufassen. Hierbei erhält der Hund von dem Helfer mit einem biegsamen Stock *zwei* Schläge auf nicht empfindliche Körperteile. Die Ermunterung durch den HF mit dem Hörzeichen „so is brav" ist erlaubt.
Auf Anweisung des LH stellt der Helfer den Angriff ein. Auf das Hörzeichen „Aus" hat der Hund abzulassen.

8

Der Hundeführer hält den Hund am Halsband fest. Der Helfer läuft in gerader Richtung unter drohender Bewegung fort.

Nach einer Entfernung von ca. 50 Schritt schickt der HF den Hund nach und bleibt stehen. Der LR fordert den Helfer zur Kehrtwendung auf, wenn der Hund noch etwa 30 Schritt entfernt ist.
Unter heftig drohender Bewegung und Vertreibungslauten läuft der Helfer auf den Hund zu, ohne ihn zu schlagen.

Hat der Hund gefaßt, muß der Helfer die Gegenwehr einstellen. Darauf hat der Hund auf das Hörzeichen „Aus“ abzulassen.

Hat der Hund abgelassen, bleibt der Hundeführer noch eine halbe Minute still stehen, ohne auf den Hund einzuwirken.

Auf Anweisung des Leistungsrichters hat sich der Hundeführer dem Hund und Helfer in schneller Gangart zu nähern und die Entwaffnung vorzunehmen.

Der Hundeführer leint seinen Hund an.
Es folgt ein Seitentransport zum amtierenden Leistungsrichter.

Indem der Helfer beim Leistungsrichter verbleibt, gehen Hundeführer und Hund vom Platz.

Die Ausdauerprüfung (AD)

Die Ausdauerprüfung soll zeigen, ob ein Hund fähig ist, eine bestimmte körperliche Anstrengung ohne erhebliche Ermüdungserscheinungen zu leisten. Diese Forderung kann nur ein körperlich gesunder, gut konditionierter Hund ohne erhebliche anatomische Fehler oder gravierende Wesensmängel erbringen.
Für die Ausdauerprüfung beim Airedale ist eine Strecke von 20 km in einem Tempo von 10 bis 15 km/h zurückzulegen. Dabei läuft der Hund angeleint an der rechten Seite des Führers in normalem Trab neben dem Fahrrad. Nach 8 km ist eine Pause von 15 Minuten einzulegen. Nach weiteren 7 km ist eine Pause von 20 Minuten einzulegen. Stark ermüdete Hunde dürfen an der weiteren Prüfung nicht teilnehmen. Nach Beendigung der Strecke ist eine Pause von 15 Minuten einzulegen. Nach dieser Pause ist eine kurze Unterordnungsübung je nach Ausbildungsstand des Hundes entsprechend der Prüfungsordnung zu zeigen.

Die Fährtenhundprüfung (FH)

Höchstpunktzahl 100, Mindestpunktzahl 70

Für Hunde, die eine besonders gute Veranlagung zur Nasenarbeit haben, gibt es die Fährtenhundprüfung (FH). Hierbei wird unterschieden in Fährtenfestigkeit, Fährtensicherheit und Fährtenreinheit.
Das Bestreben des Hundes, nur Fährtenwitterung zu verfolgen, wird besonders beim Überschießen der Fährtenwinkel ersichtlich. Das Überschießen der Winkel ist kein Fehler, weil je nach Windrichtung und Windstärke die Fährtenwitterung über den Winkel hinausgetragen wird. Beim Überschießen der Winkel wird nun ersichtlich, ob der Hund wieder nach Fährtenwitterung strebt oder aber zu stöbern beginnt. Da der nur fährtenfeste Hund nicht gelernt hat, auf der Ansatzfährte zu verharren, wechselt er auf andere Fährten, besonders auf frische, über. Der fährtensichere Hund soll auf der Ansatzfährte verharren, ohne auf frischere oder ältere Fährten überzuwechseln. Er hat dies gelernt auf Grund der jeder Fährte anhaftenden bestimmten Geruchsbeschaffenheit, die sich von älteren und frischen Fährten unterscheidet. Bis zu einem Zeitunterschied von drei bis fünf Minuten ist der fährtensichere Hund noch fähig, auf der Ansatzfährte zu verharren. Bei weniger Zeitunterschied bis zur Gleichaltrigkeit wechselt auch der fährtensichere Hund auf fremde Fährten über. Der fährtenreine Hund soll in jedem Fall auf der Ansatzfährte verharren, also auch bei Gleichaltrigkeit anderer Fährten.
Dabei muß die Fährte mindestens 1000 bis 1400 Schritte lang und mindestens drei Stunden alt sein. Sie enthält sechs rechte Winkel und wird dreimal von frischen Fremdfährten geschnitten. Auf der Fährte müssen vier mit der Witterung des Fährtenlegers versehene Gegenstände liegen, die vom Hund zu finden und aufzunehmen oder zu verweisen sind. Der Hund kann wahlweise frei oder an einer Fährtenleine arbeiten. Voraussetzung für die Teilnahme an einer FH ist die

Abb. 109: Mone beim morgendlichen Training mit dem Rad

bestandene Schutzhund I (SchH I) oder Begleithund (BH) Prüfung. Der Hund muß mindestens 16 Monate alt sein.
Beim Ausarbeiten der Fährte soll der Hund an der Abgangsstelle ausgiebig Witterung aufnehmen können. Er muß so ausgebildet sein, daß er ruhig, möglichst ohne Einwirkung des HF, die einen Quadratmeter große, stark betretene Stelle gründlich abwittert. Auf keinen Fall soll der HF mit der Hand in die mutmaßliche Richtung der Fährte zeigen und somit in dem Hund den Drang zum Vorwärtsstürmen wecken.
Hat der HF den Eindruck, daß der Hund die Fährte nicht richtig aufgenommen hat, steht es ihm frei, den Hund nochmals anzusetzen, aber nur, wenn dieser nicht weiter als fünfzehn Schritt von der Abgangsstelle entfernt war. Hierfür erfolgt Abzug von 4 bis 5 Punkten.
Die Fährte soll ruhig ausgearbeitet werden, so daß der HF im Schritt folgen kann. Richter und Fährtenleger folgen im Abstand von ungefähr fünfzig Schritt. Stößt der Hund auf einen Gegenstand, so hat er ihn sofort aufzunehmen oder überzeugend zu verweisen. Das Verweisen kann sitzend, liegend oder stehend geschehen. Der HF hat sich sofort zu seinem Hund zu begeben und den Gegenstand nach Hochheben an sich zu nehmen. Der HF lobt den Hund und läßt ihn sofort

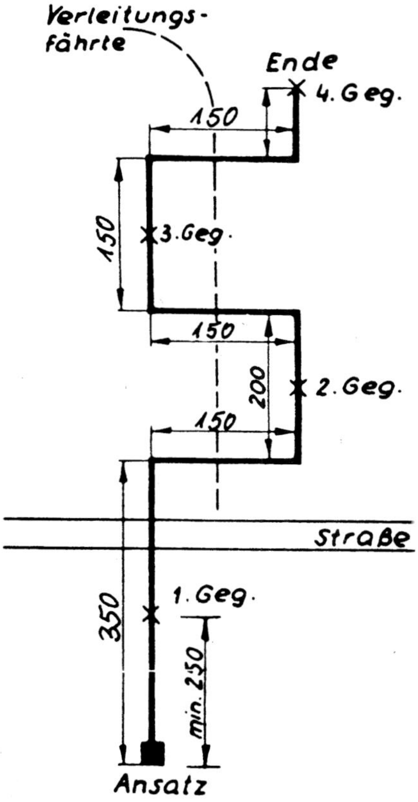

Abb. 110: Fährtenhund (FH) = Fremdfährte mit Verleitungsfährte durch 3 Schenkel, Länge mindestens 1000 bis 1400 Schritte; Alter mindestens 3 Stunden, 4 Gegenstände.

Anmerkung: Diese Skizzen zeigen nur Beispiele an. Den Färtenverlauf bestimmt in Anpassung an das vorhandene Gelände jeweils der Leistungsrichter.

Zahlenangaben = Schritte
Zeitbedarf: 120 Schritte = 1 Minute Gehzeit

Abb. 111 + 112: Suchen und Verweisen des Gegenstandes auf der Fährte

weiterfährten. Stößt der Hund auf der Fährte auf einen Gegenstand, der nicht von dem Fährtenleger ausgelegt wurde, so darf er ihn weder aufnehmen noch verweisen. Wenn der Hund von der Fährte auf die Verleitungsfährte überwechselt und dieser etwa fünfundzwanzig Schritt weit folgt, muß die Fährtenarbeit abgebrochen werden.
Gerade der Airedale arbeitet besonders gern mit der Nase. Es ist deshalb nicht so schwer, ihn für die Fährtenarbeit zu interessieren. Sie muß nur interessant genug für ihn sein, um sein Interesse an der Arbeit bis zum Schluß der Fährte zu erhalten. Zu gerne läßt er sich unterwegs durch alle möglichen Mäuselöcher und Fremdfährten zu einer kleinen Einlage oder Abweichung verleiten. Aber mit konsequentem Üben und entsprechender Belohnung nach erfolgreichem Arbeiten kann man seinen Dickkopf überlisten und seine Freude an der Nasenarbeit in die richtige Bahn lenken.
Das gemeinsame Arbeiten mit dem Hund in der Natur und an der frischen Luft, möglichst am frühen Morgen, ist ein herrlicher Ausgleichssport. Für besonders talentierte Airedales und Besitzer gibt es vom Klub für Terrier (KFT) Wettbewerbe auf Landes- und Bundesebene. An einer Landesgruppenfährtenhundprüfung teilzunehmen, verbindet Hund und Besitzer ungemein und ist Hundesport im besten Sinne.

Jagdeignungsprüfung

Die Prüfung auf jagdliche Eignung des Airedale wird auf den Prüfungen des DJV und der unteren Jagdbehörde abgelegt. Sie gilt zusammen mit einer Formwertbeurteilung auf einer Ausstellung mit der Bewertung mindestens »sehr gut« und dem Ergebnis der HD-Untersuchung als Zuchterlaubnis.
Bei der Jagdeignungsprüfung muß der Hund folgende Leistungen erbringen: Gehorsam, Schußfestigkeit und die Arbeit nach dem Schuß.

I. *Feldarbeit:*
Federwildschleppe 100 bis 500 m. Der Hund muß selbständig suchen und apportieren (Fasan, Taube, Rebhuhn).
II. *Waldarbeit:*
Haarwildschleppe 150 bis 300 m. Der Hund muß selbständig finden und freudig apportieren (Hase, Kaninchen).
III. *Wasserarbeit:*
Das frische Geläuf einer Ente soll ausgearbeitet werden, sowohl im Schilf wie im Wasser. Es muß besonderer Wert auf das Arbeiten auf der Schwimmspur einer für den Hund nicht sichtbaren Ente gelegt werden. Die Ente muß schwimmend apportiert werden.

Das jagdliche Arbeiten macht dem Airedale besonders viel Freude. Besonders für schwieriges Nachsuchen eignet er sich hervorragend. Richtig angelernt kann der Airedale bei entsprechender Neigung alle im Jagdbetrieb notwendig werdenden Arbeiten ausführen.

Abb. 113: Andrea mit Ch. Zita v. d. Neidenburg (12 Jahre), die hervorragende Jagdpassion zeigt. »Waidmannsheil!«

Es gibt immer wieder Jäger, die einen Airedale besitzen, diesen mit ins Revier nehmen und an seiner Passion und Leichtführigkeit viel Freude haben. Bei entsprechend guten Leistungen wird ihnen von seiten anderer Jagdfreunde viel Anerkennung zuteil, und sie werden mit ihrem Airedale als Jagdgefährten überall gern gesehen. Wahrscheinlich ist die Jagd für unseren Airedale überhaupt die schönste Form der gemeinsamen Freizeiterlebnisse.
Bei besonders guten Leistungen wird dem Airedale gelegentlich auch die Möglichkeit gegeben, an den Prüfungen der Jagdgebrauchshundverbände VGP (Verbandsgebrauchshundprüfung) und HZP (Hauptzuchtprüfung) teilzunehmen.

Die Brauchbarkeit des Airedale als Jagdhund soll der folgende interessante Bericht veranschaulichen:

Neues in Lodengrün von Ute Marquardt

Wieder hat ein Rüde aus dem Zwinger »Vom Gollenstein« die Jagdbrauchbarkeit bestanden: Urax vom Gollenstein, gewölft am 29. 10. 84. Und er hat diese Prüfung überzeugend abgelegt; ich muß es wissen, denn es ist mein Hund, und angefangen hat die ganze Geschichte so:
Nachdem unser Deutsch Drahthaar-Rüde überfahren worden war, weigerte sich meine Mutter, dieselbe Rasse nochmals ins Haus zu holen, und so entschieden wir uns für einen Airedale. Über einen Bekannten gelangten wir schließlich an die Familie Liermann, die mit großem Erfolg seit Jahren auf Leistung züchtet. In Begleitung meines Vaters – denn einer muß ja schließlich zahlen – fuhren wir nach Blieskastel. Und dann kam die Qual der Wahl. Es handelte sich um zehn Welpen, sechs Rüden und vier Hündinnen, von denen mir einer besonders auffiel. Er saß auf der Kellertreppe und beobachtete meine erfolglosen Bemühungen, die übrigen Welpen von meinem Hosenbein zu lösen. »Ein drolliger Kerl«, dachte ich noch, als die Züchterin einen Riesenknochen in die Meute warf. Der kleine Kerl stürzte sich auf seine Geschwister und biß sich so lange durch, bis er der stolze Besitzer des Knochens war. Das war der Richtige!!!

Doch eigentlich war er schon vergeben. Dennoch – Frau Liermann schaffte es nicht, meiner Überredungskunst zu widerstehen. Nach vollen 90 Minuten hatte ich es erreicht, den kleinen »Bär« zu beschlagnahmen. Ja, er erinnert mich an Baloo, den Bären aus dem »Dschungelbuch« – und so war dann auch sein künftiger Name. Bis zu einem Alter von 18 Monaten entwickelte sich Baloo zu einem wohlerzogenen, normalen, »einfachen«, aber wesensstarken und instinktsicheren Nur-Haushund. Doch als mein Vater plötzlich Mitpächter einer Hochwildjagd werden sollte, änderte sich die Situation. Wir kamen in die Zwangslage, Baloo zu einem brauchbaren Jagdhund auszubilden. Unser Züchter konnte uns da weiterhelfen. Hatten doch schon zwei seiner Rüden, »Nanoq« (Sch H, Brauchbarkeit, Bringtreue, Verlorenbringer und Schweißhundprüfung) und »Janosch« (Sch H, Brauchbarkeit) ihre Brauchbarkeit per Prüfung schon vor Jahren bewiesen und sind bis heute im regelmäßigen Einsatz. Der Ausbilder war gleichzeitig Besitzer von »Nanoq« und ein echter Rüdenmann. Ich sage das nicht nur, weil er in der Ausbildungszeit zu meinem besten Freund geworden ist, sondern weil er ein Ausbilder ist, den man wirklich als solchen bezeichnen kann.
Eigentlich hatte ich mir unter diesem »Herrn Roland Stumpf« einen älteren Herrn mit eingefahrenen parforce-Methoden vorgestellt. Aber was da an unserer Haustür klingelte, war ein junger Mann mit einfühlsamem, verhaltenskundlich orientiertem »Hundewesen«, der den resoluten Griff ins Nackenfell der Peitsche vorzog. Er machte uns klar, daß er nur ausbilden würde, wenn wir mitarbeiten. Er lehne es ab, Hunden den Willen zu brechen. Man muß »mit« dem Hund, nicht »gegen« ihn arbeiten. Das war mein Mann!
Bei Baloo wollten wir es mit Liebe und dennoch Strenge und unnachgiebiger Konsequenz versuchen.

Abb. 114: Enten apportieren? Kein Problem für Nanoq! 1983

Von da an trafen wir uns im Revier Gersheim, dessen Pächtern ich recht herzlich danken möchte!
Zuerst schien sich alles gegen uns verschworen zu haben. Selbst Roland hatte noch nie einen Hund gesehen, der soviel Ekel vor einem kalten Hasen zeigte. Baloo weigerte sich einfach, ihn auch nur im Fang zu halten. Mit viel Geduld, List und Strenge brachten wir ihn dazu, den Hasen wenigstens fünf Sekunden zu halten. Welch ein Erfolg!?
Ich war frustriert; aber Roland machte mir klar, daß dies die falsche Haltung sei. Auch Hundeführer müssen manches lernen, vor allem Geduld.
Schweiß war ein ebenso großes Fremdwort. Mit Kalbsleberwurst bzw. rohen, ungereinigten Pansenstücken, die wir alle fünf bis zehn Meter auf die Fährte legten, tricksten wir ihn aus und förderten seine Motivation zum Gebrauch seiner Nase.
Doch dann kam das Wasser. Ich nehme an, jeder von Ihnen kennt die berühmten Mississippi-Dampfer. Kein Zweifel, auch Baloo mußte von ihnen gehört haben. Sein Schwimmstil, eine Art Hundepaddel, kostete ihn allerdings so viel Kraft, daß er es anfangs nie bis zur Ente schaffte.
Ich dachte schon, es würde nie ein Jagdhund aus ihm werden . . .
Aber siehe da; eine Woche später konnte er apportieren – sicher und ohne Lefzendruck –, schwamm schon besser, und Schweiß schien auch mehr als interessant zu sein. Ein Anfang war gemacht!
Sie werden es vielleicht für unmöglich halten, aber wir haben es in knapp 50 Stunden geschafft, aus unserem »Nur-Haushund« einen Jagdhund zu machen, der im Laufe der Ausbildung seine eigene Liebe und Passion zur Jagd entdeckte und so profilierte, daß selbst notorische Zweifler gegen Ende überzeugt waren.
Am 25. Oktober 1986 stand dann die Prüfung ins Haus, und einige Tage vorher trafen wir uns ein letztes Mal in Gersheim zur Generalprobe!
Es regnete in Strömen; der Himmel schien alle Pforten geöffnet zu haben. Aber trotzdem klappte alles hervorragend und zu aller Zufriedenheit. Auch der Vater war begeistert! Und am glücklichsten waren wir bei der über 24 Stunden alten, mehr als 1000 Meter langen Schweißfährte, mit einem Viertel Liter Rinderblut getupft und so gelegt, daß als Verleitung von Sauen bis Rehwild alles vorhanden war. Selbst wir fanden die Markierungen kaum wieder; aber Baloo führte uns zielsicher zum Stück (mittlerweile auch ohne Kalbsleberwurst!).
Wir waren stolz; es mußte einfach alles klappen. Roland schärfte mir ein, nichts mehr mit Baloo zu üben.
An dieser Stelle kann ich nun – auch um die Spannung zu erhöhen, etwas über Rolands Techniken erzählen:
Wir haben es so gemacht, daß ich der eigentliche Hundeführer und Roland unser beider Ausbilder war. Die Hasenschleppen zog gewöhnlich er, in unterschiedlichem Gelände und meist mehr als 300 m mit 3–4 Haken. Die Federwildschleppe war etwa 200 m lang und mit zwei Haken versehen. Als Federwild dienten uns Enten und Fasane.
Den Schweiß besorgten wir als Rinderblut aus dem Schlachthof. Trainiert wurde bei jedem Wetter auf unterschiedlichem Untergrund und Bewuchs, durch Brom-

beerhecken, über Nadelstreu, Wiesen, durch dichten Farnbestand und immer mit motivierendem Abschluß.
Da bei Prüfungen ein Gemisch von Rinder-/Wildschweiß oder purer Wildschweiß verwendet wird, haben wir so einen zusätzlichen Anreiz geschaffen.
Und dann kam der Tag der Prüfung. Frühmorgens standen wir in St. Ingbert an den Sauweihern und harrten der Dinge, die da kommen sollten. Etwas nervös war ich schon, aber was sollte nach den Ergebnissen der letzten Tage noch schiefgehen . . .? Aber oft kommt es anders als man denkt.
Nach perfekter Leinenführigkeit, Schußfestigkeit, etwas gequälter Wasserarbeit und vorbildlichem Verhalten auf dem Stande, ging es zur Riemenarbeit. Eine Super-Leistung!
Doch dann kam für uns das Aus! Schon kurz nachdem man uns mit ehrlicher Hochachtung für die Arbeit des Terriers die Brüche für die Schweißarbeit überreicht hatte, begann Baloo sich zu übergeben. Wir schickten ein Stoßgebet zum Himmel, daß er noch durchhalten möge. Aber bei der Hasenschleppe, vor dem gefundenen Hasen, erbrach er sich wieder und kurz darauf uns dann zusammen . . .
Erst war ich schrecklich enttäuscht, doch dann kam die Angst. Ich trug meinen Hund zum Wagen und fuhr zum Tierarzt. Das Ergebnis war, daß Baloo eine starke Virusinfektion mit inneren Blutungen hatte. Mit Rinderserum und Spritzen sowie spezieller Nahrung bekamen wir ihn wieder auf die Beine. Unser Tierarzt, Dr. Freese, meinte, daß es eine wahre Meisterleistung des Airedale gewesen sei, so lange durchzuhalten.
Aber als wir nach Hause kamen, reagierte mein Vater anders, als ich erwartet hatte. Er war enttäuscht. Wußte er doch schon immer, daß dies kein »echter« Jagdhund sei . . .
Diese Meinung hatten wohl auch andere Jäger und Rüdenmänner, die beispielsweise Nanoq und Janosch noch nicht jagdlich erlebt hatten.
Wenn Sie mit einem Airedale bei Jägern auftauchen, werden Sie oft von vielen als Exoten betrachtet und erst einmal milde belächelt. »Königspudel« ist einer der Kosenamen.
Auf der Hundeschau des VJS begrüßte uns dagegen Herr Dauber, der Hundeobmann hocherfreut, während Herr Schmidt, Ausbilder für Jungjäger im Fach Jagdhundewesen, uns mit dem manchen Leuten eigenen Rassefanatismus begegnete. Airedales sind nun mal nicht »brauchbar« . . .
Daß dies nicht stimmt, zeigte die erste Nachsuche, zu der ich mit dem Terrier gerufen wurde. In einem Revier im Bliesgau hatte ein Jagdgast eine Ricke waidwund geschossen. Am nächsten Morgen wurden wir dann gerufen. Erst auf

Abb. X: Unsere Airedales – wir lieben sie – sie lieben uns
Quality, Georgia, Nabis, Jeanette, Pollux, Afra und Flair
Abb. XI: Xambo – BOB Ahlen 1987
Abb. XII: Morgendliche Fährtenarbeit
Abb. XIII: Apportieren, Meike

X

32

XII

XIII

XIV

XVI

XVII

dem Weg zum Anschuß wurde mir dann erklärt, daß schon andere Hunde nachgesucht hätten und nichts gefunden worden wäre. Ärger und Wut stiegen in mir auf – der unübliche Airedale wird erst dann gerufen, wenn die anderen scheinbar ohnehin nichts mehr zu verlieren haben. Gleichzeitig wurde mir bewußt, daß wir heute unser Können zeigen mußten – und das bei stehender Hitze . . .
Schon von weitem sah die Stelle, wo der Anschuß liegen sollte, wie ein Schlachtfeld aus. Um mich zu beruhigen, beruhigte ich erst einmal meinen Hund. Ich legte Baloo ab und untersuchte den Anschuß. Natürlich lag er an einer ganz anderen Stelle.
Dann ging ich mit Baloo zur Sache. Als wir uns in eine andere Fluchtrichtung entfernten, sah ich hämisches Grinsen in den Gesichtern. Dieses hörte schlagartig auf, als ich ausbildungsgerecht »Schweiß« rief. Alles stürzte hinter uns her. Nach ca. 300 m waren wir an dem Stück, von dem Dachse nur noch Haupt und Träger übriggelassen hatten.
Ich lobte meinen guten Rüden und machte ihn genossen. Die Jäger waren ebenfalls erleichtert und dankten uns jetzt überschwenglich. Glücklich fuhren wir nach Hause. War das nicht ein toller Erfolg!
Mein Vater staunte plötzlich, als die Jagdkollegen ihm zu Baloos Erfolg gratulierten. Er freute sich zwar, aber richtig glauben konnte er es immer noch nicht. Doch dann kam »sein« Tag. Ein Tag, für den ich dem Himmel danke, weil mein Vater endlich – wie viele andere Skeptiker – merkte, was in einem Airedale steckt.
An diesem Morgen war ich aus Studiengründen nicht zuhause. Gegen 9 Uhr erhielt mein Vater den Anruf: Bock laufkrank geschossen. Mein Vater fuhr also mit Baloo los. Der Schütze war voller Panik: »Wenn das nur gut geht!«
Papa setzte Baloo an. Wie ein »Eisenbähnchen« ging dieser auf der wohl schwierigen Fährte einen 40° steilen Hang durch eine Fichtendickung hoch, ungefähr 250 m weit. Oben auf der Kuppe saß der Bock in seinem Wundbett. Auf Baloos kräftigen Zug sprang die Halsung auf (Wir benutzen eine spezielle Halsung), er jagte den Bock den Abhang hinunter, riß ihn nieder und würgte und schüttelte ihn solange, bis er den Halswirbel gebrochen hatte. Dann verbellte er tot, bis die Jäger kamen. Diesmal war mein Vater echt stolz; er begann von da an, dem Hund zu vertrauen. Und schön ist es auch, wenn in einer Jägerrunde Baloos Geschichten erzählt werden, und man ihn stolz vorzeigt.
Ich liebe meinen Hund, und ich glaube, er hat soviel Passion entwickelt, daß er anderen, sogenannten »echten« Jagdhunden, das Wasser reichen kann. Er vertraut mir, und ich ihm; und so haben wir uns zu einem guten Team entwickelt, das mit Freude und Liebe zur Jagd bei der Sache ist. Das haben wir dann auch am 25. Oktober 1987 bei der »Brauchbarkeit« bewiesen.
Jetzt, wo er drei Jahre alt ist, interessiert ihn alles Jagdliche, und er hat seine

Abb. XIV: Schutzdienst, Meike
Abb. XV: »Petriheil« mit Nanoq
Abb. XVI: Nanoq in seinem Element
Abb. XVII: Maricke

Abb. 115: Ganz schön schwer, der Reinecke! Zeichnung R. Dolz

Talente in diesem Herbst bei den Treibjagden unter Beweis gestellt. Überall, wo wir eingeladen werden, dürfen wir wiederkommen. Ist das nicht auch ein Beifall von Jägerseite?!
Wir haben nicht die Absicht, anderen Rassen »Konkurrenz« zu machen, wie viele uns ängstlich und ärgerlich vorwarfen. Wir wollen nur zeigen, daß auch die Airedales eine hervorragende Jagdhunderasse sein können.
Allerdings: Wenn Sie einen Airedale jagdlich führen wollen, denken Sie daran, daß sie meist Kopfhunde sind, dazu stur und hochsensibel. Ich bin der Ansicht, daß diese Hunde nur mit Liebe zur Leistung gebracht werden, zu der sie ohne weiteres fähig sind.
Wenn Sie das können und wollen, werden Sie, ebenso wie wir »Airedale-Rüdenmänner und -frauen« viel Spaß an der Jagd und vor allem an Ihrem Hund haben!

Die Ausbildung zum Katastrophenhund

Der Airedale eignet sich durch seine vielseitige Veranlagung besonders gut zur Ausbildung als Katastrophenhund. Seine vorzügliche Nase, seine Unerschrockenheit und Ausdauer, sowie seine Unempfindlichkeit sind hervorragende Eigenschaften für eine solche Ausbildung. Voraussetzung ist eine solide Schutzhundausbildung, auf der die weitere Schulung aufbaut.
Frau E. Stamm, Erlangen, hat mit der bekannten Leistungshündin »Ch. Kessy v. Stammhof« eine solche Ausbildung mitgemacht und erfolgreich abgeschlossen. Kessy hat während der Ausbildung viel Lob und Anerkennung erhalten, besonders für ihr umsichtiges und besonnenes Arbeiten. Eine solche Ausbildung ist sehr zeitaufwendig, weil meist ein weiter Weg zum nächsten Ausbildungsort zurückzulegen ist und zwar regelmäßig für mehrere Wochen und Monate.
In der Schweiz wurde 1971 der Schweizerische Verein für Katastrophenhunde (SVKA) als Sektion der Schweizerischen Kynologischen Gesellschaft (SKG) gegründet. Eine Ausbildungsanleitung von Urs Ochsenbein, dem Initiator des SVKA erschien 1972 in Deutscher und Französischer Sprache.

1988 erschien das Buch »Wettlauf mit dem Tod«, von Herbert Schumacher, das sowohl die Ausbildung der Hunde und Hundeführer als auch die Schilderung von Einsätzen in verschiedenen Katastrophengebieten enthält. Hier wird deutlich, was ein Hund im Dienste des Menschen zu leisten vermag. In Zusammenarbeit mit dem »Bundesverband für das Rettungshundewesen« bereitet der KYNOS-VERLAG für 1989 das Buch »Such und hilf« der Autoren Winfried Heines und Angela Wegmann vor. Dieses Buch ist eine ausführliche Dokumentation der Arbeit »Hunde retten Menschenleben«. Alle an dieser Aufgabe interessierten Hundefreunde finden eine Fülle an Informationen und Anregungen zu diesem Thema.
Im Winter 1951/52 wurde der erste Airedale als Lawinensuchhund ausgebildet. Es war »Espoir v. Brigittenhof« (64452) genannt Astor, der von seinem Besitzer Josef Merk, dem Bereitschaftsleiter der Bergwacht Mittendorf, auf die Aufgabe vorbereitet wurde, verschüttete Menschen unter einer Lawine auszumachen.

Abb. 116: Schwindelfrei – Ch. Kessy v. Stammhof in der Ausbildung

Zu Beginn der Ausbildung mußte er lernen, getragene Kleidungsstücke unter einer Schneedecke von zuerst 90 cm bis später zwei Meter Stärke zu finden und anzuzeigen. Mit Sonde und Spaten wurde er von seinem Hundeführer beim Finden der Gegenstände tatkräftig unterstützt. Im Sommer durfte Astor Herrn Merk zu Bergungsaktionen verunglückter Bergsteiger begleiten, wobei er sich bestens bewährte.

Ein Airedale Terrier als Blindenhund von Renate Meichner

In unserer Tageszeitung fiel mir ein Foto auf, das eine Teilnehmerin an einem Wandertag mit ihrem Blindenhund zeigte. Der Hund war ein Airedale-Terrier. Bei einem Telefongespräch wurde ich zur Familie Reil in Zeißau eingeladen. Ich fand sie in einem winzigen Dorf in der Oberpfalz in einem sehr schönen, großen Bauernhof. Hundegebell empfing mich und Frl. Reil und ihre Hündin begrüßten mich herzlich. Ich machte einige Fotos. Danach demonstrierte die Hündin auf einem kleinen Spaziergang, was sie gelernt hat. Im speziellen Geschirr führte sie ihr Frauchen auf Kommando nach links, rechts, geradeaus, zur Tür. Wieder im Haus, deckte Frl. Reil sicher den Tisch, kochte Kaffee und bot selbstgebackenen Kuchen an.

Nun erzählte sie, daß der Ausbilder von Blindenhunden in Freyung im Bayerischen Wald ihr einige geeignete Hunderassen empfohlen hatte, darunter besonders den Airedale. So kam »Wicki v. Weißen Haus« mit acht Wochen auf den Hof und wurde von Mutter und Tochter liebevoll aufgezogen. Mit einem Jahr wurde sie zur Ausbildung nach Freyung geschickt. Ihr Lehrer war sehr zufrieden mit ihren Fortschritten, schon nach sechs Monaten konnte sie ihrer Besitzerin wieder übergeben werden. Beide lernten in einigen Tagen an der Blindenhundeschule vertrauensvoll miteinander umzugehen.
Frl. Reil arbeitet wochentags als Setzerin in München. An den Wochenenden ist sie zuhause und unternimmt lange Spaziergänge, allein mit ihrem zuverlässigen Führer. Ein bißchen Terrierart setzt sich manchmal freilich durch. Manche Wege mag Wicki nicht so gern, und sie versucht sich zu behaupten, bleibt stehen und will ihr Frauchen mit dem Kopf in die andere Richtung schieben.
Frl. Reil freut sich, daß ihre Begleiterin temperamentvoll, verspielt und selbstbewußt ist und nicht, wie manch andere auf der Blindenhundeschule, devot und »langweilig«. Der Ausbilder von Wicki hätte gern mehr Hunde dieser Rasse, am liebsten weibliche, denn er arbeitet gut und gern mit ihnen.

Später lernte ich noch die netten Eltern von Frl. Reil kennen und aus dem geplanten, kurzen Besuch wurden einige Stunden. Ich fuhr heim, beeindruckt von dem fröhlichen, liebenswerten und bewundernswerten Paar: einer lebensbejahenden und hübschen Blinden mit ihrer klugen, treuen und ebenso hübschen Airedalehündin. Ich dachte mir, die vielen Terrierfreunde würde es interessieren, davon zu erfahren.

Abb. 117: Frl. Reil mit ihrer als Blindenführhund ausgebildeten Airedalehündin Wicki v. Weißen Haus

DER AUSSTELLUNGSSPORT

Das Ausstellungswesen

»Zuchtschauen sind zuchtfördernde Einrichtungen, die das Zuchtniveau widerspiegeln und den Interessenten informieren« (Robert Bandel). Diese Formulierung beinhaltet Sinn und Zweck des Ausstellungssportes treffend und vollständig.

Das Ausstellungsreglement
Die Einteilung und der Ablauf unserer Ausstellungen sind durch die Zuchtschauordnung der FCI (Féderation Cynologique International), des VDH (Verband des Deutschen Hundewesens) und des KFT (Klub für Terrier) geregelt.
Internationale Zuchtschauen werden in der Bundesrepublik vom VDH veranstaltet. Es gibt bei uns jährlich 10–12 Internationale Zuchtschauen, denen meist eine Spezialzuchtschau des KFT angegliedert ist. Auf Internationalen Zuchtschauen kann eine Anwartschaft zum Internationalen Champion CACIB (Certificat d' aptitude au championat international de beauté) als höchste Bewertung erworben werden. Zusätzlich werden auf der Bundessiegerausstellung die Titel Deutscher Bundessieger und Deutscher Bundesjugendsieger vergeben.
Auf den Spezialzuchtschauen, die vom KFT durchgeführt werden, können die Anwartschaften zum Deutschen Champion, CAC (Certificat d' aptitude aux Championat) und zum KFT Jugendchampion Jugend CAC erworben werden.
Spezialzuchtschauen des KFT finden das ganze Jahr über für alle Terrierrassen an fast jedem Wochenende statt. Sie werden von den Ortsgruppen des KFT veranstaltet. Die Zuchtschautermine werden im »Der Terrier« veröffentlicht. Jährlich findet auch eine Klubsiegerzuchtschau statt, auf der außer dem CAC und Jugend-CAC auch der Titel Klubsieger bzw. Klubjugendsieger vergeben wird.
Auf allen vom VDH geschützten Zuchtschauen können zusätzlich Anwartschaften zum VDH-Champion vergeben werden.
Einen besonderen Prestigewert besitzen die Titel Weltsieger und Weltjugendsieger, die auf der jährlich in einem anderen Land stattfindenden Welthundeausstellung der FCI vergeben werden.

Die Klasseneinteilung
Auf Zuchtschauen werden die Hunde getrennt nach Rüden und Hündinnen in verschiedenen Klassen gerichtet. Auf Internationalen Zuchtschauen gibt es folgende Klassen:

Jugendklasse: 9–18 Monate
Offene Klasse: ab 15 Monate
Gebrauchshundklasse: ab 15 Monate in Verbindung mit einem anerkannten Ausbildungskennzeichen.
Siegerklassen: ab 15 Monate in Verbindung mit einem anerkannten Champion- oder Siegertitel.
Ehrenklasse: ab 8 Jahre in Verbindung mit einem Champion- oder Siegertitel.

BEST

Abb. 118: Pinto Rum and Coca-Cola, Schweden. Best in Show – das ist der größte Erfolg, den ein Hund auf einer Zuchtschau erringen kann

Um das CACIB konkurrieren die Sieger der Offenen-, Gebrauchshund- und Siegerklasse.
Auf den Spezialzuchtschauen des KFT gibt es noch folgende zusätzliche Klassen:
Jüngstenklasse: 6–9 Monate
Zuchtklasse: ab 15 Monate für Hunde im Besitz des Züchters
Deutsche Championklasse: Airedaleterrier mit dem Titel Deutscher Champion bzw. Deutscher Ausstellungschampion dürfen nur in dieser Klasse starten.
Um das CAC konkurrieren die Sieger der Offenen-, Gebrauchshund-, Zucht- und Siegerklasse.
An den Wettbewerben um die beste Hündin und den besten Rüden konkurrieren auch die Sieger der Jugendklassen und der Championklassen. Der beste Rüde und die beste Hündin konkurrieren schließlich um den rassebesten Airedaleterrier, den BOB (Best of Breed).
Die rassebesten Terrier konkurrieren auf den Internationalen Zuchtschauen um den Sieger der FCI-Gruppe 3, der Terriergruppe, und schließlich um den besten Hund der Ausstellung.
Auf Spezialzuchtschauen konkurrieren die Rassebesten um den Titel bester Hochläufer und schließlich um den Titel bester Hund der Ausstellung BIS (Best in Show).

Die Formwertnoten
Für die Zuchtrichter ist der offizielle Standard des Airedale Terrier (FCI Standard Nr. 7b) das maßgebliche Entscheidungskriterium. Sie können folgende Formwertnoten vergeben:

Vorzüglich (V) / Sehr gut (SG) / Gut (G) / Genügend / Ohne Bewertung

»Vorzüglich« darf nur einem Hund zuerkannt werden, der dem Idealstandard der Rasse sehr nahe kommt, in ausgezeichneter Verfassung vorgeführt wird, ein harmonisches, ausgeglichenes Wesen ausstrahlt, »Klasse« und eine hervorragende Haltung hat. Seine überlegenen Eigenschaften seiner Rasse werden kleine Unvollkommenheiten vergessen machen, aber er wird die typischen Merkmale seines Geschlechtes besitzen.
»Sehr Gut« wird nur einem Hund zuerkannt, der die typischen Merkmale seiner Rasse besitzt, von ausgeglichenen Proportionen und in guter Verfassung ist. Man wird ihm einige verzeihliche Fehler nachsehen, jedoch keine morphologischen. Dieses Prädikat kann nur einem Klassehund verliehen werden.
»Gut« ist einem Hund zu erteilen, welcher die Hauptmerkmale der Rasse besitzt, aber Fehler aufweist, unter der Bedingung, daß diese nicht verborgen werden.
»Genügend« erhält ein Hund, der seinem Rassetyp genügend entspricht, ohne dessen allgemein bekannte Eigenschaften zu besitzen bzw. dessen körperliche Verfassung zu wünschen übrig läßt.
»Ohne Bewertung« darf nur der Hund aus dem Ring entlassen werden, dessen Gangwerk, Gebäude, Gebiß, Haarkleid, Hoden, Rute usw. nicht durch den Zuchtrichter kontrolliert werden können, oder wenn sich am vorgeführten Hund Spuren von Eingriffen oder Behandlungen feststellen lassen, die einen Täu-

schungsversuch wahrscheinlich machen. Dasselbe gilt, wenn der Zuchtrichter feststellt, daß ein operativer Eingriff am Hund vorgenommen wurde (z. B. Lid-, Ohr-, Rutenkorrektur), der über die ursprüngliche Beschaffenheit hinwegtäuscht. Der Grund für die Beurteilung »ohne Bewertung« ist im Richterbericht anzugeben.
Für die Beurteilung von Zuchtgruppen sollen folgende Gesichtspunkte maßgebend sein: Eine Gruppe muß in Typ, Größe und Substanz ausgeglichen sein. Je größer die Qualität der einzelnen Hunde und je ausgeglichener der Gesamteindruck der Zuchtgruppe ist, desto höher ist diese zu placieren.

Die Vergabebedingungen für Championate

Für die Championtitel, die ein Airedale erringen kann, gelten folgende Vergabebedingungen:

Internationaler Champion
Es müssen vier durch die FCI bestätigte CACIB unter mindestens drei verschiedenen Richtern in mindestens drei verschiedenen Ländern erworben werden. Ein CACIB muß im Heimatland des Besitzers gewonnen werden. Zwischen dem ersten und dem letzten CACIB muß ein zeitlicher Zwischenraum von mindestens einem Jahr liegen.

Für Gebrauchshunde, zu denen bei uns der Airedale Terrier gehört, werden benötigt: 2 CACIB in zwei verschiedenen Ländern sowie die Schutzhundprüfung. Mindestzwischenraum ein Kalenderjahr.

Deutscher Champion
Es müssen vier CAC unter mindestens drei verschiedenen Richtern in mindestens zwei verschiedenen Landesgruppen erworben werden. Davon muß ein CAC auf einer Internationalen Zuchtschau gewonnen werden. Zwischen der ersten und der letzten Anwartschaft muß mindestens ein Jahr liegen. Zusätzlich muß der Nachweis einer bestandenen Schutzhundprüfung (Sch H I – III) erbracht werden.

Für Airedaleterrier ohne Ausbildungskennzeichen wird der Titel KFT-Ausstellungschampion vergeben.

KFT Jugendchampion
In der Jugendklasse müssen unter mindestens drei verschiedenen Richtern in mindestens zwei verschiedenen Landesgruppen vier Anwartschaften (Jugend-CAC) erworben werden.

Deutscher Bundessieger
Der Titel Deutscher Bundessieger wird einmal jährlich für den Sieger bzw. die Siegerin der Gebrauchshundeklasse auf der Bundessiegerzuchtschau vergeben. Er ist also ebenso wie der Titel Deutscher Champion an den Leistungsnachweis (SchH I – III) gebunden.

VDH-Champion
Es müssen vier bestätigte Anwartschaften (VDH) vorliegen. Mindestens zwei

müssen auf Internationalen Zuchtschauen, zwei weitere können auf Spezialzuchtschauen erworben werden. Zwischen der ersten und letzten Anwartschaft müssen mindestens 12 Monate liegen.

Vor der Meldung zur Ausstellung
Inländische Zuchtschauen, mag es sich nun um Spezialzuchtschauen oder Internationale Zuchtschauen handeln, werden in der Regel frühzeitig in der Fachzeitschrift »Der Terrier«, ausländische CACIB-Ausstellungen in »Der Terrier« und »Unser Rassehund« angekündigt. Diese Ankündigungen enthalten als wesentliche Information für den Aussteller Angaben über Ausstellungstermine, Meldeschluß und Meldegebühren, sowie die Anschrift des Sonderleiters, bei dem man die Meldepapiere anfordern kann. Der Name des Richters wird bei inländischen Zuchtschauen mit der Ausschreibung in »Der Terrier« veröffentlicht, bei ausländischen Zuchtschauen ist er den Meldepapieren zu entnehmen. Deren Anforderung muß so frühzeitig erfolgen, daß die ausgefüllten Meldepapiere rechtzeitig vor Meldeschluß beim Sonderleiter/Veranstalter vorliegen. Mit der Meldung sollten auch die Meldegebühren eingezahlt werden. Hat man für eine Internationale Zuchtschau gemeldet, so erfolgt eine Meldebestätigung, aus der hervorgeht, unter welcher Start-, beziehungsweise Katalognummer der Hund angenommen wurde; bei Spezialzuchtschauen wird in der Regel auf Meldebestätigungen verzichtet.

Am Tag der Ausstellung erscheint man möglichst früh mit allen in den Meldepapieren geforderten Unterlagen (Ahnentafel und Impfpaß; gegebenenfalls amtstierärztliche Bescheinigung und Nachweis eines Leistungs- oder Siegertitels) am Ausstellungsort. Im Handgepäck sollten sich folgende Utensilien befinden: Vorführleine und das für den »letzten Schliff« benötigte Trimmzeug, Decke, Freßnapf und Verpflegung, sowie Klappstühle, da es auf Ausstellungen meistens an Sitzgelegenheiten mangelt.
Am Eingang des Ausstellungsgeländes wird der Hund vom Tierarzt kurz untersucht. Der Aussteller erhält die Ausstellungsunterlagen (Katalog und Startnummer) und läßt sich mit Airedale und Ausstellungsgepäck an einer geeigneten Stelle des Ausstellungsgeländes, zweckmäßigerweise nicht zu weit vom Ausstellungsring entfernt, nieder. Danach erkundigt sich der umsichtige Aussteller nach dem ungefähren Zeitpunkt des Airedale-Richtens, überprüft die Katalogangaben über seinen Hund, insbesondere die Zuchtbuchnummer und die Klasseneinordnung, läßt gegebenfalls notwendige Korrekturen vornehmen und gibt dann seinem Hund den letzten Schliff.

Auf Internationalen und Allgemeinen Zuchtschauen, die ja in der Halle stattfinden sollen, steht in der Regel für jeden gemeldeten Hund eine mit der jeweiligen Startnummer gekennzeichnete Box bereit, in welcher der Aussteller seinen Hund unterbringen und ihn auch, nach dem Vorführen im Ausstellungsring, bis zum Ausstellungsende belassen sollte.
Als erfolgreich ist ein Ausstellungsbesuch anzusehen, wenn der vorgestellte Airedale eine Bewertung mit dem Prädikat »sehr gut« erhalten hat und der Aussteller-

lungstag mit seinen vielseitigen Erlebnissen, Erfahrungen, Gesprächen und Kontakten für den Aussteller interessant und gewinnbringend verlaufen ist. Ein »Vorzüglich« oder sogar ein CACIB und CAC machen einen solchen Tag unvergeßlich und sind der Lohn für gute Zucht, gutes Trimming, perfektes Handling und oft wochenlange Vorbereitungen.

Das Trimmen für die Ausstellung

Das Ausstellungstrimming ist so etwas wie die hohe Schule des Trimmhandwerks und soll den Hund in optimaler Haarkondition mit gekonnter Modellierung und Betonung der Standardforderungen präsentieren.

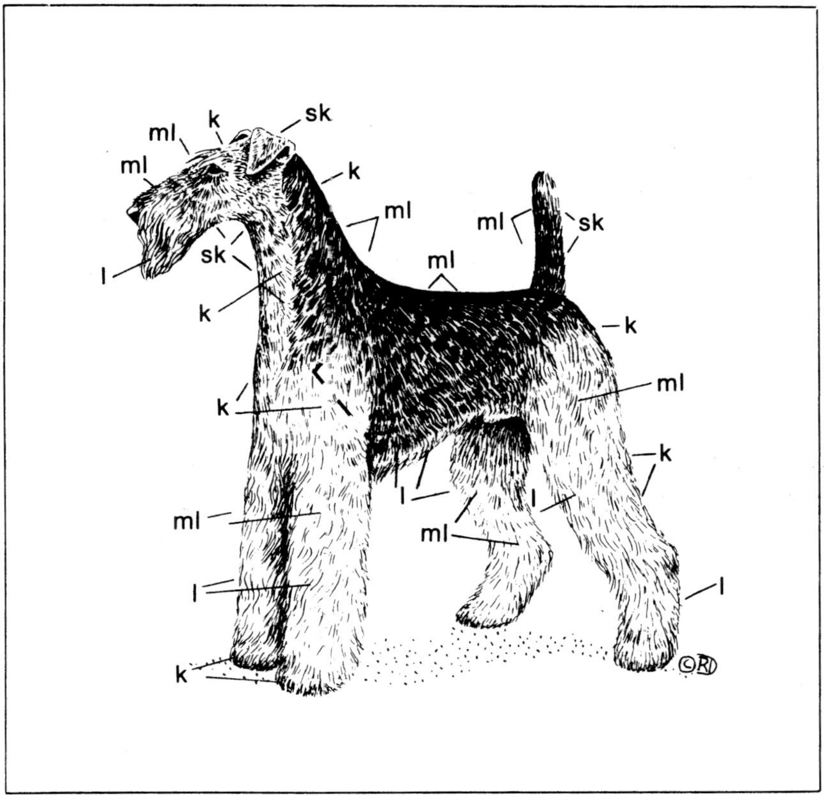

Abb. 119: Ausstellungs-Trimming

sk = sehr kurz, k = kurz, ml = mittel lang, l = lang.
Das richtige »Timing« vor der Ausstellung:
sk: etwa 8 bis 10 Tage vorher, k: etwa 14 Tage vorher, ml: etwa 6 bis 8 Wochen vorher, l: mindestens 6 Monate und länger.

Dazu gehört ein gesundes, kräftiges Haar und ein genaues Trimming. Die einzelnen Körperpartien müssen zu unterschiedlichen Zeiten getrimmt werden, damit am Ausstellungstag das Deckhaar länger und griffiger ist, der Oberkopf, die Schultern und Halsseiten kürzer und die Seiten des Schädels und die vordere Halspartie ganz kurz getrimmt sind. Und das Wichtigste: alle Übergänge müssen so perfekt ausgeglichen sein, daß man nicht merkt, daß zu unterschiedlichen Zeiten getrimmt wurde. Die Kunst des Trimmens für die Ausstellung besteht außerdem darin, jeden Hund so günstig wie möglich zu modellieren, d. h. seine Fehler so weit wie möglich auszugleichen und seine Vorzüge zu betonen. Dazu muß man nicht nur den Standard genau kennen und beachten, sondern auch ein gutes Auge für die Vorteile und Schwächen eines jeden Hundes haben.

Für die Ausstellung sollten alle Partien nur mit der Hand getrimmt werden. Die optimale Haarqualität und Farbe sind nur so zu erreichen. Die Vorbereitung für die Ausstellung muß drei bis vier Monate vorher beginnen und laufend kontrolliert und vervollkomnet werden.
Hunde mit guter Haaranlage können dann auch über Monate in Topkondition gehalten werden.

Einige nützliche Tips zum Modellieren des Airedale:
Vor dem Trimmen sollte ein Airedale nicht gebadet werden. Das Haar läßt sich viel besser trimmen, d. h. mit Daumen und Zeigefinger zupfen oder zur Arbeitserleichterung mit einem Trimmesser herausarbeiten, wenn es leicht fettig und griffig ist. Zu trockenes Haar kann man mit etwas Trimmkreide vorbereiten.

Nach dem Trimmen soll das kurze Haar stets mit etwas Öl, z. B. Ballistol 1:3 mit Wasser verdünnt (mit einer Blumenspritze versprüht), eingefettet werden. Die recht empfindliche Haut erholt sich so schneller von den Strapazen, und das junge Haar wird nicht trocken und brüchig. Besonders an den Bein- und Barthaaren bewährt sich diese Pflege.

Zu den Feinheiten des Trimmens für die Ausstellung gehört z. B. das Modellieren des Kopfes. Form und Ausdruck können entscheidend verändert werden. Mit der Idealvorstellung des standardgerechten Airedalekopfes als Vorbild muß man versuchen, einen jeden Kopf so gut und typisch wie möglich herauszuarbeiten. Die Ohren sind dabei ein sehr wichtiger Punkt. Sind sie sehr leicht, läßt man das Haar etwas länger werden, d. h. die Ohren müssen etwas früher als üblich vor der Ausstellung getrimmt, und die Ränder nicht ganz so knapp besäumt werden. Ist das Ohr hoch angesetzt, läßt man am Hinterhauptkamm zwischen den Ohren etwas mehr Haare stehen. Der Ohransatz wird so optisch verändert. Außerdem erscheint der Schädel gestreckter und länger. Ist das Ohr etwas schwerer und zeigt nur wenig Kippfalte, so wird es am Ansatz ganz frei getrimmt und extrem kurz besäumt. Eine Längsfalte im Ohr verschwindet weitgehend, wenn das Haar außen am Ohr etwas länger belassen wird. Liegt das Ohr nicht korrekt an den Schläfen an, beläßt man am inneren Ohrrand und an den Schläfen etwas mehr Haar. Der

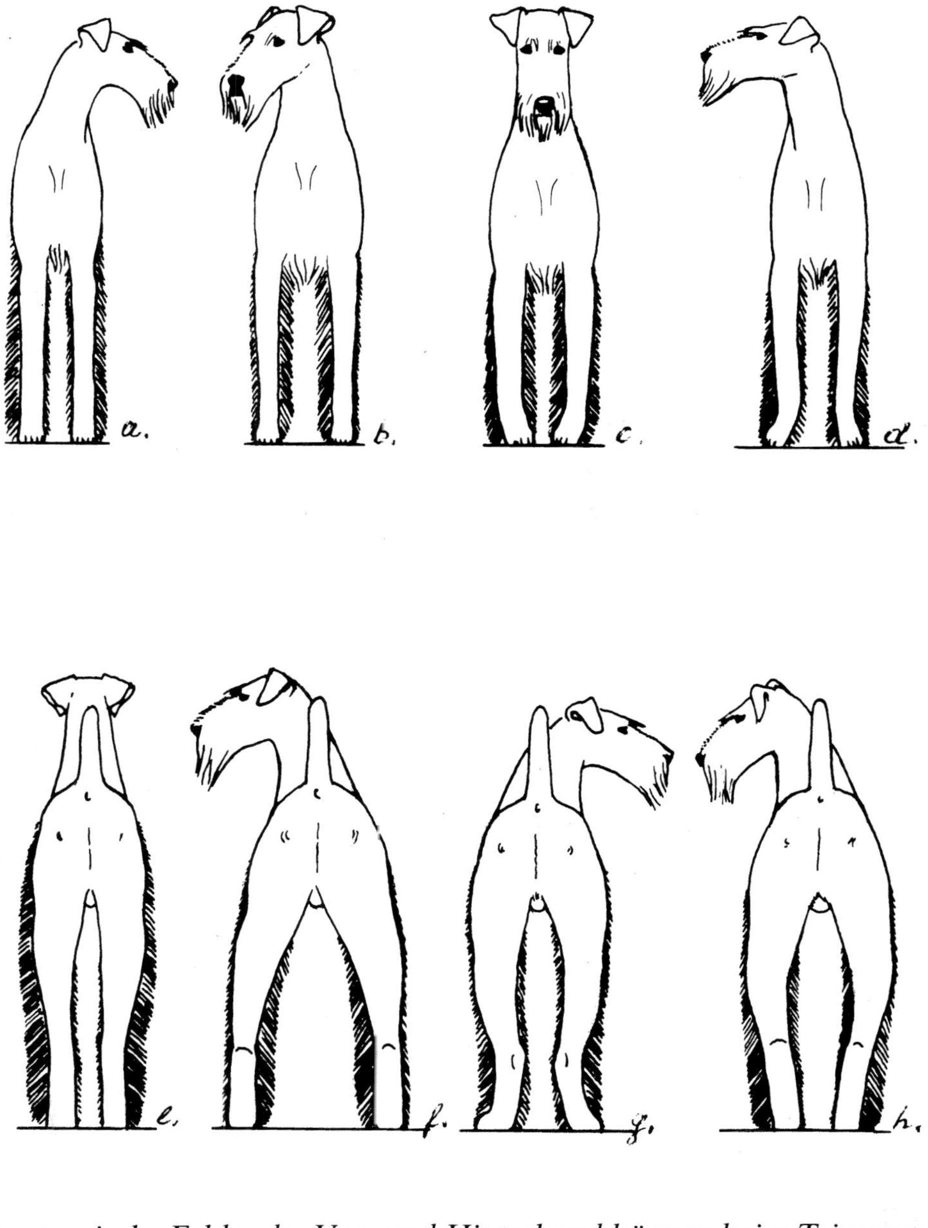

Anatomische Fehler der Vor- und Hinterhand können beim Trimmen weitgehend ausgeglichen werden.

a) zu eng	b) zu weit	c) zeheneng	d) zehenweit
e) zu eng	f) zu weit	g) hackeneng	h) faßbeinig

Kopf erscheint dann im Stirnbereich etwas breiter, und die Ohren liegen besser an. Der Oberkopf sollte stets etwas modelliert werden, um nicht eine glatte runde Fläche zu bilden, die leicht etwas dumm aussieht. Eine etwas kantigere Ausformung gibt dem ganzen Kopf mehr Profil.

Die Augen sollen klein, tiefliegend, mandelförmig und so dunkel wie möglich erscheinen. Da kann mit geschicktem Trimmen enorm viel Ausdruck und Typ herausgearbeitet werden. Falsches, unüberlegtes Trimmen dagegen kann den bestveranlagten Hund verschandeln. Das Haar über den Augen bleibt etwas länger, besonders am inneren Augenwinkel. Bis zum äußeren Augenwinkel werden die Augenbrauen allmählich schmaler. Am äußeren Augenwinkel wird alles Haar nur wenige Millimeter lang belassen.

Am Nacken beginnt das Haar des ausstellungsreif getrimmten Hundes relativ kurz, um zum Widerrist hin allmählich länger werdend eine schön geschwungene Hals- und Nackenlinie zu bilden. Der Widerrist wird durch längeres Haar betont, darf aber nicht unordentlich oder struppig wirken. Auf der Rücken- und Lendenpartie wird das Haar wieder kürzer gehalten. Es muß jedoch stets genügend Länge behalten, um die Haarqualität deutlich erkennen zu lassen. Auf der Kruppe wird das Haar sehr kurz gehalten, um den Rücken so gerade wie möglich erscheinen zu lassen. Wenn nötig, z. B. bei etwas tiefem Rutensitz, bleibt vor dem Rutenansatz wieder etwas mehr Haar stehen. Auch hier muß sehr dezent korrigiert werden, sonst weist eine übertriebene Haarlänge vor der Rute erst recht auf den Fehler hin.

Die Seiten des Brustkorbes können je nach Bedarf kürzer oder länger getrimmt werden. Der Airedale soll gut aufgerippt sein, d. h. einen gut ausgeformten Brustkorb haben, ohne jedoch rund zu erscheinen. Sehr schmale Hunde brauchen etwas längeres Haar, um mehr Fülle zu bekommen. Zu gut gefütterte Hunde können durch kurzes Trimming ein paar Zentimeter schlanker werden.

Die Terrierfront ist ein besonderes Phänomen und verlangt eine geschlossene feste Front mit geraden starken Läufen. Von vorn gesehen sollen alle Linien von der Schulter bis zu den Zehenspitzen gerade und lotrecht verlaufen. Dabei betont eine leichte Modellierung der Schulterpartie den Verlauf der Muskulatur vorteilhaft. Ellenbogen und Pfoten dürfen weder aus- noch einwärts gedreht werden. Deshalb ist es wichtig, daß das Haar an den Ellenbogen recht kurz getrimmt wird, wobei auf einen fließenden Übergang der kurzen Behaarung auf der Schulter zum längeren Beinhaar besonderer Wert gelegt werden muß.
Die Zehennägel müssen so kurz wie möglich gehalten werden, damit die Zehen gut gebogen eine feste, runde Pfote bilden können. Bei zu langen Zehennägeln müssen sich die Zehen strecken, und es entsteht eine gestreckte, schmale Pfote, die auch mit viel Haar nicht mehr korrigiert werden kann. Das Haar an den Pfoten wird rund und kurz getrimmt oder geschnitten. Mit einer Effilierschere oder feinen, abgerundeten Haarschere geht das am besten. Jede Stufenbildung ist zu vermeiden.

Abb. 120: Ch. La Primc Donna – gut getrimmt ist halb gewonnen

Das Beinhaar wird rundherum nur soweit egalisiert, daß keine vorstehenden Spitzen oder totes, blasses Haar zu sehen sind. Bei sehr reichem Haarwuchs muß eventuell das gesamte Haar gekürzt werden, um den geraden Verlauf der Front nicht durch »Teddybeine« zu stören. Dafür wird das Beinhaar mit einem weiten Kamm aufgekämmt und die Spitzen mit Daumen und Zeigefinger (Gummifingerlinge sind eine gute Hilfe) egalisiert. Bei dünnem, aber langem Haar ist es vorteilhaft, die Spitzen mit der Schere zu kürzen, um nicht zu viel Haar zu verlieren. Dabei wird aber immer neues, junges Haar verletzt und altes, blasses Haar verbleibt in der Tiefe. Hier muß der Trimmer von Fall zu Fall entscheiden, welche Ansprüche Vorrang haben sollen. Auf keinen Fall sollen die Läufe zu voll oder zu spärlich behaart wirken. Manche Leute sind so mutig, einmal im Jahr das gesamte Beinhaar abzutrimmen. Es wächst dann insgesamt gesund und kräftig nach. Dafür muß man aber mehrere Monate einen recht verschandelten Airedale in Kauf nehmen. Wer tut das schon gern?

Die Hinterhand läßt sich fabelhaft modellieren, wenn genügend Haar vorhanden ist. Deshalb lohnt es sich, das Beinhaar regelmäßig mit etwas Öl oder einem fetthaltigen Haarwasser und einer weitzahnigen Bürste zu massieren, wobei auch die Haut gut durchblutet werden soll.

Von hinten gesehen sollen die Läufe wiederum lotrecht und kräftig und so gerade und parallel wie möglich erscheinen.

Dabei können zu enger oder zu weiter Pfotenstand, Hackenenge und Faßbeinigkeit weitgehend ausgeglichen werden. Die Muskulatur der Oberschenkel sollte erkennbar sein und nicht mit übertriebenen Hosen verdeckt werden. Nur bei ungenügend bemuskelter Hinterhand darf hier mit Haar ausgeglichen werden.

An den Seiten der Sprunggelenke fehlt oft die notwendige Haarfülle. Hier kann man sich helfen, indem man das Haar aufkämmt und etwas flauschig stehen läßt. Von der Seite gesehen, läßt man das Haar am vorderen Rand in einem schönen Bogen den Konturen des Hinterlaufes folgen. Dabei kann durch Betonung der Kniee eine stärkere und tiefere Winkelung getrimmt werden. Deshalb bleibt das Haar am vorderen Rand der Hinterläufe etwas länger als an den Seiten. Der ganze Hund wirkt dadurch auch etwas kürzer und kompakter.

Die hintere Kontur wird vom Sitzbeinhöcker, der ruhig etwas betont werden darf, bis zu den Sprunggelenken recht kurz getrimmt, um eine schöne Winkelung zu betonen. Zu viel Hosen würden auch hier unsportlich und unpassend wirken. Vom Sprunggelenk an läßt man wieder etwas Haar stehen, um die Hinterhand optisch zu verlängern. Aber bitte nur so viel, daß keine zotteligen Fahnen abstehen. An den Pfoten wird alles Haar wieder kurz und rund gehalten, wie an den Vorderläufen.

Vom Rutenansatz bis zum Hodenansatz bzw. bis zum Scheidenansatz wird das

Haar ganz kurz gehalten. Das ist eine sehr empfindliche Partie, man arbeitet deshalb hier besser mit einer feinen Schere oder mit einem neuen Trimmesser.

Abschließend wird der ganze Hund noch einmal übergebürstet und in Form gekämmt. Etwas Öl pflegt dabei das Haar und gibt den Farben einen etwas tieferen und satteren Ton.

Es macht viel Freude, durch handwerkliches Können die Schönheit eines Airedales zu betonen und, wo nötig, etwas ausgleichend zu wirken. Dabei sind alle Übertreibungen zu vermeiden; sie passen einfach nicht zur Rasse. Man merkt die Absicht, und man ist verstimmt.

Zum Abschluß eines jeden Trimmens für die Ausstellung oder auch nur zur eigenen Freude an der Perfektion ist es unbedingt notwendig, den Hund (am besten an der Vorführleine) zu bewegen.

Von vorne, von rückwärts und von der Seite gesehen, werden alle angeführten Punkte noch einmal im Bewegungsablauf kontrolliert. Ideal ist es, wenn man den Airedale einem anderen Hund gegenüberstellen kann, damit er sich selbst präsentiert. Eventuelle Trimmfehler werden dabei deutlich und können noch gut korrigiert werden.

Ist kein Fotoapparat zur Hand? Jetzt müßte man ein paar gute Fotos schießen. Übrigens, die meisten Airedales sind richtig stolz, wenn sie fertig sind. Wahrscheinlich spüren sie instinktiv unsere eigene Freude am gelungenen Werk.

Training

Wie bei jedem Sport kann man auch beim Ausstellungssport nur Freude und Erfolg haben, wenn man seinen Hund regelmäßig trainiert und dabei ganz gezielt auf das Vorführen im Ring vorbereitet. Dabei ist eine gewisse Regelmäßigkeit ungemein wichtig, um dem Hund das ganze Handling, wie das perfekte Vorstellen im Ring genannt wird, selbstverständlich werden zu lassen. Jeden Tag einige Minuten in Verbindung mit dem Spaziergang, zweimal wöchentlich eine halbe Stunde Training sind ideal und überfordern weder Hund noch Besitzer.

Zum Training gehört das Aufkämmen auf dem Trimmtisch mit Befestigung am »Galgen«. Dabei wird der ganze Hund durchgebürstet, das Haar eingesprüht und in Form gekämmt. Kleine Korrekturen am nachwachsendem Haar werden vorgenommen und die Zehennägel werden nachgefeilt. Es ist wichtig, daß man dabei mit seinem Hund spricht, ihn lobt und mit einem Leckerchen belohnt. Schließlich soll ihm das Ganze ja Spaß machen und nicht langweilig werden.
Anschließend kommt der Hund vom Tisch und wird an der Vorführleine bewegt. Dafür steckt man sich gedanklich eine Fläche ab, die etwa der Größe eines

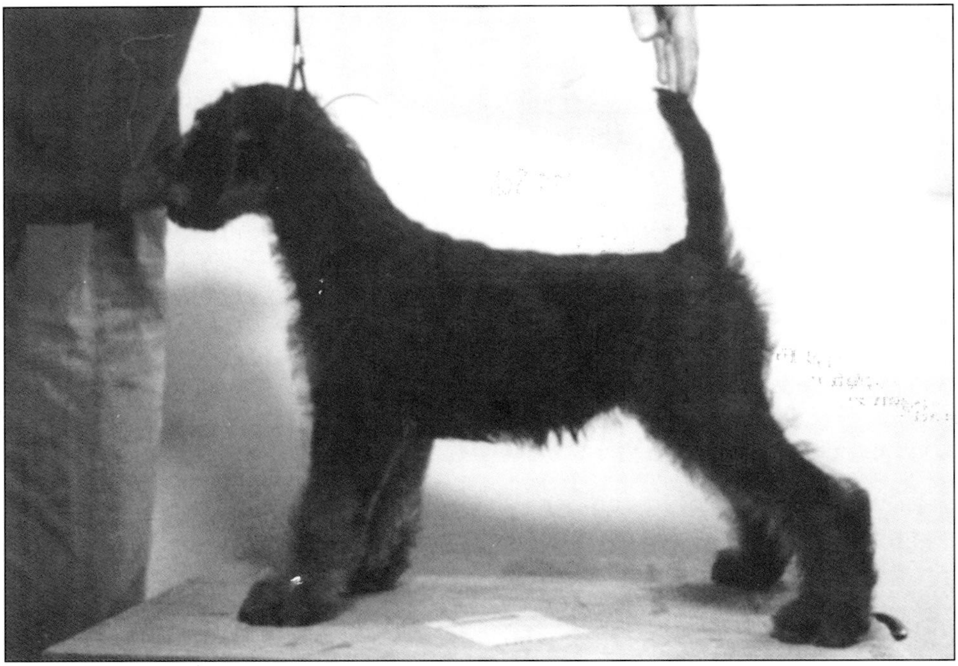

Abb. 121: Früh übt sich, was ein Champion werden will!
Das erste Training auf dem Trimmtisch

Ausstellungsringes entspricht. Man führt seinen Hund zunächst einige Runden im Kreis an loser Leine. Dann wird er aufgebaut, das heißt man hilft seinem Hund im Stand korrekt und aufrecht zu stehen und sich möglichst aufmerksam zu zeigen. Am besten interessiert man ihn wieder für einen ganz besonderen Leckerbissen oder etwas, was man gut in der Tasche verstecken kann. Hauptsache, man bekommt den Hund für kurze Zeit in Spannung und Stimmung, denn im Ausstellungsring ist das eine der wichtigsten Kriterien für die Beurteilung durch den Richter.

Ein uninteressierter, gelangweilter und unlustiger Airedale kann selbst bei besten anatomischen Voraussetzungen kein Sieger werden. Schließlich ist er ein Terrier, und der Standard verlangt ihn »on the tiptoe of expectation at every moment«, was schwer zu übersetzen ist.

Abschließend wird der Hund nochmals in der Bewegung vorgestellt. Dabei sollte der Bewegungsablauf von vorn und von hinten gut zu beurteilen sein. Man führt den Hund in einer geraden Linie vom Richter zum Ende des (gedachten) Ringes, wendet so, daß man dem Richter nie die Sicht auf den Hund verdeckt und führt den Hund in gerader Linie zurück. Bei der Wiederholung bewegt man den Hund

Das Vorführen des Hundes im Ausstellungsring

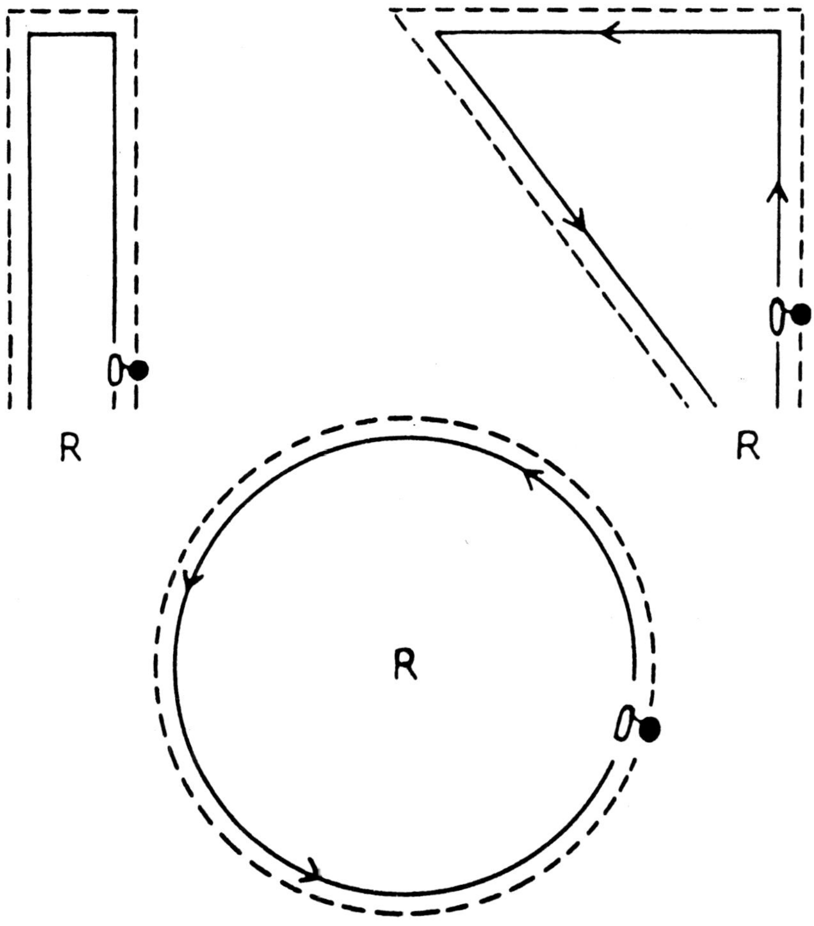

R: Richter ● Vorführer ○ Hund ↑ Laufrichtung

Abb. 122:
Zur Beurteilung des Gangwerks wird der Hund, linker Hand geführt, je nach Aufforderung des Richters in der Geraden (1), im Dreieck (2) oder im Kreis (3) vorgeführt.

Abb. 123: »On the tiptoe of expectation at every moment!«

im Dreieck und gibt damit dem Richter Gelegenheit, die Bewegung noch einmal von der Seite zu sehen. Zum Abschluß wird unser Airedale überschwenglich geklopft, gelobt und belohnt. Das sollte nie vergessen werden, denn ein Airedale hat ein sehr gutes Gedächtnis und einen Dickkopf, den es zu überlisten gilt.

Übrigens ist es vorteilhaft, wenn man das Training nicht nur im eigenen Garten vornimmt, sondern des öfteren den Ort wechselt. Unterschiedliche Böden, andere Umgebung, im Freien oder in einer Halle (Sporthalle, Bahnhof usw.), allein oder mit vielen Menschen und Hunden, alles muß unser Hund kennenlernen, damit er auf der Ausstellung nicht plötzlich vor eine völlig ungewohnte Situation gestellt wird. Übrigens muß sowohl bei schlechtem Wetter mit Wind und Regen, als auch in extremer Sonnenbestrahlung ohne Schatten geübt werden.

Das Training für die Ausstellung wird immer mit der Vorführleine geübt, genauso wie für die Unterordnung auf dem Übungsplatz eine solide Ausbildungsleine mit entsprechendem Halsband, für die Suche die spezielle Suchleine und für die Jagd die entsprechende Halsung mit Leine gebraucht werden. Diese Leinen sind für den jeweiligen speziellen Zweck optimal konzipiert, und ein Airedale lernt es schnell anhand der Leine ganz genau zu unterscheiden, ob Unterordnung oder das Vorführen im Ring angesagt ist, selbst wenn alles auf dem gleichen Ortsgruppenplatz stattfindet.
Wenn man diese Ratschläge beachtet, passiert es einem nicht, daß der Hund, der für die SchH I trainiert wird, im Ausstellungsring dauernd artig sitzt, wenn sein »Handler« stehen bleibt.

Handling

Handling ist die englische Bezeichnung für das gekonnte Vorführen eines Hundes im Ausstellungsring. Es beinhaltet die genaue Kenntnis der Rasse, Erfahrung im Ausstellungsring und ständiges, freundschaftliches Training mit dem Hund.

Freundschaft schließt gelegentliche Strenge nicht aus, aber einen Airedale führt man nur zum Sieg, wenn die gemeinsame Freude an der Aufgabe im harmonischen Zusammenspiel zwischen dem Hund und seinem Vorführer erkennbar wird. Hund und Handler müssen eine Einheit sein, wobei sich weder der Hund, schon gar nicht aber der Vorführer, in den Vordergrund spielen darf. Letzteres kann sehr peinlich wirken.

Das perfekte Handling findet man in den Vereinigten Staaten. Hier ist dieser schöne Sport zum Beruf und derart optimiert worden, daß der normale, interessierte Hundebesitzer kaum eine Chance hat, in die Plazierungen zu kommen. Selbst erfahrene Züchter geben ihre Spitzenhunde einem bekannten Handler für einige Zeit zum Trimming, Training und Handling, um ihn als Champion wieder nach Hause zu holen.

Abb. 124: Mary Swash, GB, mit Jokyl Treble Chance, Leeds 1988

Abb. 125: Susanne Sparre, Schweden, mit Coastguard Foxtrot, 1986

Abb. 126: Mary Swash mit Ginger Xmas Carol und Lesley Lee mit Stargus Sea King, Cruft's Show 1986

Das ist bei uns erfreulicherweise noch nicht der Fall. Bei uns kann jeder, der Lust und Zeit für den Ausstellungssport hat, das Vorführen erlernen. Allerdings braucht man Jahre, um das Können und die Erfahrung zu sammeln, um mit guten und talentierten Airedales regelmäßig an der Spitze zu stehen. Von Anfängern, die sich manchmal viel zu schnell entmutigen lassen, hört man gelegentlich am Ringrand die Äußerung: »Es gewinnen ja doch immer dieselben!«. Warum ist das so? Sie haben eben das notwendige »Know how« erworben und sind deshalb ganz einfach besser und sicherer in der Auswahl geeigneter Hunde, im Trimmen, im Training und im Vorführen. Übrigens haben alle diese erfolgreichen Handler zu Anfang auch einmal gedacht: Da gewinnen immer die gleichen – das möchte ich auch können.

Bei uns gibt es inzwischen so viele wirklich gute, meist jüngere Leute und zwar nicht nur unsere erfolgreichen Züchter, die den Ausstellungssport mit viel Engagement und Einsatzbereitschaft betreiben, daß es eine Freude ist, das gute und vor allem noch natürliche und sportliche Handling der Airedales zu beobachten und diese so vorgestellten Hunde zu richten. Einen nicht unwesentlichen Anteil daran hat das seit einigen Jahren praktizierte Juniorhandling, ein Wettbewerb, bei dem es nur um das möglichst gute Vorführen eines x-beliebigen Hundes im Ring geht, und das von unseren Jugendlichen mit viel Freude und Ernst an der Sache wahrgenommen wird.

Zum Handling gehört die optimale Vorbereitung des Hundes vor der Schau. Im Ring kommt es dann darauf an, den Hund zum richtigen Zeitpunkt so gut wie möglich vorzustellen. Sowohl im Stand wie in der Bewegung soll sich der Hund möglichst selbständig vorteilhaft präsentieren. Die Hilfen sollen unauffällig, aber wirksam sein.

Im Stand muß der Hund, wenn nötig, korrigiert werden, damit er in der Front und Hinterhand korrekt steht, die Ohren richtig trägt und aufmerksam und interessiert das übrige Geschehen im Ring beobachtet, ohne aggressiv gegenüber seinen Konkurrenten zu werden. Spannung muß sein, aber eine handfeste Rauferei im Ring nutzt niemandem, am wenigsten der Rasse, die vom Ringrand kritisch beobachtet wird.

Wichtig ist für das ganze Vorführen, daß man die Vorzüge und Schwächen seines Hundes genau kennt. Man zeigt immer die besten Seiten seines Hundes, solange nicht ausdrücklich etwas anderes verlangt wird. Ist der Hund z. B. etwas lang im Rücken, hat aber eine gute Front, zeigt man ihn im Stand vorzugsweise von vorn oder leicht schräg gestellt. Hat er eine besonders gute obere Linie und die Front ist nicht perfekt, zeigt man ihn z. B. von der Seite und baut ihn vorteilhaft auf. Dabei ist darauf zu achten, daß die Hilfen nicht übertrieben werden dürfen. Wird der Hund zu stramm an der Leine gehalten und die Hinterhand zu weit ausgestellt, sieht er aus wie ein »steifer Sägebock« und wirkt »overhandled«. Das ist ein Vorführfehler, der selbst erfahrenen Ausstellern passieren kann und den man selbst im Ring nicht merkt. Die Hunde versuchen von sich aus, einen solchen Fehler zu korrigieren, werden aber von ihrem übereifrigen Vorführer immer wieder in die ungünstige Position manövriert. Ein sensibler Handler spürt den Widerstand und geht auf seinen Hund ein. Nicht ohne Grund hat ein bekannter englischer Handler einmal treffend bemerkt: »Wir müssen lernen, die Persönlichkeit unseres Hundes zu erkennen und zu respektieren, dann wird er, wenn er die nötige Klasse hat, vielleicht auch für uns siegen.«

So gibt es viele kleine Tricks, die man als Hilfen einsetzen kann. Man lernt am meisten, wenn man seine Konkurrenten gut beobachtet. Nicht alles ist nachahmenswert, nicht jede Hilfe bewirkt bei jedem Hund das Gleiche. Hier hilft nur die Erfahrung. Mit der Zeit gewöhnt sich jeder, der gut ist, einen typischen, unverwechselbaren Trimmstil und ein ganz spezielles Handling an. Das kann bewirken, daß ein und derselbe Hund bei verschiedenen Vorführern ganz unterschiedlich aussieht und sich auch unterschiedlich benimmt. Wie schon zuvor erwähnt, auf das gute Einvernehmen zwischen Hund und Handler kommt es an. Niemals darf ein Airedale im Ring unter Druck stehen, dann bleibt alles Trimming, Training und Handling nur graue Theorie.

Der Hund muß immer das Gefühl vermittelt bekommen, daß er unterstützt und anerkannt wird. Man muß als Zuschauer und als Richter die Freude am gemeinsamen Tun beim Handler und beim Hund deutlich spüren, das muß begeistern und mitreißen. Wenn dann noch die anatomischen Voraussetzungen vorzüglich sind, dann ist dies das Team, das zurecht gewinnt.

Gewinnen kann bekanntlich immer nur einer. Die übrigen Teilnehmer gewinnen zumindest an Erfahrung und lernen sich und ihren Hund richtig einzuschätzen. Jeden Ausstellungstag sollte ein kritisches Resumée abschließen, indem man sich klar darüber wird, was besonders gut gelaufen ist, was man noch verbessern kann.

Es gibt bekannte Hunde, die bei dem einen Vorführer stets nur ein höfliches »sehr gut« erhalten haben und von einem fähigen Handler zu höchsten Ausstellungssiegen geführt wurden. Das fängt beim Trimmen an, geht über das Konditionieren und Trainieren zum gekonnten Vorstellen.

Es ist ein Sport, der faszinieren kann, neben Enttäuschungen und Rückschlägen ein nicht zu beschreibendes Gefühl des Glücks, des Erfolges, der Bestätigung und der tiefen Verbundenheit mit dem Hund vermittelt, der stolz und souverän die Anerkennung, Bewunderung und den Applaus entgegennimmt, als würde er verstehen, worum es geht.

Ich bin sicher, ein Airedale versteht es und uns. Wenn man Airedales gesehen hat wie X-mas Carol mit Mary Swash nach der Crufts', Isis mit Bob LaRouche auf Montgomery oder Pollux mit Dieter Bill auf der Weltausstellung, ahnt man, was mit – personality – gemeint ist.

VII. Die Zucht des Airedale Terrier

Der Rüde

Der Airedalerüde ist etwas stärker, schwerer und ungestümer als die meisten Hündinnen. Ein richtiger Lümmel, stets fröhlich und unbekümmert, mit einem ausgeprägten Selbstbewußtsein. Er ist von klein auf besonders aufmerksam und lernbegierig. Er möchte alles kennenlernen und immer dabei sein, wenn es etwas Neues zu entdecken gibt. Aufgrund der dem Airedale angeborenen vielseitigen Begabung entwickelt er sich entsprechend den Anforderungen, die an ihn gestellt werden. Eine Grundausbildung sollte jeder Airedale in seinem ersten Lebensjahr erhalten, und zwar von seinem Besitzer persönlich. Dann gibt es später keine »Verständigungsschwierigkeiten« und ein Grundstein ist gelegt, auf dem je nach Neigung und Interesse des Besitzers eine spezielle Ausbildung aufbauen kann.

Ist er erwachsen, womit man erst ab dem zweiten Lebensjahr rechnen darf, ist er ein zuverlässiger Freund der Familie, auf den man sich bei jeglicher Gefahr, auch ohne spezielle Ausbildung, verlassen kann. Niemals jedoch würde er sich einem Familienmitglied gegenüber ernsthaft aggressiv verhalten.

Der Airedalerüde ist ein ausgesprochen sauberer Hund. Ganz abgesehen davon, daß er durch das Trimmen nicht haart und sich leicht pflegen läßt, würde er, sobald er aus dem Babyalter herausgewachsen ist, nie seine Wohnung oder sein Haus beschmutzen. Markieren in der Wohnung, was bei kleineren Rassen durchaus vorkommt, ist unter seinem Niveau. Selbst den Garten läßt er sauber, wenn er dazu erzogen und oft genug ausgeführt wird. Hündinnen, insbesondere wenn sie läufig sind, interessieren ihn zwar sehr; er ist aber kein Stromer, der um jeden Preis über alle Zäune geht, um die ganze Gegend zu verunsichern. In dieser Beziehung ist er recht vernünftig und leidet durchaus nicht darunter, wenn er nicht zur Zucht eingesetzt wird.

Er hat ein ausgezeichnetes Gedächtnis und vergißt besondere positive und auch negative Erlebnisse zeitlebens nicht.

Der von uns gezüchtete Rüde »Veto v. d. Neidenburg«, der als Welpe nach Budapest kam, hat mich nach zwei Jahren inmitten einer fremden Menschenmenge sofort stürmisch begrüßt, was sich in späteren Jahren genauso eindrucksvoll wiederholte. Er kannte eben noch seinen »Stallgeruch«. Unser Rüde »Falk v. d. Neidenburg«, der für mich der Inbegriff des idealen Airedalerüden war, hat auf dem Ausbildungsplatz nach Jahren einen Ausbilder ernsthaft strammstehen lassen, der ihn als Junghund unbeherrscht und grundlos gestraft hatte.

Liebevoll aber konsequent erzogen, ist der Airedalerüde ein intelligenter, verständiger und zuverlässiger Begleiter, der uns mit seiner nie versiegenden Aktivität, Fröhlichkeit und Lebensfreude bis ins hohe Alter viel Freude macht.

Der Zuchtrüde

Jeder Rüde, der die Zuchtzulassungsprüfung bestanden hat und dessen Röntgenergebnis HD-frei oder HD-Grenzfall ist, darf im KFT zur Zucht benutzt werden. Wer einen Wurf plant, sollte jedoch bei der Auswahl des Rüden erheblich höhere Anforderungen an den Vater der nächsten Generation stellen.

Abb. 127: Ch. Falk v. d. Neidenburg – ein Airedale Rüde, den man nicht vergißt

Ein guter Zuchtrüde muß vor allem ein selbstbewußter, rüdenhafter und imponierender Typ sein. Mit Charme und Ausstrahlung läßt er keinen Zweifel daran, daß er als »König der Terrier« anerkannt sein will.
Seine anatomischen Qualitäten sollte er auf Ausstellungen unter Beweis gestellt haben. Aber selbst die höchsten Championtitel entbinden den Züchter nicht von der Pflicht, auf die Fehler, die jeder Hund hat, in die Zucht mit einbringt, zu achten. Es muß von Fall zu Fall entschieden werden, ob diese Fehler in Verbindung mit einer bestimmten Hündin zu verantworten sind.
Am schwerwiegendsten sind Wesensmängel zu bewerten. Deshalb ist es wünschenswert, daß der Zuchtrüde mindestens eine Begleithundprüfung, Schutzhundprüfung oder Jagdeignungsprüfung nachweisen kann. Hat er eine Schutzhundprüfung der Stufe I – III bestanden, muß er wesensmäßig in Ordnung sein. Ängstlichkeit, Schußscheue und Unsicherheiten in ungewohnten Situationen kann man bei solchen Hunden ausschließen. Das sind die schlimmsten Fehler, vor denen der Züchter seine Welpen bewahren muß. Diese Fehler verzeiht kein Airedalekäufer, und sie schaden dem Ansehen der Rasse nachhaltig. Ausgesprochene Gebrauchshundefreaks müssen sich darüber hinaus mit den Ergebnissen der abgelegten

Abb. 128: Gay Charlie of Glentops und der junge ABC of Papermaker (l.). Namen, die heute in den meisten Ahnentafeln zu finden sind

Abb. 130: Ch. Xambo v. Garnsee, August 1985

1 = Hoden (Testis)
2 = Nebenhoden (Epididymis)
3 = Samenleiter
4 = Vorsteherdrüse (Prostata)
5 = Harnröhre (Urethra)
6 = Schwellkörper
7 = Vorhaut (Präputium)
8 = Penisknochen
9 = Hodensack (Skrotum)
10 = Harnblase (Vesica urinaria)
11 = Harnleiter (Ureter)
12 = Beckenknochen
13 = Mastdarm (Rektum)
14 = After (Anus)

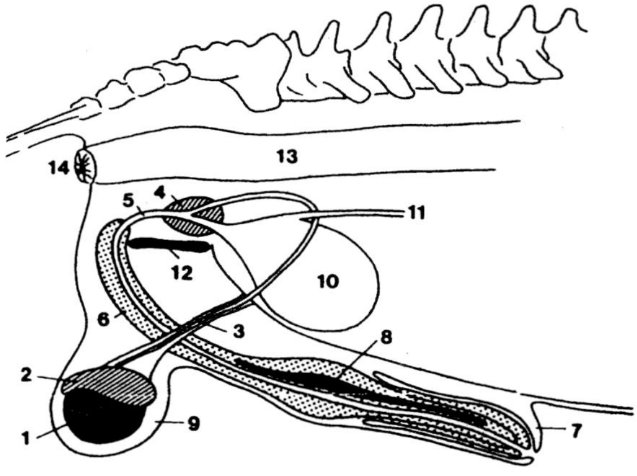

Abb. 129: Geschlechtsorgane des Rüden

Leistungsprüfungen beschäftigen und den Rüden bei der Arbeit beobachten, um seine leistungsbezogenen Vor- und Nachteile richtig einstufen zu können. Auch hier gilt, daß die höchsten Titel noch nicht den Erbwert garantieren. Der Hundeführer ist an den Prüfungsergebnissen mit seiner Erfahrung und Geschicklichkeit erheblich beteiligt.
Anatomische Vorzüge und Fehler muß der Züchter kennen und nach ihrem Schweregrad richtig einstufen. Sie werden aber die späteren Besitzer seiner Welpen weniger belasten als eventuelle charakterliche Mängel.
Jeder Züchter setzt bei der Zuchtwahl andere Schwerpunkte. Am wichtigsten erscheinen mir neben optimaler Gesundheit der richtige Typ und ein einwandfreies Gangwerk zu sein. Außerdem sind natürlich alle anatomischen Forderungen des Standards zu berücksichtigen.
An einen Zuchtrüden müssen also ganz besondere Anforderungen gestellt werden. Schließlich will ein verantwortungsbewußter Züchter nicht nur vermehren, sondern in erster Linie die Rasse verbessern.
Was ein Rüde tatsächlich für die Rasse bedeutet, zeigt sich im vollen Umfang erst bei kritischer Betrachtung seiner Nachzucht.

Die Hündin

Während im Welpenalter eigentlich kaum Unterschiede zwischen einem kleinen Airedale Rüden und einer Hündin auftreten, zeigen sich im Laufe der Entwicklung doch deutliche Unterschiede im Verhalten des Junghundes. Eine kleine Hündin wächst im allgemeinen problemloser in den Familienverband hinein. Die Hündin ist bei allem Übermut und fröhlicher Unbefangenheit anpassungsfähiger und leichter erziehbar als ihre Brüder. Ausnahmen bestätigen natürlich auch diese Regel.

eitenweise
ölnerstr. 149
1539 Dormagen
el.:02133 45444
AX :02133 45445
T.NR.:
22 5295 0849

atum: 26.04.03 Uhrzeit: 10:33

Artikel	Menge	Preis	Steuer	Summe
REHAGE. FE. LASSIE. REX UND CO.				
	1	21.00	7.0%	21.00

BAR	21.00
GEGEBEN	21.00
ZURÜCK	0.00

MWSt 7.0% = 1.37
MWSt 16.0% = 0.00
MWSt Summe = 1.37
Alle Beträge in Euro

Vielen Dank für ihren Einkauf!

Der Sexualzyklus der Hündin
Die Läufigkeit (Oestrus)
Die Läufigkeit ist ein wichtiger Faktor im Leben jeder Hündin. Die erste Läufigkeit oder Hitze tritt beim Airedale etwa zwichen dem 9. und 12. Monat auf. Die Hündin putzt und leckt sich häufig, und beim Abtupfen der Scheide mit einem Tempotuch kann man erste Bluttropfen feststellen. Die Scheide vergrößert sich in den folgenden Tagen und sondert allmählich mehr Blut ab, weswegen man nun auch Tropfen auf dem Lager der Hündin und auf dem Boden finden kann. Mit kaltem Wasser lassen sich kleine Flecken leicht beseitigen. Für stärkere Blutungen gibt es schwarze »Höschen«, die in verschiedenen Größen erhältlich sind und, im Haus getragen, vor Verschmutzung der Wohnung schützen.
Bitte nicht vergessen sie auszuziehen, bevor die Hündin rausgelassen wird, sonst gibt es ein Malheurchen.
Die Läufigkeit dauert etwa 21 Tage. Nach 10 Tagen nimmt die Blutung ab, das Sekret erscheint heller und die Schwellung der Scheide beginnt abzuklingen. Jetzt ist die Hitze nicht etwa vorüber, wie harmlose und ahnungslose Gemüter meinen mögen, sondern jetzt beginnt die entscheidende Phase mit dem Eisprung (Ovulation), die Deckbereitschaft. Die Hündin muß streng beaufsichtigt werden, da sie jede Gelegenheit benützen wird, um sich trotz guter Erziehung selbständig zu machen und ihrem Instinkt zu folgen. Die Deckbereitschaft erreicht ihren Höhepunkt meist am 12.–14. Tag, um dann allmählich abzuklingen. In den letzten Tagen kommt es zu einer geringen Nachblutung. Nach drei Wochen ist die Läufigkeit beendet. Die Hündin wird in der Scheidengegend abgewaschen und ist nun auch für Rüden der Nachbarschaft nicht mehr interessant.
Ist die Hündin doch einmal trotz sorgfältiger Aufsicht belegt worden, kann der Tierarzt sie durch eine Hormonbehandlung zwischen dem 5.–10. Tag danach vor einer ungewollten Trächtigkeit schützen.
Auf keinen Fall darf die Hündin für ihren vermeidlichen Ungehorsam gestraft werden; sie folgt nur ihrem Instinkt Vielmehr sollten sich die Besitzer Gedanken machen, wie einer Wiederholung dieses Mißgeschicks bei der nächsten Hitze wirksam vorgebeugt werden kann.
Für den besonders interessierten Leser soll im Folgenden die Physiologie und Einteilung der Läufigkeit in die verschiedenen Zyklusphasen besprochen werden: Die Läufigkeit wiederholt sich in der Regel alle 6–8 Monate. Der Zyklus, das ist der sich regelmäßig wiederholende, hormonell gesteuerte Ablauf der Veränderungen an den Eierstöcken (Ovarien) und der Gebärmutterschleimhaut (Endometrium), sowie der Scheidenschleimhaut der Hündin und ist in verschiedene Phasen eingeteilt. Sie werden bezeichnet als:

1. Proöstrus, ca. 9 Tage
2. Oestrus, ca. 9 Tage (Läufigkeit oder Hitze)
3. Metöstrus, ca. 60 Tage
4. Anöstrus, ca. 90 Tage

Der *Proöstrus* ist die Vorbereitungs- und Follikelreifungsphase zu Beginn der Läufigkeit. Sie wird von dem Follikelhormon Östrogen bestimmt. Sie ist für uns

Abb. 131: Ch. Zita v. d. Neidenburg

durch das Auftreten erster Blutstropfen wahrnehmbar und kann durch einen sogenannten Scheidenabstrich mit Untersuchung der Schleimhautzellen unter dem Mikroskop exakt beurteilt werden. Der Abstrich zeigt Zellen des Schleimhautepithels in unausgereifter Form mit deutlichem Kern sowie reichlich rote Blutkörperchen, die Erythrozyten. Die Epithelzellen sind überwiegend blau gefärbt (Papanicolao).

Diese Untersuchung ist auch wichtig, wenn man wissen möchte, ob der Tierarzt der Hündin noch eine Injektion zur Verhinderung der nächsten Läufigkeit geben kann, oder ob die Läufigkeit schon eingesetzt hat.

Die Hormoninjektionen dürfen nämlich nur streng in der Ruhepause der Geschlechtsorgane, dem Anöstrus, verabreicht werden. Im Proöstrus ist die Hündin für die Rüden ihrer Umgebung schon interessant, obwohl sie noch recht abweisend und aggressiv auf eventuelle Annäherungsversuche reagiert.

Der *Östrus* schließt sich unmittelbar an den Proöstrus an und wird von uns als Höhepunkt der Läufigkeit oder Hitze bezeichnet. Nach der anfänglichen Blutung folgen etwa ab dem 10. Tag die Tage der Befruchtungsfähigkeit, deren Optimum beim Airedale in der Regel zwischen dem 12. und 14. Tag liegt. Erfolgreiche Belegungen sind aber schon ab dem 10. Tag bis zum Ende der Läufigkeit möglich. Die Hündin signalisiert dem aufmerksamen Besitzer sehr genau den richtigen und damit auch gefährlichsten Termin für die Belegung. Sie wird unruhig und möchte am liebsten sämtlichen Rüden der Umgebung anzeigen, daß sie läufig ist. Sie setzt viele Duftmarken auf dem Spaziergang und fiepst in den höchsten Tönen, wenn sie einen anderen Hund auch nur von fern sieht. Die Rute ist dauernd in Bewegung und wird sofort zur Seite gelegt, wenn man die Scheidengegend berührt. Die Scheide ist geschwollen und sondert ein fleischwasserfarbenes, helleres Sekret ab. Soll die Hündin belegt werden und ist der Züchter aus irgendwelchen Gründen nicht sicher, wann der optimale Zeitpunkt erreicht sein wird, kann mit einer zytologischen Untersuchung, d. h. wiederum mit einem Scheidenabstrich sehr genau das Deckdatum vorausgesagt werden. Am sichersten ist diese Untersuchung, wenn mehrere Abstriche an verschiedenen Tagen vor dem zu erwartenden Decktag angefertigt werden können. Das ist sehr nützlich, wenn der Züchter einen weiten Weg zum Rüden eingeplant hat und nicht mehrere Tage unterwegs sein kann. Die Formen der Schleimhautzellen verändern sich jetzt von rundoval mit deutlichem Kern über eckig mit kleinen Kernen bis zu welken Blättern ähnlichen kernlosen Epithelzellen, die ihre Farbe deutlich von blau zu rot verändern. Zunächst noch nachweisbare rote Blutkörperchen (Erythrozyten) verschwinden ganz und werden gegen Ende des Östrus von weißen Blutkörperchen (Leukozyten) abgelöst. Während der Ovulation werden alle zur Verfügung stehenden Eizellen freigesetzt und wandern in den Eileiter. Es kommt zu einem Höhepunkt mit nachfolgendem steilen Abfall der Östrogenwerte. Gleichzeitig steigt das Gelbkörperhormon, das Progesteron allmählich an. Das Auftreten von Leukozyten zeigt bereits den Übergang zum Metöstrus, der Übergangsphase zum Anöstrus, der Ruhepause an.

Im Metöstrus erscheinen wieder jugendliche Epithelzellen mit großem Kern im Bild. Unsere Grafik (Abb. 133) veranschaulicht den zeitlichen Verlauf des Zyklus.

1 = Scheide (Vagina)
2 = Gebärmutterhals (Zervix)
3 = Gebärmutter (Uterus)
4 = Eileiter (Tube)
5 = Eierstock (Ovar)
6 = Gesäuge (Mamma)
7 = Harnblase (Vesica urinaria)
8 = Harnleiter (Ureter)
9 = Harnröhre (Urethra)
10 = Beckenknochen
11 = Scham (Vulva)
12 = Mastdarm (Rektum)
13 = After (Anus)
14 = Damm (Perineum)

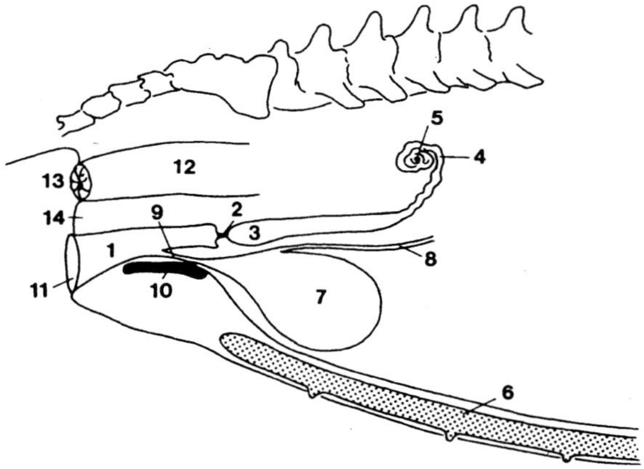

Abb. 132: Geschlechtsorgane der Hündin

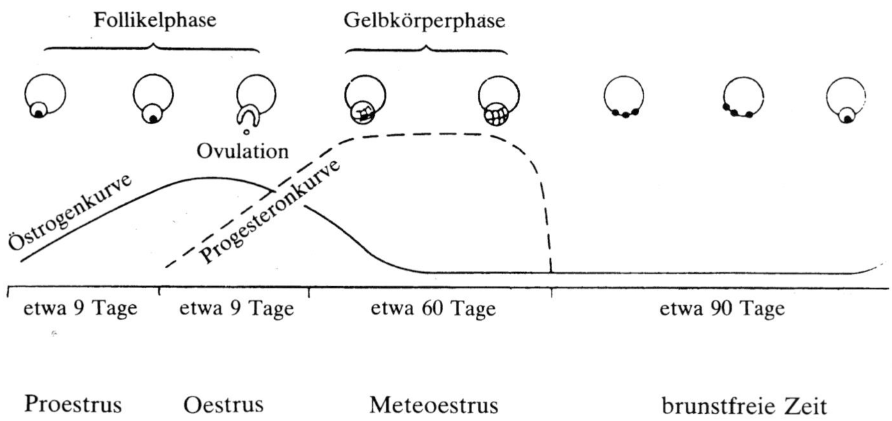

Abb. 133: Sexualzyklus der Hündin

Ergänzend zu der zytologischen Untersuchung ist eine Beurteilung der Scheidenschleimhaut und des Muttermundes (Cervix) sehr aussagekräftig. Die zu Beginn stark gefaltete, feuchte und geschwollene rosarote Schleimhaut bildet sich zum Höhepunkt, dem Eisprung, allmählich zurück, und wird trockener an der Oberfläche, sowie deutlich blasser. Diese Untersuchung kann der Tierarzt mit einem sogenannten Scheidenspekulum mit guter Beleuchtung sehr einfach durchführen. Auch für diese Beurteilung ist es von Vorteil, wenn die Hündin mehrere Tage hintereinander vorgestellt wird.

Und last not least weiß natürlich ein erfahrener Deckrüde, wenn er zur Verfügung steht, sehr genau, wann es Sinn hat, sich um die vorgestellte Hundedame zu bemühen.

In Zweifelsfällen weiß er das sogar besser als die Hündin und ihr Tierarzt. Es gibt Fälle, wo Züchter, Tierarzt und Hündin schier verzweifeln, weil der Rüde nicht daran denkt, seine Pflicht zu tun. Wenn dann keiner mehr daran glaubt, tritt er in Aktion und behält am Ende recht, wenn die Babyschar vergnügt im Körbchen krabbelt.

Aber das sind Ausnahmen, von denen Züchter und Tierärzte stundenlang berichten könnten und die die Grundlage eines reichen Erfahrungsschatzes sind, der stets mit zum Erfolg einer gelungenen Zuchtplanung notwendig ist.

Nach dem Belegen und ebenso nach dem Abklingen der befruchtungsfähigen Tage bildet sich die Scheide ganz zurück. Es kommt zum Ende des Östrus nochmal zu kurzen Blutungen, die bis zum 21. Tag der Läufigkeit wieder ganz verschwinden. Eine verlängerte Blutung oder ein Übergang in unsaubere, schokoladenfarbene oder blutig-gelbe Absonderungen muß in jedem Fall dem Tierarzt vorgestellt werden. Mit geeigneten Medikamenten kann er meist verhindern, daß aus einer Gebärmutterentzündung (Endometritis) eine Gebärmuttervereiterung (Pyometra) entsteht. Bei einer bereits bestehenden Pyometra hat die Hündin vermehrten Durst, ist müde und uninteressiert, frißt kaum und muß so rasch wie möglich operiert werden.

Der Metöstrus schließt sich an den Östrus an und ist die Zeit der Rückbildung der Gebärmutterschleimhaut und der Funktion der Eierstöcke. Bei einer Trächtigkeit beginnt dagegen die Vorbereitung der Gebärmutterschleimhaut für die Aufnahme der befruchteten Eizellen, die nach der ersten Zellteilung im Eileiter in die Gebärmutter wandern.

Findet keine Trächtigkeit statt, geht der Metöstrus in den sogenannten Anöstrus, die Ruhephase der Geschlechtsorgane, über. In dieser Zeit kann man eingreifen, um die nächste Läufigkeit ohne Gefahr für die Hündin auszuschalten.

Dafür stehen uns zwei Möglichkeiten zur Verfügung.

1. Die hormonelle Ausschaltung der Läufigkeit durch alle 5–6 Monate zu wiederholende Hormoninjektionen.
2. Die operative Ausschaltung der Läufigkeit, durch Entfernung der Eierstöcke (Ovarektomie) oder der Eierstöcke mit der Gebärmutter (Ovarhysterektomie).

Die hormonelle Ausschaltung der Läufigkeit erfolgt mit Hilfe von Hormoninjektionen, dadurch kann die Ruhepause des Zyklus, der Anöstrus, beliebig verlängert

Abb. 134: Ch. Birke v. Garnsee

werden. Die Wirkung solcher Injektionen hält meistens 5–6 Monate an, je nach Art und Menge des verwendeten Medikamentes.
Der Anöstrus besteht natürlicherweise so lange, wie die Eierstöcke das sogenannte Gelbkörperhormon, das Progesteron, liefern. Nach Abklingen der Progesteronwirkung setzt ein neuer Zyklus mit dem oben beschriebenen Proöstrus ein.
Wird die Progesteronphase nun durch entsprechende Medikamente verlängert, kann auf diesem Wege die nächste Läufigkeit verschoben oder ganz verhindert werden. Diese Art der Läufigkeitsverhinderung ist reversibel, d. h. nach Absetzen des Medikamentes kommt es nach einiger Zeit wieder zu einer normalen Läufigkeit.
Diese Verhinderung der Läufigkeit hat einen Sinn, wenn die Hündin eine Zeitlang nicht läufig werden soll, aber später doch vielleicht nochmal einen Wurf haben darf. Diese Situation kann auftreten während der Ausbildung, während einer Ausstellungssaison und in den meisten Fällen, wenn während der Läufigkeit nicht sichergestellt ist, daß nicht doch einmal eine Tür offensteht oder ein Nachbarhund in den Garten kommt. Zur Urlaubszeit ist es auch recht unpassend, wenn die Hündin im Urlaubsort oder in der Pflegestelle läufig wird. Hier hat die sogenannte Antibabyspritze ihren Sinn.
Ist man sich jedoch klar darüber, daß die Hündin keinen Wurf haben kann oder soll, dann ist es viel richtiger, die Hündin frühzeitig operieren zu lassen (Ovarektomie), damit die Hündin nicht mehr läufig werden kann, oder es werden die Eierstöcke mit der Gebärmutter entfernt (Ovarhysterektomie), womit auch ein für alle Mal eine Erkrankung der Gebärmutter im Alter sicher vermieden wird. In beiden Fällen ist zehn Tage nach dem Fädenziehen alles vergessen und die Hündin so vergnügt und munter wie zuvor. Ein weiterer Vorteil der Operation im frühen Alter ist die Möglichkeit, Veränderungen am Gesäuge der Hündin wie Scheinträchtigkeit und die gefürchteten Gesäugetumoren im Alter ziemlich sicher auszuschließen.

Die Hündin sollte aber in jedem Fall mindestens eine Hitze durchgemacht haben, bevor sie operiert wird, das beste Alter ist nach heutiger Ansicht 1½ bis 2 Jahre. Die Operation ist danach noch in jedem Alter möglich. Die Möglichkeit, Gesäugetumoren zu verhindern, nimmt jedoch mit zunehmendem Alter ab.
Nach einer solchen Operation ist es sehr wichtig, daß die gewohnte Futtermenge reduziert oder durch kalorienarme Kost für 4–6 Wochen ersetzt wird. Durch die Hormonumstellung des Körpers neigt die Hündin in den ersten Wochen nach der Operation dazu, an Gewicht zuzunehmen, was später schwer wieder abzubauen ist. Hält man sich an die goldene Regel: halb so viel Futter und doppelt so viel Bewegung, dann übersteht unsere Hündin diese Wochen fit und schlank und kann danach wieder wie gewohnt behandelt werden.
Es soll nicht unerwähnt bleiben, daß als einziger Nachteil der frühzeitigen Kastration in seltenen Fällen im Alter ein recht unangenehmes Harnträufeln auftreten kann. Dagegen kann die Hündin aber in fast allen Fällen mit in regelmäßigen Abständen gegebenen Hormongaben erfolgreich behandelt werden.
Die Kastration gibt dem Besitzer die Chance, eine psychisch problemlose und bis

ins hohe Alter gesunde und vergnügte Hündin zu besitzen. Wird unsere Hündin in der Zucht eingesetzt, so ist es meiner eigenen Erfahrung nach optimal, wenn die Hündin nach dem letzten Wurf mit 7–8 Jahren operiert wird. Dabei sollten in jedem Fall die Eierstöcke und die Gebärmutter, sowie auch eventuell schon erkennbare Gesäugetumoren entfernt werden. Auf diese Art hat die Hündin in ihren letzten Jahren ein im wahrsten Sinne des Wortes sorgloses Leben und wird uns durch ihre psychische und körperliche Gesundheit noch viele Jahre lang Freude machen.

Die Scheinträchtigkeit
Während des Metöstrus im Anschluß an die Läufigkeit macht die Hündin eine Phase der sogenannten Scheinträchtigkeit durch, die mehr oder weniger stark ausgeprägt sein kann.
Bei der jungen Hündin ist die Phase nach der ersten Läufigkeit in psychologischer Sicht besonders gefährlich. Die Hündin ist in dieser Zeit sehr empfindlich gegenüber ungewohnten Einflüssen, insbesondere Geräuschen, harten Strafen, Wechsel der Bezugsperson, schlechten Erfahrungen im Straßenverkehr oder auf dem Ausbildungsplatz. In dieser Zeit, die etwa 8–9 Wochen nach dem Ende der ersten Läufigkeit besteht, sollte die Hündin deshalb besonders aufmerksam und verständnisvoll behandelt werden. Nach den späteren Läufigkeiten besteht diese Empfindlichkeit erfahrungsgemäß nicht mehr.

Dafür verläuft die Scheinträchtigkeit ihrem Namen entsprechend oft mit Milchansammlung in der Gesäugeleiste und einem ausgesprochenen Pflegetrieb um den vermeintlichen Geburtstermin herum. Unsere Hündin bleibt dann freiwillig den ganzen Tag auf ihrem Schlafplatz, den sie fleißig durchwühlt, um sich ein bequemes Nest zu bauen. Außerdem schleppt sie alles Spielzeug, notfalls auch Herrchens beste Pantoffeln, in ihr vermeintliches Nest und »versorgt« alles als Welpenersatz. Am besten nimmt man der Hündin in dieser Situation alles Spielzeug weg, füttert nur knappe Portionen und geht möglichst oft spazieren und sorgt auch sonst für genügend Abwechslung. Dann ist das ganze Theater nach ein paar Tagen vergessen. Sollten die Milchleisten in dieser Zeit so stark anschwellen, daß sie sich schmerzhaft verhärten, gibt es entsprechende Salben (z. B. Stopcanilact), die der Hündin Erleichterung bringen.
Bei sich ständig nach jeder Läufigkeit wiederholenden Perioden starker Scheinträchtigkeiten, die zur Zeit nur hormonell zu behandeln sind, muß ebenfalls zu einer Ovarhysterektomie (s. o.) geraten werden. Eine solche Hündin wird ohne die zweimal im Jahr sich wiederholende Belastung viel ausgeglichener und vergnügter sein.
Der Hündinnenbesitzer muß der Gesundheit seiner Hündin stets besondere Aufmerksamkeit widmen. Diese Fürsorge wird aber durch besondere Anhänglichkeit und Zuneigung gedankt. Zwischen einer Airedalehündin und ihren Besitzern baut sich im Laufe der Jahre eine ganz besondere, tiefgreifende Verbindung auf, die sich von der Beziehung zu einem Rüden grundlegend unterscheidet. Eine Airedalehündin ist eben ganz besonders liebenswert.

Grundsätzliche Fragen der Zucht

Soll eine Hündin zur Zucht verwendet werden, gibt es eine ganze Reihe von Punkten, die rechtzeitig vorher beachtet werden müssen.
Aus gesundheitlicher Sicht ergibt sich keine zwingende Notwendigkeit für einen Wurf. Aus psychologischer Sicht dagegen erscheint das Erlebnis der Trächtigkeit, der Geburt und der Aufzucht für die Hündin ein recht wesentliches Ereignis zu sein. Meistenteils hat man den Eindruck, daß die junge Hündin nach dem ersten Wurf anatomisch und wesensmäßig ausgereifter erscheint. Außerdem verbindet solch ein gemeinsames Erlebnis die Hündin und ihre Familie ganz entscheidend.
Vor der Planung eines Wurfes muß sichergestellt sein, daß mindestens ein Familienmitglied genügend Zeit über 10–12 Wochen hat, um die Hündin und die Welpen optimal zu versorgen. Für die heranwachsenden Welpen muß genug Auslaufmöglichkeit zum Spielen und Toben im Freien vorhanden sein. Außerdem muß der angehende Züchter sich darüber im klaren sein, daß es bei seinen Plänen nicht nur darum gehen darf, einmal niedliche Airedalewelpen großzuziehen, sondern daß er eine große Verantwortung für die von ihm in die Welt gesetzten Lebewesen übernehmen muß. Er muß auch nach der Abgabe der Welpen bereit sein, dem neuen Besitzer für Fragen der Fütterung, Erziehung und des Trimmens beratend und hilfreich zur Seite zu stehen. Schließlich geht es um seine Welpen.

Über die Fragen der Fütterung und Haltung der Hündin während der Trächtigkeit und Aufzucht, sowie über eventuelle Zwischenfälle und Krankheitssymptome muß sich der angehende Züchter rechtzeitig informieren. Auf weiterführende Literatur für Fragen, die den Rahmen dieses Buches sprengen würden, wird im Anhang hingewiesen.
Grundsätzlich müssen die Zuchtbestimmungen genau eingehalten werden. Man muß sich deshalb rechtzeitig mit dem Zuchtverband (KFT) in Verbindung setzen und sich von einem Zuchtwart eingehend beraten lassen.

Die Zuchtbestimmungen des Klub für Terrier
Wird ein Wurf geplant, muß erst einmal ein Name für den neuen Zwinger geschützt werden. Dazu wendet sich der angehende Züchter an die Geschäftsstelle des KFT (Adresse s. Anhang) mit einem formlosen Schreiben und beantragt die Zulassung eines Zwingers und den Schutz des von ihm gewählten Zwingernamens. Vom KFT erhält der Züchter dann u. a. eine Liste der Zuchtwarte seiner Landesgruppe. Der Züchter bittet einen Zuchtwart seiner Wahl um einen Besuch. Nach eingehender Beratung und Information sowie der Besichtigung der Unterbringungs- und Haltungsmöglichkeiten wird der Zuchtwart im allgemeinen der Zulassung des neuen Zwingers zustimmen können.
Nach Veröffentlichung in der Fachzeitschrift »Der Terrier« erhält der Züchter eine Zwingerschutzkarte mit der Bestätigung seines Zwingernamens. Dieses Dokument ist eine wichtige Voraussetzung für die spätere Eintragung der Welpen in das Zuchtbuch und die Ausstellung der Ahnentafeln.

Abb. 135: Nachzuchtgruppe des Rüden Ch. Jokyl Top Had'n Tails, Zwinger Coastguard, Schweden

Die Zuchthündin muß vor dem Belegen
1. mindestens 15 Monate (VDH-Zuchtbestimmungen) alt sein,
2. als Nachweis der HD-Kontrolle den A-Stempel auf ihrer Ahnentafel aufweisen können und
3. erfolgreich an einer ZZP-Prüfung teilgenommen haben.

Das HD-Verfahren des KFT
HD ist die Abkürzung für Hüftgelenksdysplasie, d. h. einer erblich bedingten Fehlentwicklung der Hüftgelenke.
Um möglichst nur gesunde und gut veranlagte Welpen zu züchten, müssen die Elterntiere einer gewissenhaften Kontrolle unterzogen werden.

Eine Beurteilung der Hüftgelenke ist nur mit Hilfe eines Röntgenbildes möglich. Die Hunde müssen dafür mindestens 12 Monate alt sein.
Alle Röntgenbilder werden von derselben Auswertungsstelle beurteilt. Sind die Hüftgelenke frei (HD-frei) oder fast frei (HD-Grenzfall), wird die Hündin oder der Rüde für die Zucht zugelassen und erhält den sogenannten A-Stempel auf die Ahnentafel. Alle Fälle von leichter, mittlerer oder gar schwerer HD dürfen nicht zur Zucht verwendet werden.

HD-Grenzfälle dürfen nur mit HD-freien Hunden gepaart werden. Röntgenologisch gesund erscheinende Hunde können trotzdem genetisch mit HD belastet sein. Deshalb ist es wichtig, daß die Züchter die Käufer ihrer Welpen informieren, daß möglichst alle Nachkommen im Alter von einem Jahr geröntgt werden.
Nur auf diese Weise kann der Erbwert der Elterntiere ermittelt und die Rasse auf Dauer gesund erhalten werden. Der Welpenkäufer erhält darüber hinaus durch die Röntgenaufnahme die Gewißheit über den Zustand der Hüftgelenke und die Belastbarkeit seines Hundes.

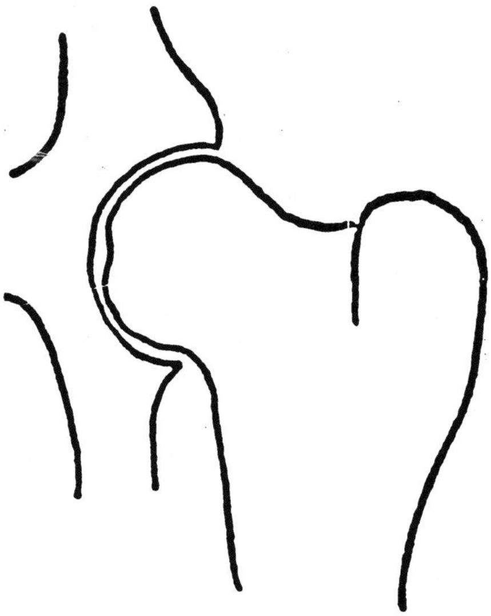

Abb. 136: Gesundes Hüftgelenk

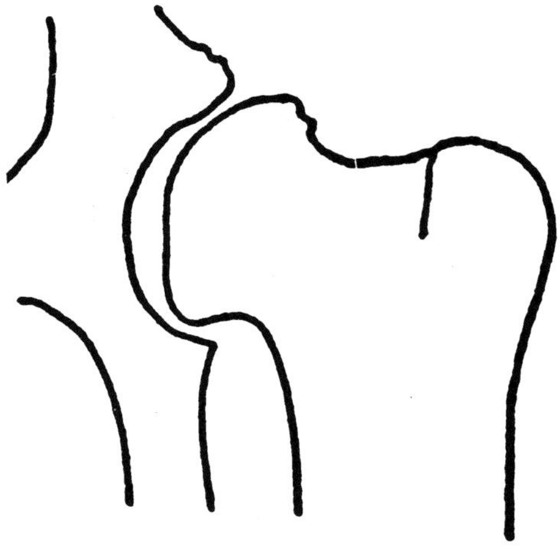

Abb. 137: Hüftgelenksdysplasie

Zuchtbestimmungen zum Schutz der Hündin
Das Mindestalter beim Belegen beträgt 15 Monate, das Höchstalter acht Jahre. Das heißt, vor dem vollendeten 15. Lebensmonat und nach Ablauf des 8. Lebensjahres darf eine Hündin nicht belegt werden. Außerdem darf eine Hündin höchstens zwei Würfe nacheinander haben. Danach ist eine Zuchtpause von mindestens 12 Monaten ab Belegdatum einzuhalten. Das gleiche gilt bei Würfen mit mehr als sechs Welpen.
Die Zuchtbestimmungen des KFT sind zwar streng im Vergleich zu anderen Ländern, in denen es z. T. überhaupt keine Zuchtbestimmungen gibt. Sie schützen aber die Welpen, die Welpenkäufer, und nicht zuletzt die Rasse davor, daß Elterntiere zur Zucht verwendet werden, die offensichtliche und schwerwiegende Mängel in die Zucht hineinbringen und weitervererben. Die Zuchtbestimmungen haben weniger Einfluß auf die Qualität unserer Spitzenleistungs- und Ausstellungs-

hunde, bei denen in erster Linie die Erfahrung und die glückliche Hand der Züchter eine Rolle spielen. Sie haben vielmehr einen entscheidenden Einfluß auf die Qualität des Durchschnitts einer Rasse. Dabei müssen in erster Linie die Gesundheit, sowie die Einhaltung der im Rassestandard festgelegten Eigenschaften als vorrangige Kriterien angesehen werden.

Der Aufbau einer Zuchtlinie

Möchte man nicht nur einmal einen Wurf züchten, sondern sich ernsthaft mit der Zucht des Airedale-Terriers befassen, so ist es unerläßlich, daß man sich der Verantwortung für die Rasse bewußt ist. Das heißt, man muß sich umfassende Kenntnisse über die Vererbungslehre, den Standard, die Ahnentafeln der eigenen Hunde sowie der bedeutendsten Hunde im Ausstellungs- und Gebrauchshundewesen aneignen. Man sollte möglichst viele Ausstellungen und Prüfungen als Zuschauer besuchen, um dann unter Berücksichtigung der erworbenen Kenntnisse den Aufbau einer eigenen Zuchtlinie zu planen. Dazu gehören ebenso fundierte Kenntnisse über die moderne Verhaltenskunde des Hundes, die Ernährungswissenschaft sowie Fragen der allgemeinen Kynologie.

Prinzipiell kann gesagt werden, daß die beste Hündin, die man erwerben kann, gerade gut genug ist, um eine eigene Zuchtlinie aufzubauen. Die Zuchthündin ist die Grundlage einer jeden Zucht und soll deshalb in möglichst vielen Punkten überragende Qualitäten aufweisen.

Ein guter und verantwortungsbewußter Züchter wird immer von dem Wunsch geleitet, seine Rasse nicht nur zu vermehren, sondern sie entscheidend zu verbessern. Und das gelingt um so eher, je sorgfältiger die Elterntiere ausgewählt werden. Gesundheit, Wesensfestigkeit und ein anatomisch korrektes, dem Rassestandard möglichst nahe kommendes Exterieur sind unerläßliche Voraussetzungen für den Aufbau einer erfolgreichen Zuchtlinie.

Die Zuchtzulassungsprüfung des KFT

Airedaleterrier, die in Deutschland zur Zucht verwendet werden sollen, müssen die ZZP bestehen. Die Prüfung wird von einem Zucht- und einem Leistungsrichter gemeinsam abgenommen.

Vor Beginn der Prüfung wird die Tätowierung (Zuchtbuchnummer) im rechten Ohr des Hundes kontrolliert. Bei der ZZP werden der Formwert und das Wesen des Hundes beurteilt. Bei der Formwertbeurteilung sollen Erbfehler wie Einhoder, Gebißfehler, Entropium und andere zuchtausschließende Fehler erkannt werden. Für die Beurteilung des Wesens des Hundes soll sein Verhalten bei den folgenden Übungen beurteilt werden.

1. Übung: Der Hundeführer kommt mit angeleintem Hund zum Richter. Derselbe begrüßt den Hundeführer durch Handschlag und klopft ihm dabei auf die Schulter.
2. Übung: Der Hundeführer geht mit angeleintem Hund durch eine Gruppe von mindestens vier Personen. Diese gelten als Spaziergänger und bewegen sich zwanglos. Zweimal soll die Gruppe mit dem Hund durchschritten

Abb. 138: Ein Woolycoat – diese Haarqualität entspricht nicht den Standardanforderungen

werden. Hierbei wird der Führer von einer Person angesprochen und diese läßt unauffällig einen ihr gehörenden Gegenstand fallen. Hierfür empfiehlt es sich, um eine einheitliche Regelung zu treffen, eine zur Hälfte gefüllte Streichholzschachtel zu Boden fallen zu lassen. Nach kurzer Zeit hebt diese Person den Gegenstand wieder auf. Bei dieser Gelegenheit soll der Hund angeleint neben seinem Führer zwanglos stehen oder sitzen.

3. Übung: Führer und Hund entfernen sich etwa 30 Schritt von der Gruppe und werden aufgefordert umzukehren. Bei Annäherung auf etwa 10 Schritt geht ein Prüfer in drohender Haltung mit erhobenen Armen auf den Hund zu. Hierbei ist das Verhalten des Hundes zu beobachten.

4. Übung: Erneut entfernen sich Führer und Hund auf eine Distanz von 60 Schritt von der Gruppe. Der Führer macht mit seinem Hund kehrt und geht in Richtung Gruppe und Prüfer. Von hier aus erfolgt auf 50 Schritt ein Schuß. Hierbei wird die Schußgleichgültigkeit des Hundes festgestellt. Zeigt der Hund sich nicht wie es verlangt wird, liegt es im Ermessen der Richter, den Schuß zu wiederholen (besonders muß darauf geachtet werden, daß der Rest der teilnehmenden Hunde weit genug vom Schießen entfernt gehalten wird). Jede weitere Geräuschkulisse entfällt.

Bei allen Übungen haben die Richter zu beobachten, wie der zu prüfende Hund sich verhält. Sein Verhalten soll ruhig und doch aufmerksam sein. Der Hund darf keine Angst und Wesensschwäche zeigen. Scheue und ängstliche Hunde können diese Prüfung nicht bestehen.

Besteht ein Hund die Prüfung nicht, kann er nach Ablauf von 2 Monaten erneut vorgeführt werden.
Es kann vorkommen, daß die Richter einen Hund zurückstellen müssen, weil sie sich kein eindeutiges Urteil bilden konnten, z. B. Krankheit. Ein solcher Hund sollte sobald als möglich erneut geprüft werden.

Die ZZP II
Die ZZP II stellt eine Prüfung mit erschwerten Bedingungen insbesondere im Hinblick auf die Anlage des Schutztriebes dar.
Als Zuchtzulassung genügt die ZZP I.

ZZP II Bedingungen:
Es ist darauf zu achten, daß die Hunde während der gesamten Prüfung kein Stachelhalsband tragen. Die Abwicklung der Prüfung geschieht wie folgt:

1. Feststellung des Formwertes
   Rüden und Hündinnen müssen am Tag der ZZP den Formwert sehr gut erhalten und mindestens 15 Monate alt sein.
2. Wesenserprobung
   Ausschlußgründe sind in den Durchführungsbestimmungen näher bezeichnet. Ängstliche und scheue Hunde sind von der Zucht auszuschließen.

Richtlinien und Ausführungsbestimmungen für die praktische Durchführung der ZZP (beim Leistungsrichter):

1. Vor Beginn der Prüfung erläutert der Leistungsrichter allen an der Prüfung teilnehmenden Hundeführern oder Besitzern kurz den Sinn und Zweck der ZZP und der hierfür erforderlichen Übungen.
   (Identität des Hundes, Tätowierzeichen etc., Aufzucht, Haltung, eventueller Besitzwechsel und Umwelteinflüsse des vorgeführten Hundes).
   Nach dieser Unterhaltung wird auf Anweisung des Leistungsrichters der Hund von seinem Hundeführer an möglichst durchhängender Leine in verschiedenen Richtungen über das Prüfungsgelände geführt. Dabei hat er etwa 4–6 im Gelände postierten oder sich bewegenden Personen zu begegnen. Anschließend formieren sich diese Personen zu einer Gruppe.
2. Die Gruppenformation:
   Hier kann und soll der Richter variabel verfahren, z. B. Bewegen der Gruppe, alle Übungen bei entsprechendem Abstand, möglichst natürliche Situationen, die sich im alltäglichen Leben abspielen (Begrüßung durch Handschlag, Fallen eines Gegenstandes, Öffnen eines Schirmes etc). Bei den vorgenannten Übungen ist darauf zu achten, daß keinerlei bedrohliche Einwirkung gegenüber dem Hund ausgeführt wird. Hier sollen einzig und allein Selbstsicherheit, Unerschrockenheit, Temperament und Führigkeit ermittelt werden. Anschließend begibt sich der Hundeführer mit seinem Hund auf Anweisung des Leistungsrichters zu der vorgesehenen Anbindestelle, bindet seinen Hund an (ohne ihn z. B. durch das Kommando »Platz« unter Zwang zu stellen) und entfernt sich 50 Meter von seinem Hund. Aus der Richtung, in der der Hundeführer steht, fallen dann zwei Schüsse (6 mm). Schußscheue Hunde sind auszuschließen. Schußempfindlichkeit ist von Schußscheue genau zu unterscheiden. Die Anbindestelle muß von allen Seiten frei sein (entsprechender Abstand von Zäunen, Mauern usw.) In einer Entfernung von acht bis zehn Schritten, die sich bis auf etwa drei Schritte verringern, geht der Richter an dem Hund vorbei. Auch hier ist das Verhalten des Hundes zu beachten.
3. Kampftrieb:
   Der amtierende Leistungsrichter weist den Hundeführer mit seinem Hund in eine bestimmte Richtung ein. Der Hund ist hierbei an der Leine zu führen. Aus einem Versteck erfolgt auf Anweisung des Leistungsrichters von vorne ein Angriff durch einen Schutzdiensthelfer. Der Hund soll hier seine Schutztriebeigenschaften beweisen und seinen Führer verteidigen. Der Helfer bedroht den Hund erst akustisch. Wenn der Hund in den Kampf eingreift, erfolgt die körperliche Bedrohung. Hierbei erhält der Hund vom Helfer, wie beim Sch H I, zwei Schläge laut Prüfungsordnung (PO). Der Helfer beendet den Angriff auf Anweisung des Leistungsrichter. Danach entfernt sich der Helfer auf eine Entfernung von ca. 50 Schritt. Der Hundeführer hält seinen Hund am Halsband fest und schickt ihn nach Anrufen nach. Der Helfer versucht, den Hund wieder zu bedrohen, jedoch wird der Hund hier nicht mehr berührt. Dem Hundeführer ist es gestattet, seinen Hund akustisch zu unterstützen. Auf Anweisung des Leistungsrichters stellt der Helfer die Bedrohung ein, der Hundeführer geht

zum Hund, leint ihn an und meldet sich beim Leistungsrichter ab. Die Übung ist beendet.
Der Hund, der diese Übung besteht und im Gesamtbild in Ordnung ist, muß mit der Einstufung I a bewertet werden. Der Hund, der beim Einholen nicht zugefaßt, aber im Umkreis von vier Metern bleibt und auch Angriffs- und Verteidigungsbereitschaft zeigt, wird mit I b bewertet und fällt nicht durch.

Paarung, Trächtigkeit und Geburt

Paarung
Wird ein Wurf geplant, wird die Hündin prinzipiell dem Rüden zugeführt, nicht umgekehrt.
Nachdem der Züchter sich einen geeigneten Deckrüden ausgesucht hat, sollte er sich rechtzeitig vor Beginn der Läufigkeit der Hündin mit dem Rüdenbesitzer in Verbindung setzen.
Die Hündin muß den Zuchtbestimmungen entsprechen und im besten Gesundheitszustand sein. Am 10. bis 12. Tag der Hitze wird die Hündin anfangen, sich für Rüden zu interessieren und deren Annäherungsversuche zu dulden. Eine zusätzliche Sicherheit, ob der richtige Zeitpunkt zum Belegen unmittelbar bevorsteht, gibt auch ein vom Tierarzt angefertigter Scheidenabstrich für eine zytologische Untersuchung.
Ist der richtige Tag gekommen, macht sich der Züchter mit der Hündin auf den Weg zum Rüden. Das kann manchmal eine Tagesreise sein, denn der für die Hündin beste Rüde steht nicht immer in der unmittelbaren Nachbarschaft. Am Ziel angekommen, läßt der Züchter seine Hündin noch ein Stückchen laufen, an der Leine natürlich, damit sie noch notwendige Geschäftchen erledigen kann.
Dann wird es ernst. Der Rüde hat meist einen ihm für diese Zwecke bekannten Raum und weiß, was hier von ihm erwartet wird. Der Rüde sollte übrigens ebenfalls vor dem Decken nochmals ins Freie gelassen und außerdem einige Stunden vor dem Decken nicht mehr gefüttert werden. Es kann sonst leicht passieren, daß er sein ganzes Futter vor Aufregung wieder erbricht. Haben sich beide Hunde gelöst, werden sie zusammengeführt und bleiben dabei zweckmäßigerweise zunächst noch an der losen Leine. Je nach Temperament und Erfahrung können sich beide Hunde nun sehr unterschiedlich verhalten.
Man gibt den beiden Hunden ausreichend Gelegenheit zum Spielen und Kennenlernen. Meist geht es darum, die Hündin ein wenig an die fremde Umgebung und an den Rüden zu gewöhnen. Oft verhält sich die Hündin zunächst etwas ängstlich und zurückhaltend, oder sie faucht den Rüden an und verteidigt sich entschlossen. Mit etwas Geduld und gutem Zureden wird sie zusehends sicherer und interessierter an dem Rüden und ist zum Spielen bereit. Nach einiger Zeit signalisiert die Hündin ihre Bereitschaft, sich belegen zu lassen, indem sie stehen bleibt, die Rute zur Seite legt und mit der Schnalle rhythmische Auf- und Abbewegungen ausführt. Für den Rüden ist dies ein untrügliches Zeichen, daß er nun zum Ziel kommen kann.

Abb. 139: Erstmal richtig zusammen toben

Alle Deckversuche vor diesem Bereitsein der Hündin kosten nur Kraft und Nerven, sowohl der Hunde wie auch der Besitzer. Zeigt die Hündin ihre Bereitschaft, den Rüden zu akzeptieren, soll sie vom Besitzer leicht am Halsband gehalten werden. So fühlt sie sich sicherer und der Besitzer kann sie, falls notwendig, fester halten.
Der Rüde wurde inzwischen abgeleint und versucht die Hündin zu belegen. Oftmals klappt das auf Anhieb. Meist unternimmt der Rüde aber mehrere Versuche. Er springt auf, klammert und versucht mit seinem Glied, die richtige Stelle der Scheide zu finden. Je erfahrener ein Rüde ist, um so genauer nimmt er es damit und beginnt den eigentlichen Deckakt mit Einführen des Penis und trampelnden Bewegungen der Hinterhand erst, wenn er sich seiner Sache ganz sicher ist. Denn ist das Einführen des Penis mißglückt, gibt es kein Zurück mehr, der kostbare Samen tropft auf den Boden, und der bedauernswerte Rüde steht mit erigiertem Penis 10–20 Minuten allein da. Danach heißt es mindestens 2–3 Stunden warten, bis ein neuer Versuch gestartet werden kann.
Dem erfahrenen Rüden passiert das nicht, solange bei der Hündin alle Bedingungen optimal sind. Hündinnen, die zum ersten Mal belegt werden, können recht eng gebaut sein. Da hilft etwas Vaseline oder Melkfett.
Während der Bewegungen des Rüden schwillt der Schwellkörper des Penis in der Scheide der Hündin zu der Größe eines kleinen Apfels an und schließt die

Scheidenöffnung hermetisch ab. Er steigt nun mit den Vorderläufen von der Hündin ab, dreht sich in die entgegengesetzte Richtung und hebt dabei auch noch einen Hinterlauf über den Rücken der Hündin. Das sieht sehr kompliziert aus, ist aber der ganz normale und korrekte Paarungsablauf der Hunde. Durch den Schwellkörper ist der Penis fest in der Scheide der Hündin fixiert und zwar solange, bis die Samenübergabe völlig abgeschlossen ist und der Schwellkörper sich zurückbildet. Diese Zeit bezeichnet man als das »Hängen«, das 10–25 oder sogar 40 Minuten dauern kann.

Ist ein junger Rüde sehr ungestüm und steigt zu früh um, bevor der Schwellkörper sich richtig entwickelt hat, gleitet der Penis beim Umdrehen leicht wieder aus der Scheide, und der Deckakt ist wahrscheinlich erfolglos beendet. Deshalb achtet der Rüdenbesitzer, der seinen Rüden gut kennt, darauf, daß alles möglichst in Ruhe und ohne Hektik abläuft. Um sicher zu sehen, daß eine unerfahrene Hündin sich beim Einführen des Gliedes nicht doch noch wegdreht oder hinwirft, wobei auch der Rüde nicht unerhebliche Schäden davontragen kann, kann der Rüdenbesitzer die Hündin auch leicht unterstützen, indem er sie unter dem Becken und an der Rute hält. Haben beide Hunde erst einmal verknotet, wie man die erfolgreiche Ausbildung des Schwellkörpers in der Scheide nennt, kann man die Hunde ruhig sich selbst überlassen. Man sollte nur in der Nähe sein, um helfen zu können, falls ein Partner zu ungeduldig wird und versucht, sich zu befreien. So kann man eventuellen Verletzungen vorbeugen.

Die Hündin beginnt nach einiger Zeit zu ziehen, das heißt, sie bewegt die Bauchdecke in regelmäßigen Abständen und brummt dabei vor sich hin. Vermutlich erzeugt sie dadurch einen gewissen Unterdruck in der Gebärmutter und erleichtert so den Transport des Spermas, der Samenflüssigkeit, zu den Eileitern, in denen dann die Befruchtung vor sich gehen wird.

Ein Phänomen ist es, daß die Hündin während des Deckens große Mengen Speichel absondert. Es bildet sich ein kleiner See unter ihrem Fang, und Witzbolde meinen dann: »Jetzt läuft sie über«.

Die Hündin sollte direkt nach dem Belegen keine Gelegenheit haben, Urin abzusetzen und einige Zeit im Wagen oder in einer Box ruhen. Ein Nachdecken der Hündin ist erst nach 24 bis 48 Stunden sinnvoll.

Trächtigkeit

Die Trächtigkeit beginnt kurze Zeit (etwa 8–10 Tage) nach dem Belegen der Hündin. Zu diesem Zeitpunkt erreichen die im Eileiter befruchteten Eizellen die Gebärmutter (Uterus), wo sie sich in der inzwischen vorbereiteten Gebärmutterschleimhaut einpflanzen (Nidation). Die Gebärmutter des Hundes besteht aus zwei langgestreckten Schläuchen, den sogenannten Uterushörnern, die von den Eierstöcken (Ovarien) bis zum sogenannten Muttermund (Cervix) reichen, und in denen sich insgesamt bis zu 12 (18) Welpen entwickeln können.

Ob unsere Hündin nach dem Belegen auch wirklich trächtig wird, hängt sehr entscheidend von ihrem Hormonhaushalt zum Zeitpunkt des Belegens ab. Während der ersten Hälfte der Läufigkeit hat die Hündin einen ansteigenden Oestrogenspiegel, d. h. das Follikelhormon überwiegt im Blutspiegel der Hündin und ist

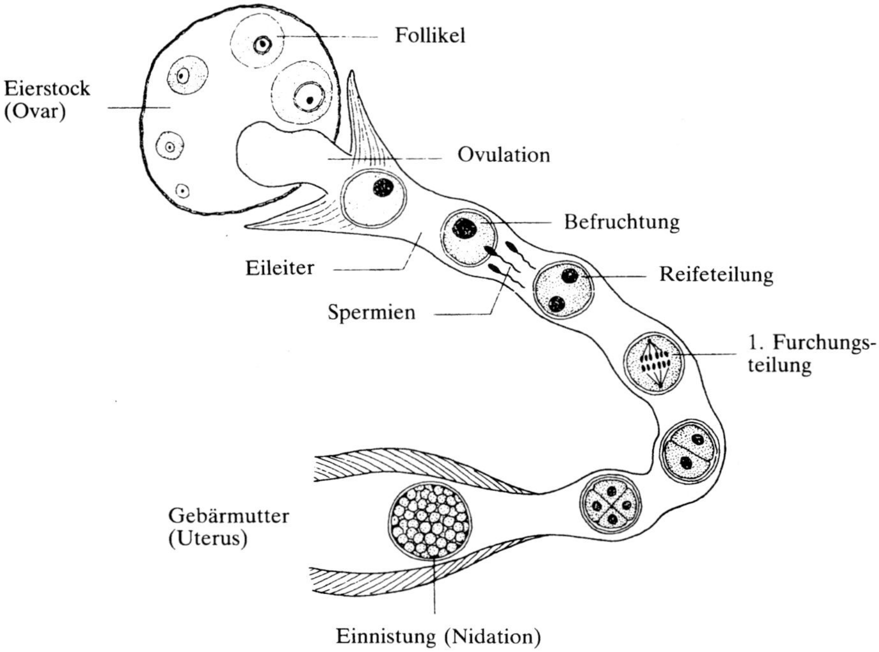

Abb. 140: Schematische Darstellung der Ovulation, Befruchtung und Einnistung eines Eies (nach Zietschmann-Krölling)

für einen normalen Ablauf der Läufigkeit verantwortlich. Es erreicht seinen Höhepunkt zum Zeitpunkt des Eisprunges (Ovulation) mit dem sogenannten Oestrogenpik. Nur bei ausreichendem Oestrogenspiegel wird der Oestrogenpik erreicht und von einem jähen Abfall und gleichzeitigem Anstieg des Gelbkörperhormons, des Corpus Luteum Hormons gefolgt. Ohne Oestrogenpik gibt es keinen plötzlichen Oestrogenabfall und keine Ovulation, das heißt, es werden keine oder kaum Eizellen freigesetzt. Folglich kann das Belegen auch nicht sehr erfolgreich sein, da keine befruchtungsfähigen Eier zur Verfügung stehen. Bei ungenügender Corpus-Luteumphase dagegen ist die weitere Entwicklung befruchteter Eizellen gefährdet und es kommt in den ersten Wochen der Trächtigkeit zum Abstoßen (Abort) oder zur Resorbtion der Foeten.

Bei Hündinnen, die trotz anscheinend normaler Läufigkeit nach dem Belegen nicht aufnehmen und leer bleiben, kann der Tierarzt zum Zeitpunkt der Läufigkeit anhand von Scheidenabstrichen, die gefärbt und mikroskopisch untersucht werden sowie durch Beobachtung der Scheidenschleimhaut und des Muttermundes und durch Bestimmung des Hormonspiegels im Blut der Hündin Störungen im Ablauf der Läufigkeit erkennen und helfend eingreifen.

Allerdings sollte man stets bedenken, daß Unregelmäßigkeiten im Hormonhaushalt der Hündin anlagebedingt und vererbbar sein können und es sollte daher gut überlegt werden, ob eine solche Hündin unbedingt für die Zucht eingesetzt werden muß.

Die Früherkennung der Trächtigkeit und die Scheinschwangerschaft
Wann können wir mit ziemlicher Sicherheit sagen, daß unsere Hündin tragend ist? Alle Anzeichen wie gesteigerter Appetit, gelegentliches Erbrechen, Bewegungsunlust, anschwellende Milchleisten, Gewichtszunahme und sogar das Nestbauen können ebensogut Anzeichen einer sogenannten Scheinträchtigkeit sein, bei der die Hündin hormonell bedingt alle Begleiterscheinungen der Trächtigkeit durchmacht, ohne Welpen zu tragen. Sie hält ihren Züchter und die Familie ganz schön zum Narren und genießt offensichtlich die vermehrte Zuwendung und das besonders gute Futter mächtig. Später haben wir dann unsere liebe Not, um unsere letztendlich doch nicht tragende Hundedame wieder abzuspecken. Sie wird sich dabei mächtig unverstanden fühlen, insbesondere da sich zu allem Überfluß auch noch die Milchdrüsen zu ausgeprägten Gesäugeleisten entwickeln und prall, heiß und recht beschwerlich sind. Das Gesäuge muß dann gekühlt werden mit Essigwasser oder einer guten Kampfersalbe, bis die Schwellungen zurückgehen. In dieser Zeit sollte die Hündin knapp gefüttert, viel bewegt und abgelenkt werden. Sie darf jedenfalls nicht den ganzen Tag mit ihren Spielsachen, Pantoffeln, Socken und was sie sonst noch alles als Welpenersatz heranschleppt, in ihren Korb liegen und brüten.
Wann kann man nun aber wirklich sagen, daß unsere Hündin tragend ist? Die frühesten diagnostischen Möglichkeiten sind:

1. Die Palpation ab dem 21. Tag.
   Dabei wird von einem erfahrenen Tierarzt die Bauchdecke sehr vorsichtig durchgetastet. Frühestens ab dem 21. Tag, besser zwischen dem 25. bis 35. Tag kann man, wenn die Hündin sich nicht zu sehr verspannt, die wie eine Perlschnur aneinandergereihten Fruchtblasen in der Gebärmutter tasten. Danach erscheint die Gebärmutter wieder wie eine derbe Wurst und ist von einer Gebärmuttererkrankung (Pyometra) palpatorisch nicht zu unterscheiden.
2. Ultraschall-Diagnostik ab dem 25. Tag.
   In etwa dem gleichen Zeitpunkt kann man im Ultraschallbild die einzelnen Fruchtkammern sicher erkennen. Die Ultraschalldiagnostik ist völlig unschädlich und in keiner Weise anstrengend für die Hündin. Leider stehen noch nicht genügend Ultraschallgeräte von ausreichender Qualität zur Verfügung, um diese Untersuchung routinemäßig in jeder Tierarztpraxis durchführen zu können. Neue, hochwertige Apparate sind noch sehr teuer und gebrauchte Apparate aus der Humanmedizin lassen oft aufgrund mangelnder Auflösung nur Vermutungsdiagnosen zu.
3. Röntgenologische Untersuchung ab dem 45. Tag.
   Die Röntgenuntersuchung gibt uns frühestens ab dem 45. Tag, sicherer ab dem 55. Tag eine Auskunft, ob und wieviele Welpen vorhanden sind. Bei hochwertigen Röntgenapparaten ist die Strahlenbelastung dabei so gering, daß die Welpen in keiner Weise gefährdet werden.

4. Alte Züchterregeln besagen, daß ein glasiger, zäher Schleimabgang ein sicheres Zeichen für eine Trächtigkeit ist. Die beginnende Füllung des Bauchraumes durch die wachsende Gebärmutter spürt man zuerst direkt hinter dem Brustbein der stehenden Hündin. Hier senkt sich die Bauchdecke deutlich. Bei der liegenden Hündin füllen sich zuerst die Flanken im Anschluß an den letzten Rippenbogen.

Die Trächtigkeit dauert etwa neun Wochen und endet mit der Geburt der Welpen, die normalerweise 60–64 Tage nach dem Belegen einsetzt. Vor dem 57. Tag sind Welpen in der Regel nicht lebensfähig. Dagegen kann in Ausnahmefällen bei einer verlängerten Trächtigkeit noch bis zum 70. Tag eine normale Geburt stattfinden. Im ersten Drittel der Trächtigkeit soll die Hündin ganz normal wie bisher gehalten und gefüttert werden. Die Hündin wird vielleicht etwas ruhiger und anhänglicher werden. Gelegentlich zu beobachtender leichter, hellschleimiger Ausfluß ist als normal anzusehen. Bei andersfarbigem oder stärkerem Ausfluß sollte immer der Tierarzt hinzugezogen werden. Gerade zu Beginn einer Trächtigkeit ist es nicht einfach, eine Gebärmutterentzündung (Endometritis) oder sogar Gebärmuttervereiterung (Pyometra) von einer normalen Trächtigkeit zu unterscheiden.

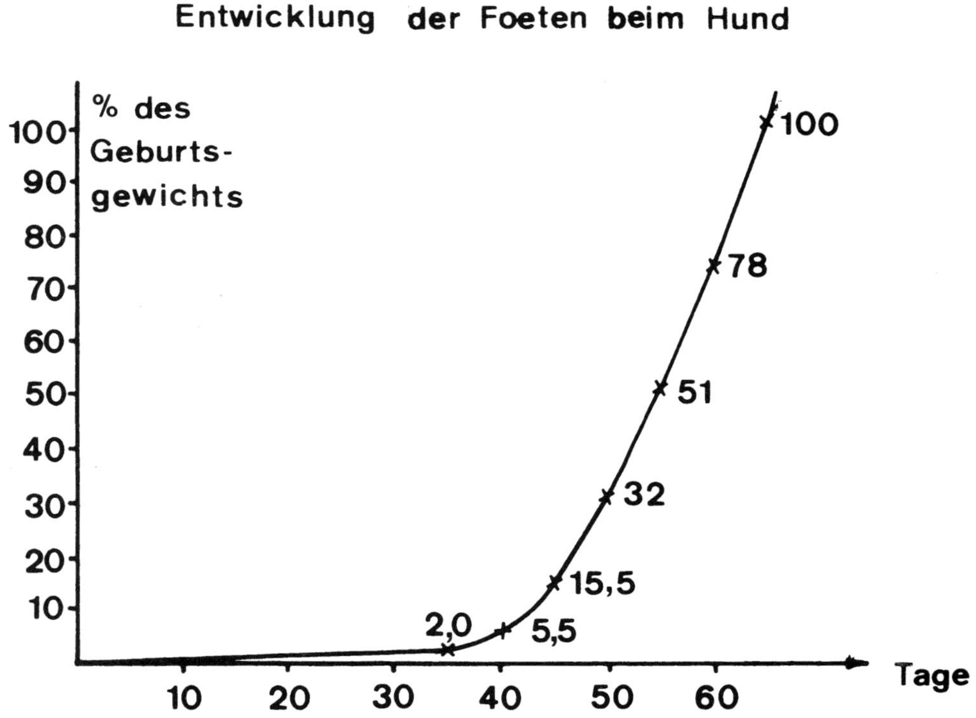

Abb. 141: Entwicklung der Foeten beim Hund

Gesteigertem Appetit sollte man im ersten Drittel der Trächtigkeit nur wenig Beachtung schenken. Die kleinen Embryos entwickeln sich zunächst langsam und beanspruchen den Stoffwechsel der Hündin noch kaum. Eine Hündin, die in dieser Zeit schon die doppelten Mahlzeiten und viele gutgemeinte Extras erhält, wird so kugelrund und fett werden, daß sie unweigerlich Schwierigkeiten bei der Geburt bekommt. Ein gutes Vitamin- und Mineralstoffgemisch sollte dagegen jetzt zusätzlich gegeben werden. Dabei muß beachtet werden, daß die tragende Hündin ca. 200 mg Calcium (Ca) pro Kilogramm Körpergewicht täglich braucht. Einen Teil davon erhält sie mit der täglichen Nahrung. Als Ergänzung braucht sie aber mindestens 100–150 mg/kg Kgw täglich, um nicht entscheidende Mengen Calcium aus der eigenen Knochensubstanz an die wachsenden Embrionen abgeben zu müssen. Dies gilt ganz besonders für das zweite und letzte Drittel der Trächtigkeit.

Die Nahrung, die während der ganzen Trächtigkeit aus hochwertigen Nahrungsmitteln, z. B. einem guten, handelsüblichen Grundfutter (Latz oder Vipromix) und frischem Gemüse, Obst, Quark, Eigelb und Honig bestehen soll, kann im zweiten Drittel der Trächtigkeit mengenmäßig gesteigert werden (10–15%).
Im letzten Drittel der Trächtigkeit erhält die Hündin etwa 50% mehr Nahrung,

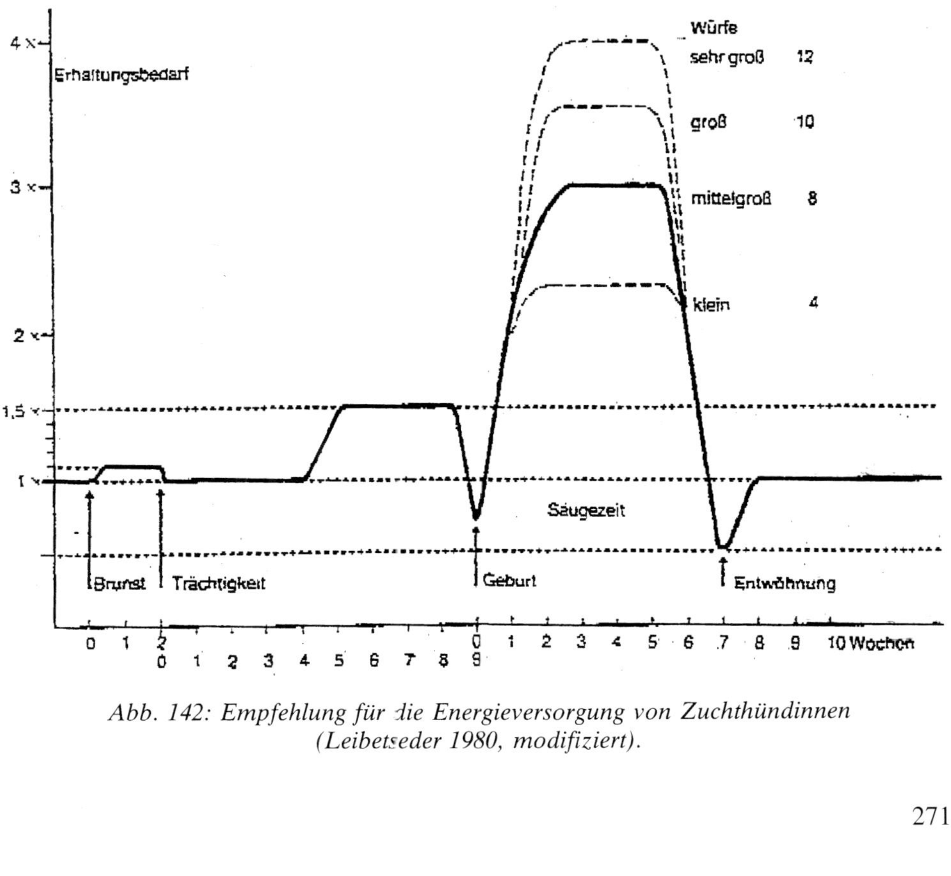

Abb. 142: Empfehlung für die Energieversorgung von Zuchthündinnen (Leibetseder 1980, modifiziert).

abhängig von dem Ausmaß der Trächtigkeit. Bei einer Hündin, der man bis zur 6. Woche kaum ansieht, daß sie tragend ist, sollte die Nahrungsmenge nur allmählich erhöht werden. Vom stärkeren Füttern bekommt sie auch nicht mehr Welpen! Eine Hündin, die so rund ist, daß man sich fragt, wie sie das noch ganze drei Wochen schaffen soll, muß nun zwei- bis dreimal am Tag gefüttert werden, damit der Magen- und Darmtrakt nicht überlastet wird. Insgesamt sollte aber auch nicht mehr als 50% der üblichen Nahrungsmenge zusätzlich verabreicht werden. Eine deutlich tragende Hündin braucht in den letzten Wochen darüber hinaus viel Bewegung, wobei öftere kleine Spaziergänge wichtiger sind, als einmal täglich ein ausgedehnter Gang. Auf keinen Fall soll die Hündin bequem und ohne ausreichende Bewegung im Haus oder Zwinger liegen. Die Geburt stellt höchste Anforderungen an Muskulatur, Kreislauf und Kondition und geht um so leichter und problemloser vonstatten, je natürlicher die Hündin während der Trächtigkeit gehalten wurde.
Im letzten Drittel der Trächtigkeit dürfen zwei wichtige Faktoren nicht vergessen werden:

1. Sollte kein ausreichender Impfschutz gegen Staupe, Hepatitis, Leptospirose und Parvovirose vorhanden sein, weil die rechtzeitige Immunisierung vor dem Belegen vergessen wurde, dann kann jetzt noch mit dafür geeigneten Impfstoffen der Antikörpertiter der Hündin aufgefrischt werden, damit die Welpen, die stets ohne Antikörper geboren werden, durch die Muttermilch in den ersten Lebenswochen ausreichend mit Schutzstoffen (Antikörpern) versorgt werden. Wurden hier die notwendigen Maßnahmen versäumt, ist die Gefahr, daß der ganze Wurf an Hepatitis oder Parvovirose eingeht, riesengroß. Hier gilt ganz besonders: vorbeugen ist besser als heilen.
2. Die Hündin soll vor der Geburt nochmals ausreichend entwurmt werden. Insbesondere Spulwurmlarven (Toxocara canis und Toxascaris leonida) sind während der Trächtigkeit besonders aktiv und befallen die Welpen sowohl vor wie nach der Geburt über die Plazenta und die Muttermilch. Es dürfen nur für trächtige Hündinnen geeignete Medikamente in der richtigen und vor allem ausreichenden Menge verabreicht werden.

Es nutzt nichts, wenn jemand aus Angst, eine Fehlgeburt zu riskieren, eine zu geringe Dosierung anwendet. Das richtige Mittel zum richtigen Zeitpunkt schließt ein solches Risiko aus. Auf den Medikamentenbeschreibungen sind die Mengen genau angegeben. Sie beziehen sich stets auf das Gewicht der Hündin zum Zeitpunkt der Verabreichung. Die Hündin muß also nochmals gewogen werden. Sie verschätzen sich sonst bestimmt.
In der letzten Woche läßt der Appetit der werdenden Mutter meist etwas nach. Das ist sehr vernünftig, denn die Foeten sind fast ausgewachsen, und der Magen-Darmtrakt muß vor der Geburt möglichst leer sein. Wir füttern deshalb bei den gewohnten drei Mahlzeiten nur noch kleinere Mengen hochwertiger Nahrungsmittel. In den letzten Tagen verweigern die meisten Hündinnen die Nahrungsaufnahme und trinken nur noch etwas Brühe mit Eigelb oder Milch mit Honig. Wir sollten dann nicht ständig versuchen, der Hündin noch etwas besonders Gutes anzubieten.

Die Hündin weiß es besser. Sie würde mit vollem Magen in der Geburt nur Schwierigkeiten haben. Erbrechen und Kotabsatz bei den Welpen sind äußerst unerfreulich. Es gibt natürlich auch Hündinnen, die so verfressen sind, daß sie selbst in der Geburt noch ein Pfund Tatar verschlingen würden. Das ist kein Zeichen guter Gesundheit, sondern pure Freßsucht. Da müssen dann wenigstens die Besitzer so gut informiert und vernünftig sein, daß sie die junge Mutter etwas bremsen.
Das gleiche gilt für den Bewegungsdrang vor der Geburt. Normalerweise streben die Hündinnen vom Spaziergang oder aus dem Garten schnell wieder nach Hause und legen viele kleine Schlafpausen ein. Das ist vernünftig. Man sollte nicht noch in letzter Minute Katzen oder Hasen jagen, sonst passiert es womöglich, daß der erste Welpe unterwegs geboren wird. Deswegen sollte die Hündin, je nach Temperament, entweder an der Leine oder nur im Garten ausgeführt werden. Mit besonderer Begeisterung versuchen die meisten Hündinnen, sich im Garten eine geeignete Höhle zu graben, wo sie gerne ihre Welpen zur Welt bringen möchten. Das ist nun leider gar nicht im Interesse des Züchters, der eine schöne Wurfkiste, eine Rotlichtlampe, Handtücher, Laken, Decken u.s.w. samt Waage, Notizblock und Bleistift vorbereitet hat, und voll Ungeduld der Dinge harrt, die da kommen sollen und werden.

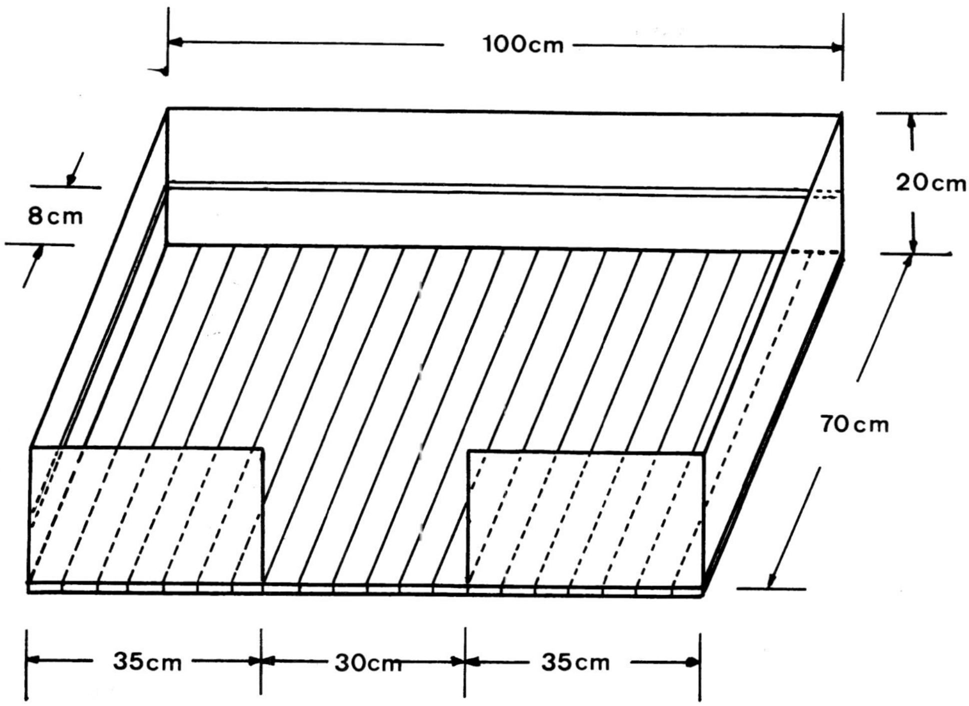

Abb. 143: Die Wurfkiste

Dabei ist das Graben eine hervorragende Gymnastik vor der Geburt, und die von der Hündin vorbereitete Erdmulde eine viel idealere Wurfstätte als unsere ausgeklügelten Wurfkisten. Der unbestreitbare Vorteil liegt in der Muldenform, in der alle Welpen an die tiefste Stelle kullern und richtig am Gesäuge liegen. Dabei kann es nie passieren, daß die Hündin sich aus Unerfahrenheit oder Erschöpfung auf einen Welpen legt und ihn erdrückt. Außerdem riecht so eine Höhle mit abgebissenen Tannenwurzeln und leicht feuchtem Erdreich einfach besser als unsere sauberen Decken aus der Waschmaschine.

Aber aus vielerlei Gründen wollen wir das nicht erlauben. Wir wollen die Geburt nicht dem Zufall überlassen, wir wollen sie miterleben und vor allem helfen können, wenn es notwendig ist. Schließlich sind die meisten Besitzer bei der ersten Geburt ihrer Hündin, nachdem sie pflichtschuldig alle erreichbare, einschlägige Literatur der Kynologie und Veterinärmedizin gelesen und mehr oder weniger gut verstanden haben, felsenfest davon überzeugt, daß eine normale Geburt etwas äußerst seltenes ist, und ihre arme Hündin sie nur mit knapper Not und ihrer Hilfe oder der des inzwischen alarmierten Tierarztes überstehen wird. Seien Sie ganz ruhig, die meisten Hündinnen wissen aus Instinkt ganz genau und viel besser als wir, was sie wann tun müssen und möchten nur eins: keine Hektik und Aufregung, keine unnötigen Hilfen und Manipulationen und vor allem keine fremden Zuschauer und Besucher.

Lassen Sie deshalb die Dinge gelassen auf sich zukommen und beobachten Sie ihre Hündin nur gut. Das einzige, was Sie in den letzten Tagen tun sollten, sind regelmäßige Temperaturkontrollen. Man mißt die Temperatur mit einem normalen Fieberthermometer im After und sollte zwei, besser drei Messungen am Tag vornehmen, immer zu der gleichen Zeit. Die normale Temperatur des Hundes schwankt zwischen 38,3° C bis 39° C. In der letzten Woche der Trächtigkeit ist die Temperatur niedriger, meist 37,5 bis 37,8° C. Unmittelbar vor der Geburt (12 bis 24 Stunden) sinkt die Temperatur deutlich um etwa ein Grad ab. Von 37,5° z. B. auf 36,5° bis 36,2°. Dieser sogenannte Temperatursturz dauert nur wenige Stunden und wird leicht übersehen, wenn nicht mehrmals täglich gemessen wird.
Der Temperatursturz ist wichtig, um den normalen zeitlichen Ablauf der Geburt beurteilen zu können. Ohne Temperatursturz kann man getrost abwarten, solange nicht andere Anzeichen (z. B. Fruchtwasserabgang) das Einsetzen der Geburt ankündigen. Hat man dagegen den Temperatursturz gemessen, ohne daß nach 24 Stunden die ersten Wehen einsetzen, muß man einen Tierarzt um Rat fragen. Er kann nach einer Untersuchung beurteilen, ob er die Geburt einleiten muß oder noch abgewartet werden kann. In seltenen Fällen ist der Temperatursturz so kurz, daß er nicht gemessen wird, wenn er zwischen den Temperaturkontrollen liegt. In diesen Fällen folgt meist eine Spontangeburt ohne Komplikationen, die uns aller weiteren Sorgen enthebt.
Denken Sie deshalb bitte immer daran, die meisten Geburten verlaufen ganz normal und problemlos. Man muß nur gut beobachten und nicht die Ruhe verlieren.

Abb. 144: Bald ist es soweit

Geburt

Endlich ist es soweit. Die letzten Wochen haben wir uns sehr intensiv mit unserer werdenden Mutter beschäftigt und ihr mehr Zuwendung gewidmet als es uns normalerweise möglich ist. Wir haben die Fütterungen und die Spaziergänge den veränderten Bedürfnissen der Hündin angepaßt. Beides wurde im Kapitel der Trächtigkeit ausführlich besprochen. Nun beobachten wir unsere Hündin so viel wie möglich, um die ersten Anzeichen der bevorstehenden Geburt nicht zu versäumen.

Die Wurfkiste ist bereitgestellt, eine Rotlichtlampe installiert und saubere Handtücher, alte saubere Laken, eine Waage, Notizblock und Bleistift liegen bereit. Für den Notfall sollen eine Arterienklemme sowie Faden und Schere vorhanden sein. Falls ein Welpe zu kurz abgenabelt wird oder die Nabelschnur zu kurz am Welpen reißt, kann mit etwas Geschick eine Blutung aus der Nabelschnur abgebunden werden.

Die Telefonnummer des Tierarztes, den Sie bitte schon von der bevorstehenden Geburt informiert haben, sollte bereitliegen, damit sie im Notfall nicht erst gesucht werden muß.

Zuverlässige Anzeichen für das Herannahen der Geburt sind Unruhe, Hecheln, Nestbauverhalten und ein sich wiederholendes Zittern der Flanken, das die Eröffnungswehen begleitet. Von diesem Zeitpunkt an kann es noch ein bis zwei

Stunden dauern, bis die Preßwehen und damit die eigentliche Geburt einsetzen.
Wir bleiben jetzt bei unserer Hündin, um ihr mit unserer Anwesenheit und beruhigendem Zureden das Gefühl der Sicherheit und Geborgenheit zu geben, das sie in den nächsten Stunden dringend braucht. In freier Wildbahn geschehen die Geburten auch inmitten des Rudels, das alle Störungen von außen fernzuhalten versucht.
Fremde und Nachbarn gehören nicht in den Geburtsraum, zumindest nicht zu Beginn der Geburt. Die Hündin würde ängstlich oder aggressiv reagieren. Auf jeden Fall würde sie beunruhigt, was den Geburtstermin weiter hinauszögert.
Nach öfterem Aufstehen, Hinlegen, Drehen, Scharren und sogar Reißen und Beißen an den Unterlagen in der Wurfkiste setzen schließlich die Preßwehen ein, Fruchtwasser tritt aus der Scheide aus, schon bald zeigen eine Fruchtblase oder sogar ein Schnäuzchen oder Pfötchen die unmittelbar bevorstehende Geburt des ersten Welpen an. Das kann beim ersten Welpen noch etwas mühsam vorangehen. Oft ist der erste Welpe besonders kräftig und der Geburtsweg noch nicht optimal erweitert. Bei der nächsten Preßwehe, die man durch Massage der Rückenmuskulatur vom Schulterblatt in Richtung Rute auslösen kann, klappt es bestimmt und der Welpe rutscht mitsamt der Nachgeburt ins Freie und ist geboren.
Jetzt ist es wichtig, darauf zu achten, ob das Schnäuzchen frei von restlichen Fruchthüllen ist und der Welpe endlich atmen kann. Eine instinktsichere, erfahrene Hündin regelt das Auspacken und das Abnabeln der Welpen mit den Prämolaren als Schneidewerkzeug selbst. Beim ersten Wurf kann es jedoch notwendig werden, daß der Züchter helfend eingreift, wenn die junge Mutter noch gar nicht recht weiß, was da geschieht. Aber bitte lassen Sie der Hündin etwas Zeit, sich auf ihre Pflichten zu besinnen. Machen Sie nur das Schnäuzchen mit einem bereitliegenden Handtuch frei. Spätestens beim ersten Schrei des nun munter strampelnden Welpen geht der jungen Mutter ein Licht auf, was zu tun ist, und sie beginnt eifrig den ersten Welpen zu putzen und zu belecken, abzunabeln und die Nachgeburt zu verschlingen. Das letztere ist für uns kein appetitlicher Anblick, ist aber notwendig, um weitere Wehen, die Milchproduktion und das Pflegeverhalten der Hündin in Gang zu setzen. Die Nachgeburt (Plazenta) enthält nämlich wichtige Hormone zur Stimulation des weiteren Geburtsverlaufes.
Sehr muntere Welpen machen sich noch während dieser ersten Begrüßungs- und Reinigungsprozedur auf den Weg, um die Milchquelle zu finden. Man sollte sie diesen wichtigen Schritt selbständig tun lassen. Es ist die erste entscheidende Leistung im Leben des Welpen, wir wollen hier nicht ungeduldig eingreifen und zu helfen versuchen. Es ist der erste und vielleicht einzige unbeeinflußte Wesenstest für unseren Welpen. Nur wenn die Hündin übereifrig ihren Welpen immer wieder von einer gerade erkämpften Zitze geradezu wegputzt, sollte man sie vorsichtig davon abhalten, damit der kleine Welpe zu seinem ersten Erfolgserlebnis kommt. Für mich ist es immer wieder faszinierend zu sehen, mit wieviel Energie und Zielstrebigkeit so ein gerade geborenes Lebewesen seine Zitze findet, festhält und mit den Vorderbeinchen zu bearbeiten beginnt, um den Milchfluß in Gang zu bringen. Die Hinterläufe zieht der Welpe dabei schon fest unter den kleinen Körper, um sich etwas abzustützen.

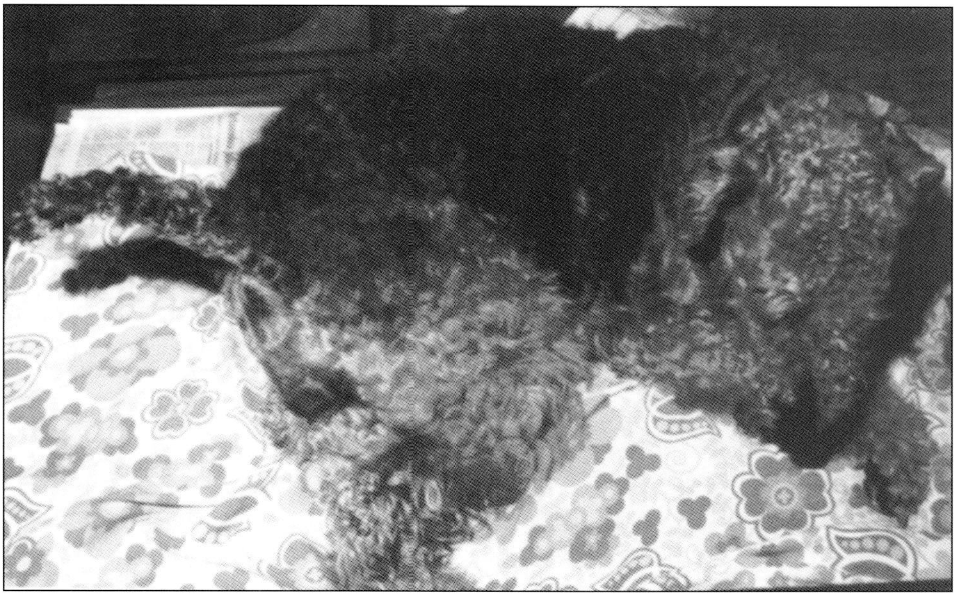

Abb. 145: Das sind die ersten Preßwehen. Der Kopf des Welpen schiebt sich in die Scheide.

Abb. 146: Gerade geboren und freigestrampelt. Jetzt muß die Hündin die Nabelschnur durchtrennen und den ersten Welpen abnabeln.

Abb. 147: Der erste Welpe wird liebevoll versorgt

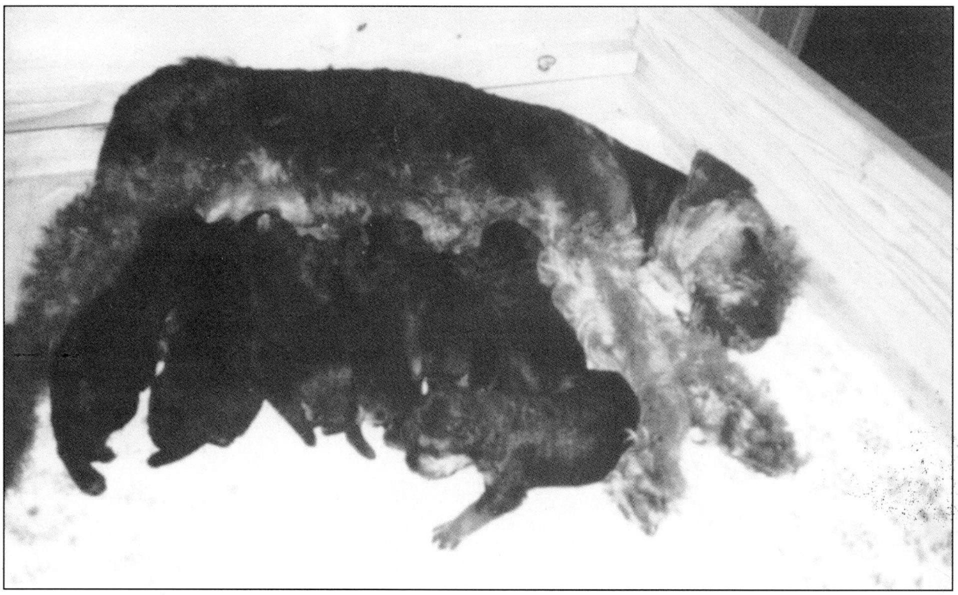

Abb. 148: Zufrieden und entspannt streckt sich die Hündin zum Säugen aus

Außer bei einer schweren Geburt, auf die wir später noch zu sprechen kommen, sollten Airedalewelpen immer sofort dieses tatkräftige Verhalten an den Tag legen. Müde, uninteressierte Welpen, die bei sonst normaler Geburt erst wiederholt angelegt werden müssen, die Zitze immer wieder verlieren und sogar dabei einschlafen, sind nicht in Ordnung. Entweder sind sie nicht gesund, oder sie verfügen von Geburt an nicht über das gewünschte Terriertemperament, was den Züchter sehr zum Nachdenken veranlassen sollte. Oft zeigen nur ein oder zwei Welpen im Wurf ein solches, nicht erwünschtes Verhalten. Können sie sich auch in den nächsten Tagen nicht gegen ihre robusten, quirligen Wurfgeschwister durchsetzen, sollte auch ein gutgemeinter Aufzuchtversuch mit der Flasche unterbleiben. Erfahrungsgemäß bleiben solche Welpen zeitlebens Sorgenkinder.
Kaum haben wir unseren ersten Welpen nach der glücklichen Geburt bewundert, gewogen und sein Geschlecht, Gewicht und eventuelle weiße Abzeichen an den Pfoten oder Brust als Erkennungsmerkmal notiert, meldet sich auch schon der nächste Welpe an. Nachdem der zweite und dritte Welpe geboren ist, werden die Kleinen, nachdem sie ihre erste Mahlzeit genossen haben, in das bereitgestellte Welpenkörbchen unter die Rotlichtlampe gelegt, damit die Mutter sich etwas erholen und bei den nächsten Geburten bequemer und risikoloser in der Wurfkiste bewegen kann.

Meist folgt nach drei bis vier Welpen eine Wehenpause, die bis zu zwei Stunden dauern kann. Wir können die Wurfkiste in dieser Zeit mit sauberen Tüchern versorgen. Aus Gründen der Witterung soll jedoch eine Unterlage mit Geburtsflüssigkeit immer erhalten bleiben. Vielleicht gelingt es uns auch, die Hündin zu einem kleinen Gang in den Garten zum Lösen zu überreden. Bewegung ist dem weiteren Geburtsverlauf sehr förderlich. Die meisten Hündinnen sind für etwas frisches Wasser dankbar, dem bei ermüdet wirkenden Hündinnen Traubenzucker als Energiequelle und etwas Kaffee als Kreislaufmittel beigemengt werden können. Zu fressen sollte unsere Hündin vor Abschluß der Geburt besser nichts bekommen, damit sie nicht erbrechen muß.
Langsam füllt sich der Welpenkorb. Das Bäuchlein der Hündin wird immer schlanker. Wann können wir annehmen, daß die Geburt abgeschlossen ist? Man kann in der zunehmend leerer und weicher werdenden Bauchhöhle von außen noch vorhandene Welpen meist deutlich tasten. Ist der letzte Welpe geboren, streckt sich die Hündin zufrieden aus und macht ein kurzes Schläfchen, bevor sie sich wieder um ihre Welpen, die sie jetzt wieder alle in die Wurfkiste bekommt, kümmert.
In seltenen Fällen, insbesondere bei sehr großen Würfen, kann es vorkommen, daß ein letzter Welpe noch mit einer Verzögerung von 24 Stunden gesund geboren wird. Wichtig ist, daß die Hündin sich sichtbar wohl fühlt.
Die erste Mahlzeit der Hündin nach der Geburt, die aus hochwertigem Fleisch mit Hundeflocken oder gekochten Haferflocken besteht, wird mit Appetit verspeist, und die Welpen trinken und schlafen zufrieden. Man kann nun davon ausgehen, daß die Geburt glücklich beendet ist und man sich selbst jetzt auch ein wenig Ruhe gönnen darf.

Die gestörte Geburt

Bei allen Abweichungen von der normal verlaufenden Geburt fragen Sie bitte rechtzeitig Ihren Tierarzt um Rat. Oft kann ein Telefonat schon vieles klären, und im Ernstfall darf mit der tierärztlichen Hilfe nicht zu lange gewartet werden, um das Leben der Welpen und der Hündin nicht zu gefährden. Dabei kommt die Hündin nicht so schnell in Gefahr, aber ein eventuell notwendig werdender Kaiserschnitt wird eine recht traurige Sache, wenn die Welpen bereits nicht mehr lebensfähig sind.

Die häufigsten Ursachen einer gestörten Geburt sind:

1. Primäre Wehenschwäche
2. Sekundäre Wehenschwäche
3. Unphysiologische Stellung der Welpen bei der Geburt
4. Ein oder mehrere tote Welpen
5. Mißgebildete Welpen
6. Einfrüchtigkeit mit zu langer Tragzeit
7. Ein zu enges Becken oder zu große Welpen (beim Airedale selten ein Grund für eine erschwerte Geburt).

Die primäre Wehenschwäche, bei der die Geburt gar nicht erst richtig in Gang kommt, und die sekundäre Wehenschwäche, bei der die Wehentätigkeit nach einigen erfolgreich geborenen Welpen länger als zwei Stunden ausbleibt, können vom Tierarzt meist erfolgreich mit einem Wehentropf mit Glucose, Calcium und Oxytocin behandelt werden.

Normalerweise werden fast ebensoviele Welpen in Vorderendlage, d. h. mit dem Kopf zuerst, wie in Hinterendlage, d. h. mit den Hinterpfoten und dem Schwänzchen zuerst, geboren.

Bei der Hinterendlage steckt der Kopf länger im Becken der Hündin, und der Welpe kann bereits versuchen zu atmen und dabei Fruchtwasser in die Lungen bekommen. Deshalb sollte man diesen Welpen helfen, mit leichtem Zug an den Hinterläufen oder der Haut oberhalb des Rutenansatzes, bei der nächsten Wehe schneller ins Freie zu gelangen, und abschließend schnell das Schnäuzchen frei wischen und den Kopf dabei nach unten halten, um Fruchtwasser abfließen zu lassen.

Zeigen sich nur zwei Vorderläufe (sie haben keine Sprunggelenke) oder etwa nur ein Schwänzchen im Geburtsweg, ist höchste Vorsicht geboten. Im ersten Fall ist der Kopf abgeknickt und verdoppelt den Durchmesser des Welpen beim Durchtritt durch das Becken, im zweiten Fall handelt es sich um eine echte Steißlage, d. h. die Hinterbeine sind nicht ausgestreckt, sondern unter den Körper gezogen und verbreitern ebenfalls den Durchmesser des Welpen.

Hier muß die Natur sich mit ganz kräftigen Wehen helfen und zwar schnell. Sonst ist es notwendig, den Tierarzt um Hilfe zu bitten. Er kann versuchen, den Welpen wieder zurück in die Bauchhöhle zu dirigieren, damit er sich bei einem neuen Versuch geschickter in den Geburtskanal begibt, was ein lebhafter Welpe auch tut. Oder er kann versuchen, den Welpen in eine bessere Position zu drehen, die eine leichtere Geburt ermöglicht.

Oft kann man auch helfen, indem man die Hündin auffordert, sich zu bewegen und

zu einem kleinen Gang in den Garten verleitet. Durch die Bewegung schaukelt sich noch so mancher gesunde Welpe zurecht. Sonst hilft nur noch eine Zangengeburt oder ein Kaiserschnitt, was von Fall zu Fall zu entscheiden ist.
Tote oder mißgebildete Welpen erschweren die Geburt erheblich, weil sie nicht durch Eigenbewegung Wehen als Antwort auf ihre Tätigkeit auslösen können. Befinden sie sich bereits im Geburtsweg, kann der Tierarzt versuchen, einen solchen Welpen noch erfolgreich zu entwickeln. Ist das nicht möglich, soll mit einem Kaiserschnitt nicht gezögert werden, um der Hündin weitere Strapazen zu ersparen und das Leben eventueller weiterer Welpen nicht zu gefährden. Bei nur einem, oft besonders großen Welpen, ist meist ebenfalls eine Schnittentbindung nötig.

Der Kaiserschnitt
Vor einem rechtzeitig vorgenommenen, notwendigen Kaiserschnitt braucht heute kein Züchter mehr Angst zu haben. Bei den heutigen Möglichkeiten der schonenden Narkose und Narkoseüberwachung ist es für die Hündin die leichteste, wenn auch nicht die schönste und natürlichste Art der Entbindung. Bei normalem Verlauf ist die Hündin kurz nach der Operation wieder voll ansprechbar und in der Lage, ihre Welpen zu säugen. Sollte das einmal nicht der Fall sein, muß der Züchter helfend eingreifen, die Kleinen massieren und putzen und am Gesäuge anlegen. Eventuell muß auch in den ersten Tagen mit der Flasche gefüttert werden. Am wichtigsten ist es aber, nach einem Kaiserschnitt die Hündin vorsichtig und langsam an ihre Welpen zu gewöhnen. Insbesondere beim ersten Wurf weiß die junge Mutter überhaupt nichts mit den kleinen Störenfrieden anzufangen und kann sehr heftig reagieren, wenn diese an ihre frische Bauchnaht kommen oder gar trinken wollen. Wir dürfen eine solche Hündin nicht aus den Augen lassen, müssen sie beruhigen und allmählich an ihre Kinder gewöhnen, bis sie diese offensichtlich akzeptiert hat. Das ist meist der Fall, wenn sie anfängt, »ihre« Welpen zu lecken und zu putzen. Erst dann können wir aufatmen und mit einer ganz normalen weiteren Entwicklung unseres Wurfes rechnen.

Die erste Kontrolle der Welpen
Unmittelbar nach Abschluß der Geburt werden alle Welpen sorgfältig untersucht. Welpen mit Geburtsfehlern, die eine Aufzucht nicht sinnvoll erscheinen lassen, dürfen nur von einem Tierarzt schmerzlos getötet werden. Das sollte dann aber sobald wie möglich geschehen.
Gott sei Dank sind angeborene Mißbildungen beim Airedale ausgesprochen selten.

Die erste Woche nach der Geburt

Die Pflege der Hündin nach der Geburt
Müde, aber glücklich und zufrieden, streckt sich unsere Airedale-Hündin am ersten Tag nach der mehr oder weniger anstrengenden Geburt in ihrer Wurfkiste

aus. Sie wird immer darauf bedacht sein, ihre krabbelige Welpenschar nicht zu drücken oder zu verletzen und ist deshalb sehr vorsichtig beim Ein- und Aussteigen in die Wurfkiste, besonders beim Hinlegen. Wir sollten ihr, insbesondere wenn es ihr erster Wurf ist, dabei helfen, indem wir besonders vorwitzige Welpen, die sich aus dem großen Knäuel der gern in Kontakt liegenden Welpen entfernen, wieder zu den Geschwistern legen. In freier Natur würde sich die Hündin eine flache Mulde graben, in der die Welpen automatisch immer an der tiefsten Stelle zusammenkugeln und nie in Gefahr kommen, totgedrückt zu werden.
Eine normal veranlagte Airedalehündin wird es immer zulassen, daß die ihr vertrauten Familienmitglieder bei der Welpenpflege behilflich sind. Wird sie aggressiv und meint, ihre Welpen verteidigen zu müssen, stimmt etwas nicht. Sie verhält sich dann so, als wären ihr die betreffenden Personen fremd und nicht vertrauenswürdig. Irgendetwas ist dann in der Mensch-Hund-Beziehung falsch gelaufen, irgendetwas hat sie falsch verstanden. Da hilft nur, die Hündin ganz in Ruhe zu lassen und abzuwarten, bis sie nach 2–3 Tagen von selbst wieder vernünftiger wird.
Viel leichter und schöner für alle Beteiligten ist es natürlich, wenn unsere junge Mutter sich freut, wenn wir in ihren Wurfraum kommen und uns gern gestattet, ihr bei der Welpenpflege zu helfen. Was ist zu tun? Täglich mindestens einmal muß die Unterlage in der Wurfkiste gewechselt werden. Am besten eignen sich alte Bettlaken, die man mühelos in die Waschmaschine stecken kann und die ungebügelt wieder verwendet werden können. Die Hündin hat noch weiterhin Ausfluß aus der Scheide, der solange abfließt, bis die Gebärmutter sich ganz gereinigt und zurückgebildet und die Gebärmutterschleimhaut sich erneuert hat. Das kann bis zum Ende der Säugezeit anhalten und ist als ganz normal anzusehen. Man muß allerdings darauf achten, daß der Ausfluß keine eitrigen, kakaofarbenen oder übelriechenden Beimengungen enthält. In einem solchen Fall muß der Tierarzt helfend eingreifen und eine Infektion der Gebärmutter verhindern.
In den ersten Tagen nach der Geburt ist der Ausfluß verständlicherweise besonders heftig. Deshalb waschen wir die Hündin am besten in der Dusche mit lauwarmem Wasser und etwas Neutralseifenlösung sorgfältig einmal täglich um die Scheide herum ab, wobei die Unterseite der Rute nicht vergessen werden darf. Bei heißem Wetter ist die Hündin auch dankbar, wenn das Gesäuge vorsichtig gewaschen wird. Danach gut abspülen und mit einem Hundefrotteetuch sorgfältig abtrocknen, dann darf unsere Airedalemutter wieder in ihre saubere Wurfkiste.
Das Haarkleid der Hündin muß öfters gut durchgekämmt oder gebürstet werden, damit die Haut durchblutet wird und atmen kann. Am besten trimmt man seine Airedalehündin möglichst bald nach der Geburt, spätestens in der 2. Woche ganz ab. Das Haar hat während der Trächtigkeit sehr gelitten, weil die Welpen alle Nährstoffe für sich beansprucht haben. Je früher wir deshalb das alte Haar abtrimmen, um so eher setzt die Entwicklung des neuen Haares ein. Wenn wir die Hündin im Abstand von 14 Tagen regelmäßig nachtrimmen und damit die Haarentwicklung anregen, dann sieht sie 8–10 Wochen nach der Geburt schon wieder sehr gut aus. Das halte ich für sehr wichtig. Schließlich möchten die Interessenten für die Welpen die Mutterhündin sehen, und es ist durchaus nicht nötig, daß unsere

Hündin dann wie ein ungepflegter Teddy aussieht oder schlimmer noch wie ein gerupftes Huhn mit Löchern im Pulli und ohne richtiges Deckhaar. Richtig gepflegt kann unsere Hündin zu diesem Zeitpunkt schon wieder topfit aussehen.

Die Entwicklung des Gesäuges

Besondere Beachtung muß in der ersten Woche nach der Geburt der Entwicklung des Gesäuges der Hündin geschenkt werden. Normalerweise füllt sich das Gesäuge in den letzten Stunden vor der Geburt allmählich an. Nach der Geburt ist hormonell gesteuert soviel Milch vorhanden, wie die Welpen benötigen. Diese erste Milch, die sogenannte Kolestralmilch ist lebenswichtig für die Welpen. Sie hat eine ganz besondere Zusammensetzung und ist den speziellen Bedürfnissen der Neugeborenen angepaßt. Vor allem enthält sie hoch konzentrierte Antikörper der Mutter zum Schutz der Welpen vor Infektionen und ist durch nichts zu ersetzen. Sowohl die Zusammensetzung wie die Menge der Muttermilch paßt sich in den folgenden Tagen den Anforderungen der Welpen an. Im allgemeinen wird gerade soviel Milch produziert, wie die Welpen fordern. Bei kleineren Würfen ist die Laktation deutlich geringer als bei einem großen Wurf. Sechs bis acht Welpen kann eine gesunde Airedalehündin in den ersten drei Wochen allein aufziehen, bei entsprechend optimaler Fütterung. Eine größere Welpenzahl stellt immer eine Überforderung der Hündin dar. Hier muß der Züchter mit der Babyflasche zufüttern, worauf ich später noch einmal eingehender zu sprechen komme (Fütterung der Welpen).

Bei normalem Verlauf entwickelt sich das Gesäuge also in der ersten Woche nach der Geburt entsprechend den Anforderungen, die die Welpen an die Mutterhündin stellen. Dabei ist das Gesäuge weich bis prallelastisch, je nach Füllungszustand. Ein schlaffes Gesäuge ist ein Zeichen von Milchmangel, der besonders in den ersten Tagen nach einem Kaiserschnitt, bei Störungen der Gebärmutter (Verhaltung einer Nachgeburt) oder auch bei hormoneller Imbalance auftreten kann. In diesem Fall prüft man zunächst einmal, ob überhaupt Milch in den Zitzen vorhanden ist. Außerdem wird bei der Hündin Temperatur gemessen. Normal ist eine Temperatur von 38,5–39,0° C nach der Geburt. Über 39,5 bis 40° C sind ein Alarmzeichen. Desweiteren ist es wichtig, ob die Hündin einen munteren Eindruck macht und mit Appetit frißt, oder ob sie müde und lustlos erscheint und sogar die Welpen vernachlässigt. Dann ist schnelle Hilfe durch den Tierarzt unumgänglich.

Ist dagegen das Gesäuge in einzelnen Abschnitten derb prall oder sogar hart und wärmer als die Umgebung, handelt es sich um einen Milchstau in einem oder mehreren Gesäugekomplexen. Das kann passieren, wenn bei einem kleinen Wurf nicht alle Gesäugekomplexe leergetrunken werden. Dann muß man vorsichtig etwas Milch abmassieren und einen besonders aktiven Welpen an diese Zitze anlegen, damit der gesamte Gesäugekomplex entlastet wird. Beim vorsichtigen Abmassieren der Milch kann man auch gleichzeitig prüfen, ob die Milch sauber aussieht oder ob aus einem oder mehreren Kanälen der Zitze eventuell grüngelbliche oder flockige Sekretmassen austreten. Dann handelt es sich bereits um eine Infektion des Milchdrüsengewebes, die sorgfältig behandelt werden muß. Nach feuchtwarmen Umschlägen, eventuell mit Kampfersalbe, muß der gesamte eitrige Inhalt eines Gesäugekomplexes vorsichtig ausmassiert werden. Dazu braucht man mehrere Sitzungen. Gleichzeitig bekommt die Hündin einen Antibiotikaschutz in Form einer Injektion oder mit Tabletten, um ein Übergreifen der Infektion auf die benachbarten Gesäugekomplexe zu verhindern. Die der Mutter verabreichten Antibiotika gelangen durch die Milch unmittelbar in die Welpen und beugen auch hier einer meist durch Streptokokken oder Staphylokokken verursachten Infektion vor. Erfahrungsgemäß kann man unter Antibiotikaschutz sogar den erkrankten Gesäugekomplex, nachdem das meiste Sekret ausmassiert wurde, von den Welpen mit bearbeiten lassen, was zu einer schnelleren und vollständigen Heilung beiträgt. Die angewandte Kampfersalbe muß natürlich vor dem Anlegen der Welpen sorgfältig abgewaschen werden. Sehr bewährt haben sich auch Umschläge mit Arnikatinktur und zur Pflege des Gesäuges Penatencreme, die nicht abgewaschen zu werden braucht.

Die Entwicklung der Welpen

Solange die Welpen aktiv sind, gut zunehmen und keinen Durchfall haben, ist keine große Gefahr im Anzug.

Normale, gesunde Welpen trinken sehr aktiv und ausdauernd mit kräftigem Milchtritt, dem typischen Massieren des Gesäuges mit den Vorderpfoten, das den Milchfluß anregt und zu den ersten wichtigen Bewegungsübungen der Welpen gehört. Die kleinen Zungen schließen sich dabei fest um die Zitzen, ist der Milchfluß erst einmal richtig in Gang, dann brauchen sich die kleinen Welpen nur noch vollaufen zu lassen. Sie schlucken dann begeistert und fühlen sich entsprechend wohl.

Jede ungeduldige, ärgerliche Lautäußerung der Welpen zeigt an, daß sie nicht richtig zum Trinken kommen. Vielleicht ist die Zitze leer, dann heißt es, einen besseren Platz am Gesäuge zu ergattern, und das erste Gerangel um die besten Plätze geht los. Schließlich hat aber jeder Welpe eine gute Milchquelle erwischt, und nach ausgiebiger Mahlzeit wird zufrieden geschlafen und geträumt. Während des Säugens putzt die Hündin ihre Welpen hingebungsvoll. Dabei geht es nicht nur um die Reinigung der Kleinen, sondern durch die kräftige Massage der mütterlichen Zunge werden die Durchblutung sowie die Darmtätigkeit und der Harnabsatz angeregt. Ein sehr wichtiger Vorgang, der bei mutterlosen Welpen vom Züchter mehrmals täglich simuliert werden muß, da neugeborene Welpen noch nicht in der Lage sind, Kot und Urin selbständig abzusetzen.

Der erste Kot, das sogenannte Kindspech, ist übrigens sehr dunkelbraun bis schwarz. Danach färbt sich der Kot hellockerfarben bis gelb und ist breiig, körnig bis geformt. Bei richtigem Durchfall ist die Wurfkiste samt den Welpen deutlich verschmutzt.

Wenn die Mutterhündin die kleinen After nicht ausreichend säubert, muß der Züchter in den ersten Tagen nach der Geburt helfen und die kleinen Hinterteile mit lauwarmem Wasser abwaschen und trocknen.

Eine regelmäßige Gewichtskontrolle aller Welpen ist eine wertvolle Hilfe, um Entwicklungsstörungen frühzeitig zu erkennen und geeignete Gegenmaßnahmen

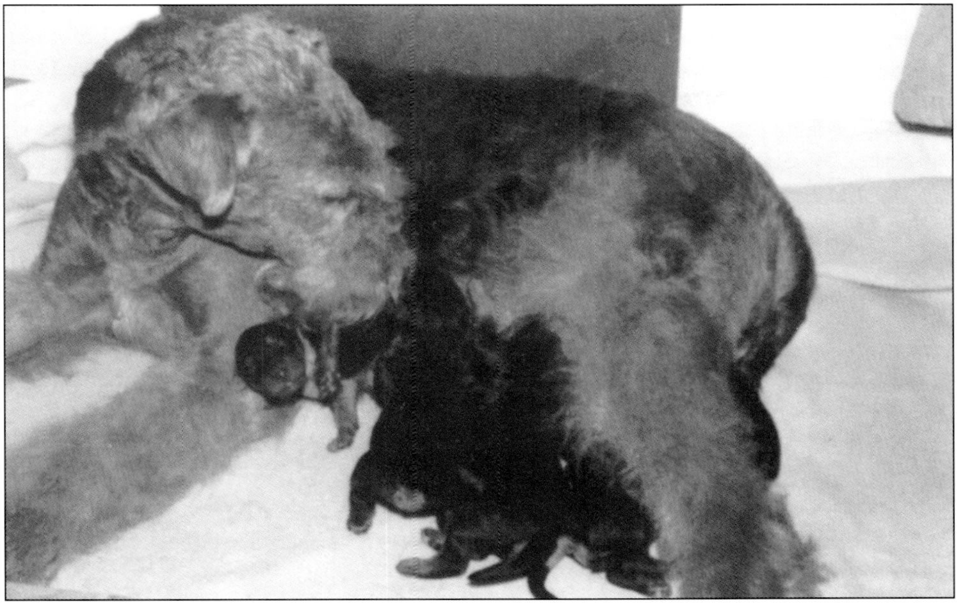

Abb. 149: Da möchte man am liebsten stundenlang zuschauen!

Abb. 150: Schlafen und Trinken – ein anstrengender Tagesablauf

einleiten zu können. Ein geringgradiger Gewichtsverlust unmittelbar nach der Geburt wird oft beobachtet und ist als normal anzusehen. Ab dem 2. Lebenstag müssen aber alle Welpen gleichmäßig zunehmen (50–100 g) und nach zehn Tagen ihr Geburtsgewicht von 300–450 Gramm verdoppelt haben.
Zur Unterscheidung der einzelnen Welpen haben sich verschieden gefärbte geflochtene Baumwollbändchen als Halsband bewährt. Sie stören die Welpen nicht und werden von der Hündin akzeptiert. Alle Markierungen, die man den Welpen aufklebt, werden von der Hündin als störend empfunden und weggeputzt. Oft kann man die einzelnen Welpen aber auch an ihrer unterschiedlichen Zeichnung (unterschiedliche weiße Zeichen an der Brust oder den Zehen) gut erkennen.

Ursachen möglicher Entwicklungsstörungen der Welpen
Ursachen für eine Störung der Welpenentwicklung können von seiten der Mutterhündin oder von seiten der Welpen ausgehen.
Ursachen für eine Störung der Welpenentwicklung von seiten der Mutterhündin können sein:
Infektion der Gebärmutter
Infektion des Gesäuges
Erschöpfung der Hündin
Eklampsie, das sogenannte Milchfieber der Hündin.
Alle diese Störungen gehen mit einer Temperaturerhöhung auf 40° C und darüber einher, sowie mit Inappetenz und Mattigkeit der Hündin, die sogar die Wurfkiste meidet und die Welpen vernachlässigt.
Bei der Eklampsie, die beim Airedale selten auftritt, schwankt und zittert die Hündin und ist schließlich nicht mehr in der Lage aufzustehen. In jedem Fall ist schnelle tierärztliche Hilfe unumgänglich. Die wirkungsvollste Hilfe ist eine Verabreichung der jeweils notwendigen Medikamente in Form einer oder mehrerer Tropfinfusionen. Man stützt damit zusätzlich den Elektrolyt- und Energiehaushalt der Hündin und hat meist schon nach ein bis zwei Tagen einen deutlichen und vollständigen Erfolg mit der Behandlung der Hündin erreicht.
Die Welpen müssen in solchen Fällen sofort mit der Flasche mit einer handelsüblichen Hundeersatzmilch (Ipevet, Welpi-lac) gefüttert werden. Das Milchpulver wird mit abgekochtem Wasser im Verhältnis 1:2 aufgelöst und in eine normale Alete-Babyflasche gefüllt. Meist paßt für Airedalewelpen sowohl die Größe des kleinsten handelsüblichen Schnullers, wie auch die Perforierung des Schnullers. Man tropft zuerst einige Tröpfchen der körperwarmen Milch in das Schnäuzchen eines Welpen, den man zu diesem Zweck am besten mit einem Handtuch auf den Schoß nimmt. Dann läßt man ihn ein wenig am kleinen (sauberen) Finger lutschen, um den Saugreflex auszulösen. Wenn man dann den Schnuller anbietet und darauf achtet, daß er richtig auf der Zunge liegt, wird diese Fütterung nach anfänglichem Sträuben bald sehr begeistert angenommen. Aufpassen muß man, daß der Welpe sich nicht im Übereifer verschluckt. Wenn die Milch aus der Nase läuft, sofort absetzen und sauberputzen. Nach kurzer Pause wird das Fläschchen nochmals angeboten. 10 bis 20 g sind genug beim ersten Versuch. Bald trinken die Kleinen soviel wie sie brauchen.

Nach dem Fläschchen müssen Urin- und Kotabsatz durch Massage mit einem angefeuchteten Mulltupfer oder Tempotuch angeregt werden und der Welpe solange geputzt werden, bis nichts mehr kommt. Da die Welpen alle 2–3 Stunden rund um die Uhr gefüttert werden müssen, ist die künstliche Welpenaufzucht ein Fulltimejob und gelingt nur bei großem Einsatz der ganzen Familie des Züchters. Auch hier gilt: das Wohlbefinden und die regelmäßige Gewichtszunahme sind die beste Kontrolle für die richtige Welpenaufzucht.

Störungen von seiten der Welpen:
Lebensschwäche nach der Geburt
Herpesvirusinfektion
Infektion mit Coccidien und Askariden
Infektionen mit Staupe, Hepatitis, Leptospirose, Parvovirose.

Welpen, die nach der Geburt nicht richtig, kräftig und aktiv trinken, nicht ruhig schlafen, sondern dauernd quängelig sind und im Gewicht zurückbleiben, werden meist auch von der Mutter abgelehnt und nicht genügend geputzt und massiert. Sie liegen bald abseits, weil sie nicht aktiv die wärmende Gesäugepartie der Mutter suchen und kühlen aus. Solche Welpen haben meist ein Trauma vor oder während der Geburt durchgemacht, mit ungenügender Sauerstoff- und Glycogenversorgung und meist irreparablen Schäden. Solche Welpen müssen vom Tierarzt eingeschläfert werden. Sie bleiben trotz aller Mühe, falls sie überleben, zeitlebens besonders anfällige Sorgenkinder.
Die gefürchtete Herpesvirusinfektion (Fading Puppy Syndrom) äußert sich erst am Ende der ersten Lebenswoche bei bis dahin normaler Entwicklung der Welpen. Gelbgrüner Durchfall, Würgen, Erbrechen nach dem Trinken, schließlich Inappetenz und Schmerzen in der Bauchgegend mit blutigem Durchfall sind typische Symptome. Diese Welpen sterben ausnahmslos. Einen gewissen Schutz gibt eine Rotlichtlampe, die die Umgebungstemperatur bei den Welpen konstant auf 35° C oder darüber hält. Bei diesen Temperaturen kann sich das Herpesvirus nicht entwickeln.
Auch hier gilt: wenn man überhaupt erfolgreich in das Geschehen eingreifen kann, dann nur bei den allerersten Anzeichen! Hier können die heute gebräuchlichen Paraimmunitätsinducer die Abwehrkräfte der Welpen soweit mobilisieren, daß sie eine Überlebenschance haben. Haferschleim mit Glucose und Fencheltee mit einer Ernährungssonde für Babies eingegeben, hilft, die Welpen, die nicht mehr saugen wollen, bei Kräften zu halten. Eine Electrolytlösung subcutan unter die Haut gespritzt, verhindert das gefürchtete Austrocknen der Welpen. Ein Antibiotikaschutz ist unerläßlich, weil die stets vorhandenen Streptokokken und Coli-Keime bei den geschwächten Welpen sofort eine Chance haben, sich überdurchschnittlich zu vermehren. Die Welpen müssen bei frühzeitiger Hilfe durch den Tierarzt schnell reagieren und zusehends eine deutliche Besserung zeigen. Nehmen die Welpen weiter ab und verschlechtert sich das Allgemeinbefinden noch, dann sind wir mit unserer Hilfe zu spät gekommen.
Sehr ähnliche Symptome zeigen Welpen bei einem Befall von Coccidien, kleinsten Parasiten im Magen-Darmbereich und bei Spulwurmlarvenbefall (Askariden).

Deshalb ist es immer sehr nützlich, bei Durchfallerkrankungen schon in den ersten Lebenstagen eine Kotprobe vom Tierarzt untersuchen zu lassen. Bei Vorkommen von Coccidien gibt es als gezielte Therapie das Sulfonamid in Form von Saft oder Paste. Ebenso können Spulwürmer, die allerdings nur beim Vorhandensein schon geschlechtsreifer Würmer nachgewiesen werden können, gezielt und erfolgreich behandelt werden.
Bei Verdacht auf Unbekömmlichkeit der Muttermilch muß schnellstmöglich eine Milchprobe in das nächste Veterinäruntersuchungsamt gebracht werden (der Postweg dauert zu lange). Bis zum Erhalt des Befundes und der Sanierung der Muttermilch müssen die Welpen auch hier mit der Flasche aufgezogen werden (s. o.).
Infektionen mit Staupe-, Hepatitis-, Leptospirose- und Parvoviren sind in der ersten Lebenswoche absolut tödlich. Sie kommen aber praktisch nicht mehr vor, da die Mutterhündin aufgrund ihres Impfschutzes ausreichend Antikörper mit der Muttermilch an die Welpen abgibt, um diese zu schützen. Deshalb ist eine sorgfältige Immunisierung der Zuchthündin so wichtig.

Die Ernährung der säugenden Hündin
Bei der Fütterung der Airedalehündin in der ersten Woche nach der Geburt ist das wichtigste Gebot: Es muß ausreichend frisches Wasser in einem stets sauberen Trinkgefäß vorhanden sein. Gerade im Sommer setzen sich im Trinknapf schnell Algen als Brutplatz für Keime an, das Wasser wird trübe und unansehnlich. Frisches Trinkwasser in ausreichender Menge braucht die Hündin insbesondere, um den gesteigerten Umsatz im Wasserhaushalt zu regulieren. Ideal wäre eine Beimischung von Mineralwasser, um gleichzeitig Elektrolyte und Spurenelemente anzubieten.
Die Fütterung sollte am ersten Tag nach der Geburt aus gekochten Haferflocken oder Reis mit etwas Rindfleisch und etwas Salz und Calciumcitrat bestehen. So erhält die Hündin eine Schonkost, die genug Kalorien enthält und sie mit dem wichtigen Calcium versorgt. Die Hündin braucht in der ersten Woche ca. 200 mg/kg/KGW Calciumcitrat. Diese Menge wird in den folgenden Wochen bis zum Ende der Laktation (Säugeperiode) auf 350 mg/kg/KGW Calciumcitrat gesteigert.
Sobald der Stuhlgang nach der Geburt wieder normal aussieht, kann die Hündin ihr gewohntes Futter in zwei bis drei Mahlzeiten pro Tag (abhängig von der Größe des Wurfes) erhalten. Dabei hat sich ein handelsübliches Flockenfutter bewährt, das mit Gemüse aus dem Haushalt, sowie einem Eigelb, Frischfleisch oder Quark verbessert und den wachsenden Erfordernissen angepaßt wird. Unsere Hündin soll nicht zunehmen. Sie darf aber auch nicht abnehmen. Manche Hündinnen neigen zu dem einen oder anderen Extrem. Deshalb sind Gewichtskontrollen notwendig. Genauso wichtig ist die zusätzliche Versorgung der Mutterhündin mit Vitaminen und Mineralien, am besten in Form von Tabletten zur Belohnung. 10–12 Tabletten am Tag sollte unsere tüchtige Hündin schon bekommen, zusätzlich einen gehäuften Eßlöffel Calciumcitrat ins Futter (s. o.). Regelmäßige, kurze Spaziergänge zum Lösen und »Auslüften« sind wichtig, auch wenn unsere Hündin sich am liebsten nicht von ihren Kleinen trennen möchte.

Das Kupieren der Welpen
Am dritten Tag sind die Welpen meist so kräftig, daß sie den kleinen Eingriff des Kupierens der Ruten ohne größere Schmerzen und Blutverlust überstehen können. Der Zuchtwart ist inzwischen benachrichtigt und wird einem jungen, noch unerfahrenem Züchter bei dieser nicht ganz einfachen Aufgabe helfen können. Sollten die Welpen aus irgendwelchen Gründen erst nach der ersten Woche kupiert werden, darf dieser Eingriff nur noch von einem Tierarzt vorgenommen werden.
Beim Kupieren wird etwa ⅓ der Rute amputiert (1–1,5 cm). Das hört sich schlimmer an als es ist. Mit einem schnellen Scherenschlag wird das Ende der Rute abgesetzt und die kleine Wunde mit einem Blutstillungsmittel betupft und mit einem Wundpuder versorgt. Sollte die Blutung nicht gleich stehen, kann mit einem Stück Mullbinde das Ende der Rute für kurze Zeit unterbunden werden.
Ein Millimeter kürzer oder länger macht beim ausgewachsenen Hund 1 cm bis 1½ cm aus. Muß man genetisch bedingt mit sogenannten »recht fröhlich getragenen« Ruten rechnen, wird lieber etwas kürzer kupiert. Hat man diese Sorge nicht und außerdem eine elegante Hals- und Nackenlinie mit langem Widerrist, was man am Welpen schon durchaus erkennen kann, wird man die Ruten etwas länger lassen. Wichtig ist die Faustregel: Am stehenden, ausgewachsenen Hund soll die Rutenspitze mit der Leiste am Hinterkopf des Hundes eine Linie bilden. Meist gelingt das auch. Es ist aber immer besser eine mäßige lange, dafür aber gut getragene Rute zu haben als eine deutlich zu lang kupierte Rute, die nicht weiß, wohin sie sich kringeln soll. Das Nachkupieren ist nach dem Deutschen Tierschutzgesetz ohne zwingenden Grund (Verletzung o. ä.) nicht mehr erlaubt.
Ob man die kleinen Daumen an den Vorderpfoten mit entfernt, ist Ansichtssache. Sicherlich ist es weniger schmerzhaft, diese kleine Kralle gleich beim Kupieren mit zu entfernen als beim erwachsenen Hund eingewachsene Nägel oder eingerissene Daumenkrallen operativ entfernen zu müssen, was leider recht häufig notwendig ist.
Nach dem Kupieren können die Welpen sofort wieder zur Mutter, die die kleinen Wunden untersucht und putzt. Die Welpen stürzen sich sofort auf die Milchquelle und haben beim Trinken diesen kleinen Schmerz schnell vergessen. Wir beobachten unsere Welpen noch eine Viertelstunde, um eventuelle Nachblutungen behandeln zu können. Dann ist auch dieses Kapitel glücklich überstanden.
Die Frage, ob beim Kupieren die Mutter dabei sein soll oder nicht, sollte individuell geregelt werden. Die meisten Airedalehündinnen sind sehr vernünftig, und bei einem guten Verhältnis zu ihrem Besitzer schauen sie vertrauensvoll zu, was da mit dem ersten Baby geschieht. Nach anfänglicher Unruhe merken sie aber schnell, daß nichts Schlimmes passiert ist, und kümmern sich um jeden wieder in die Wurfkiste zurückkehrenden Welpen liebevoll. Sollte eine Hündin aber beim ersten Wurf doch zu aufgeregt sein, dann geht besser jemand 15 Minuten mit ihr spazieren, bis alles vorüber ist.
Richtig ausgeführt, ist das Kupieren der Airedale ein sinnvoller und durchaus vertretbarer Eingriff, der weder besonders schmerzhaft ist, noch die Gesundheit der Welpen beeinträchtigt.

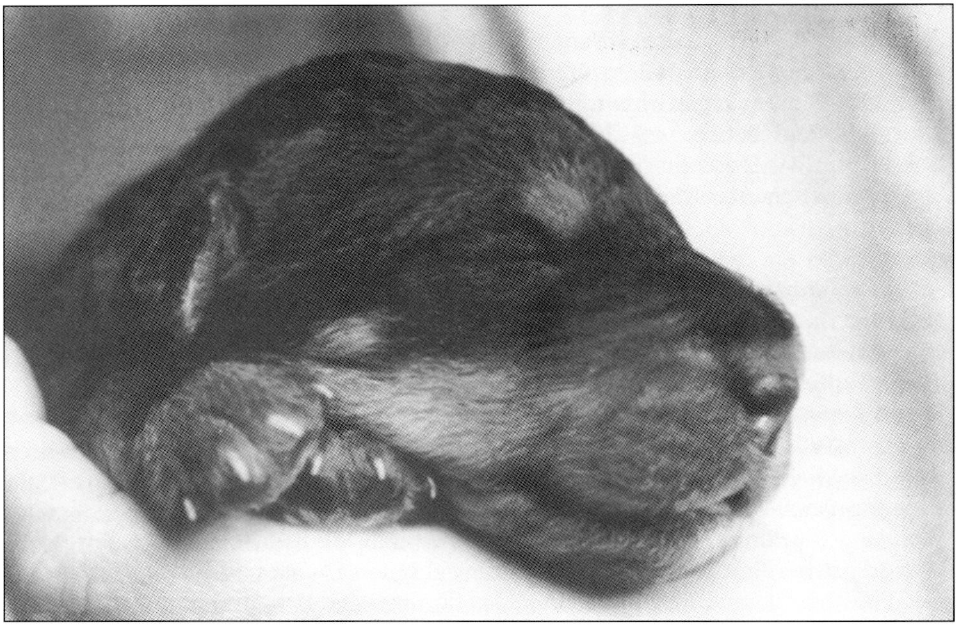

Abb. 151: Was kann zauberhafter sein als ein so kleines Hundekind? 8 Tage alt

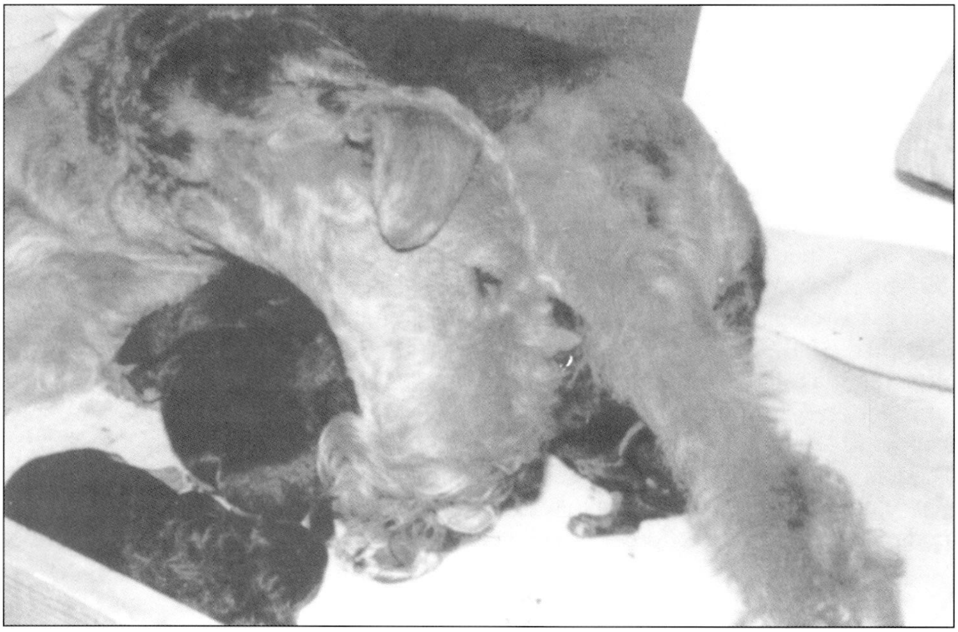

Abb. 152: Zufriedenheit

Im KFT werden alle Würfe in der ersten Woche nach der Geburt von einem Zuchtwart besichtigt. Dabei sollen die Mutterhündin, die Welpen, die Unterbringung und Haltung der Hunde, sowie der Ernährungs- und Pflegezustand des Wurfes und der Hündin beurteilt werden.
Die Wurfpapiere werden kontrolliert und eventuelle Fragen geklärt. Der Wurf wird der Geschäftsstelle gemeldet, und bei Anfragen nach Airedalewelpen können die Interessenten die Adresse des Züchters für eine erste Kontaktaufnahme erfahren.
Die Geburt, das Kupieren, der Besuch des Tierarztes und des Zuchtwartes, es geht gleich richtig rund in der ersten Woche nach der Geburt. Aber was gibt es zu diesem Zeitpunkt Schöneres, als eine zufriedene Hündin mit ihrer gesunden Welpenschar in der Wurfkiste?

Die weitere Entwicklung der Welpen

Die vegetative Phase und die Übergangsphase
Die erste Woche ist geschafft. Auch in der zweiten Lebenswoche besteht das Leben für unsere kleinen Airedalewelpen in erster Linie aus Saugen, Schlafen und dem Kontakthalten zu den Wärmequellen der Mutter und Geschwister. Man wächst kräftig um die Wette, wie die täglichen Gewichtskontrollen zeigen. Außerdem kann man sich schon viel sicherer fortbewegen, zwar immer noch im Kriechgang, aber schon viel aktiver und zielstrebiger. Der Aktionsradius wird deutlich größer.
Die stolze Mutter läßt sich jetzt schon zu größeren Spaziergängen überreden und legt sich auch schon mal zum Ausruhen von ihren Pflichten in eine andere Ecke des Raumes. Sie schätzt es besonders, wenn sie ein zweites eigenes Lager bekommt, von dem aus sie die Welpenschar beobachten kann. Hierhin zieht sie sich gern einmal für eine kleine Ruhepause zurück. Es ist ja auch recht beachtlich, was sie rund um die Uhr leistet. Das kann man erst ermessen, wenn man einmal einen Wurf ohne Mutterhündin aufziehen mußte. Das schafft man nur zu zweit, indem man sich bei der Pflege ablöst, sonst ist man nach kurzer Zeit total überfordert. Unsere Hündin schafft das aber allein. Deswegen sollten wir sie auch so oft wie möglich loben, ihre Welpen bewundern und sie unsere Anerkennung fühlen lassen. Gerade eine Airedalehündin, die den engen Kontakt im Leben mit der Familie gewöhnt ist, wird unsere Zuwendung dankbar registrieren. Sie ist dann auch in der Lage, den Streß, der in den nächsten Wochen auf sie zukommt, besser zu verkraften.
Um den 10.–12. Tag ist dann die erste Wurmkur der Welpen fällig. Ein etwa erbsengroßes Stück Banminthpaste wird den Welpen am besten beim Saugen in die Schnäuzchen geschmuggelt. Es schmeckt ihnen gar nicht, ist aber mit dem nächsten Schluck Milch schnell vergessen.
Gleichzeitig müssen die kleinen Zehennägel gekürzt werden. Sie sind inzwischen zu kleinen, spitzen Haken herangewachsen und verletzen das empfindliche Gesäuge der Hündin erheblich. Mit einer scharfen, gebogenen Nagelschere werden die

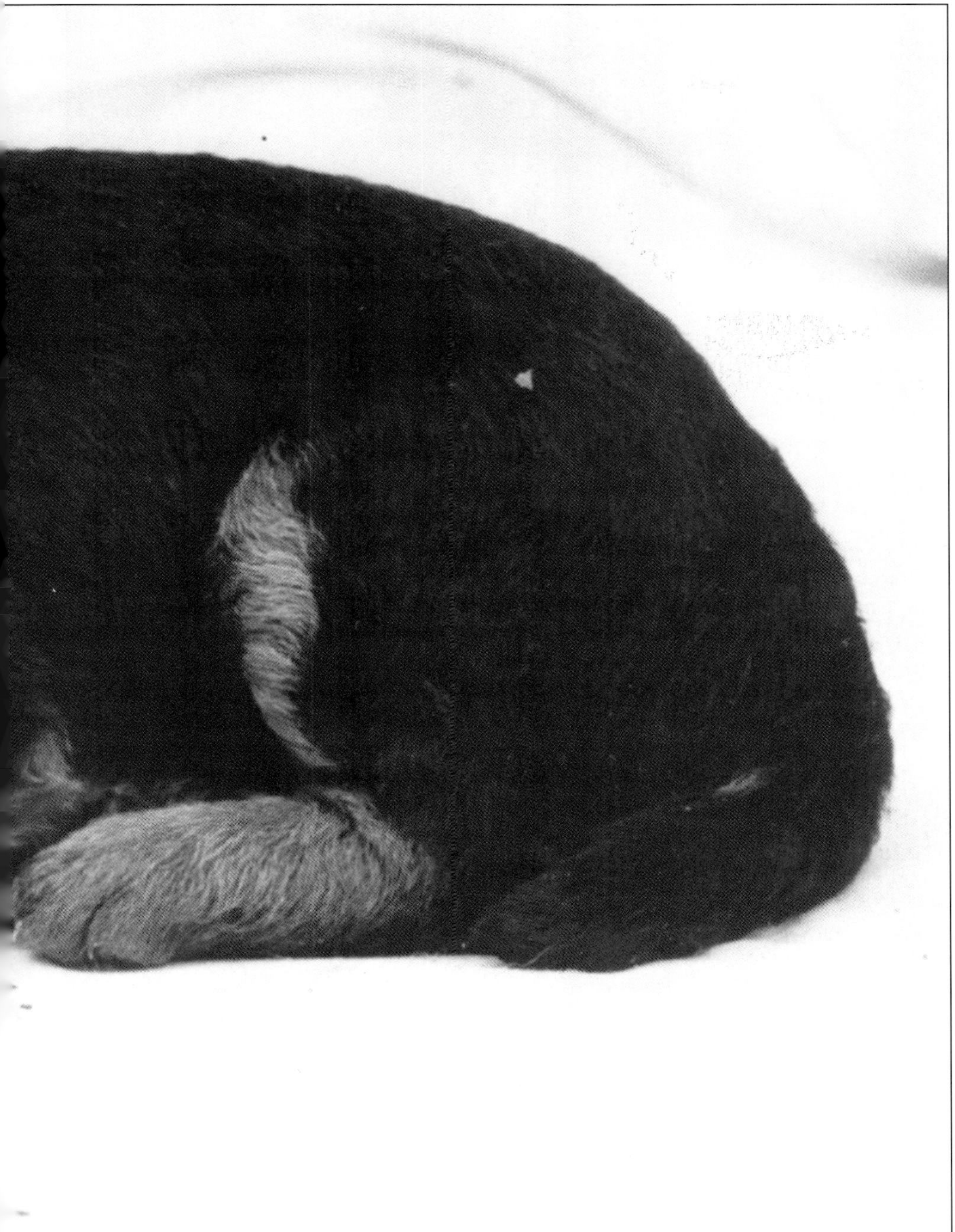

Abb. 153: 12 Tage alt

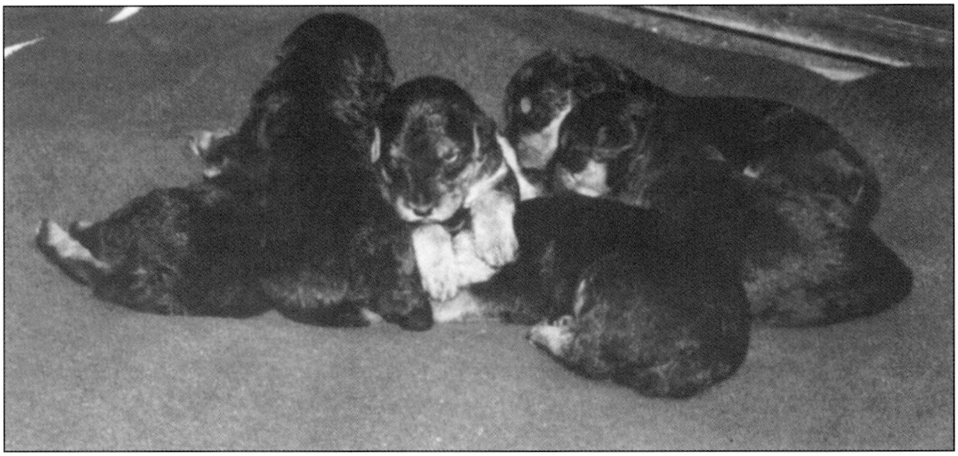

Abb. 154: Während die Hündin einen kleinen Spaziergang macht, kuscheln sich die Welpen ganz dicht aneinander

Spitzen gekürzt. Das sollte, genau wie die Wurmkur, einmal wöchentlich wiederholt werden.
Am Ende der zweiten Woche beginnen die Welpen allmählich ihre Augen zu öffnen (ca. 12. Tag). Erst blitzt es nur durch einen schmalen Spalt hindurch. Der Welpenraum sollte jetzt etwas abgedunkelt sein, damit die Welpen noch nicht direkt in die Sonne oder sehr helle Lampen schauen. Blitzlicht ist in diesen Tagen ebenfalls verboten. Schließlich müssen sich die Augen erst ganz allmählich an ihre neue Aufgabe gewöhnen. Sie sind zuerst noch blau und erhalten ihre dunkelbraune Pigmentierung erst allmählich.
Zu diesem Zeitpunkt endet die vegetative Phase (Trumler). In der dritten Woche, der Übergangsphase, werden alle Sinne der Welpen aktiv. Sie beginnen zu sehen, zu riechen und am Ende der dritten Woche auch zu hören. Es ist immer wieder ein ganz besonderes Erlebnis, die Welpen bei ihren ersten bewußten Lebensäußerungen und Erfahrungen zu beobachten. Jetzt ist es wichtig, die Welpen immer wieder einmal in die Hand zu nehmen, damit sie mit unserem Geruch vertraut werden. Sie schnuppern aufgeregt an unserer Haut und unseren Haaren, und versuchen alles Neue genau zu untersuchen. Wenn wir jedem von ihnen genug Zeit und Gelegenheit geben, uns kennenzulernen, werden sie unseren Geruch zeitlebens nicht vergessen, und uns noch nach vielen Jahren inmitten anderer, ihnen nicht bekannter Leute, wiedererkennen. Das ist schon beeindruckend.
Wir hatten unseren Airedalerüden Veto mit zehn Wochen schweren Herzens nach Ungarn zu dem Airedalezüchter und Liebhaber Dr. Emil Ferenczy verkauft. Als ich zwei Jahre später zu einem Airedalemeeting mit Freunden nach Ungarn fuhr, begrüßte mich im Hotel ein Airedale mit mir unbekannten Leuten überschwenglich und stürmisch. Ich erkannte ihn natürlich nicht gleich.
Erst als die jungen Leute, die den Rüden für Dr. Ferenczy kurz beaufsichtigten,

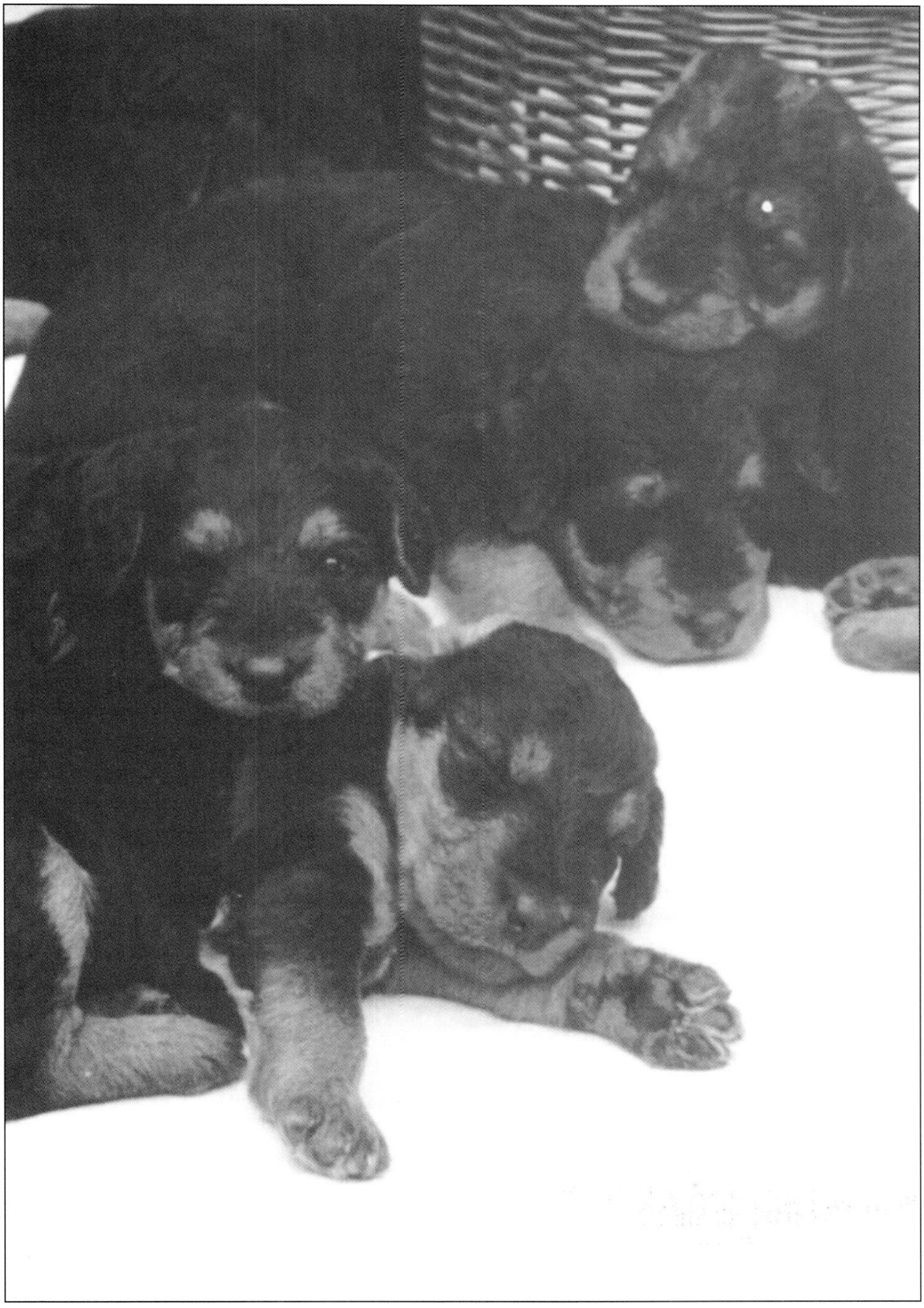

Abb. 155: Kontaktliegen und erste Versuche, die Umwelt zu erkennen

sagten: »Dann müssen Sie wohl Frau Dr. v. Bardeleben sein, wenn er Sie so begrüßt!«, meinte ich: »Dann mußt du wohl unser Veto sein.« Jetzt, als er meine Stimme hörte, war er ganz aus dem Häuschen, und das Wiedersehen wurde in jeder Hinsicht stürmisch gefeiert. Veto hat später in den Ostblockländern als Vererber im Leistungs- und Ausstellungssport Bedeutendes geleistet.

Die Prägungsphase

Zu Beginn der vierten Woche haben wir es nun schon mit »richtigen« kleinen Hunden zu tun. Bei uns heißen alle Welpen ab diesem Alter »Wutze«. Eine wilde Wutz ist in der Jägersprache ein Wildschwein, und die Abwandlung für unsere Welpen, die mit Frischlingen in diesem Alter erstaunlich viel gemeinsam haben, ist bei uns nunmehr seit 35 Jahren zur liebevollen Gewohnheit geworden, insbesondere da unsere Welpen spontan auf den Ruf »Wutzi-Wutzi« angestürmt kommen.
Diese Wutzis fangen schon am Ende der dritten Woche an, die Wurfkiste zu verlassen, wenn sie ein Bächlein machen müssen und begeben sich anschließend auf den mühsamen Rückweg, bis sie die Gruppe der meist friedlich schlafenden Geschwister wieder erreicht haben. Es ist rührend mitanzusehen, wie die Welpen instinktiv versuchen, ihr Nest sauber zu halten. In der vierten Woche geht es dann schon viel besser. Die Welpen entdecken, daß man herrlich miteinander spielen kann. Heftiges Geknurre begleitet die ersten Rangeleien. Ein gelegentlicher Bellversuch ist auch schon zu hören. Häuflein und Bächlein werden auf den immer größere Kreise ziehenden Ausflügen erledigt, und zum Schlafen finden sich alle wieder in der Wurfkiste ein. Im allgemeinen bleibt die vertraute Wurfkiste auch der Ort, an dem die Hündin ihre Welpen säugt. Ganz sorgfältig müssen wir jetzt die kleinen Zehennägel kontrollieren und kürzen, denn die ungestümen Welpen nehmen keinerlei Rücksicht auf das empfindliche Gesäuge ihrer Mama.
Zum Ende der dritten Lebenswoche treten beim Airedalewelpen die ersten Eckzähnchen durch das Zahnfleisch. Gleich ob wir einen großen Wurf mit der Flasche zugefüttert haben, oder ob die Hündin die Welpen bis jetzt allein versorgt hat, jetzt ist es soweit, daß wir die erste feste Nahrung anbieten können. Zu einem früheren Zeitpunkt wird die neue Nahrung von der Darmschleimhaut des kleinen Welpen noch nicht richtig resorbiert, sie ist noch auf Milchnahrung programmiert. Es ist ein Erlebnis für jeden Züchter, wenn er mit der ersten festen Nahrung zu den Welpen kommt. Es gibt sicher viele Rezepte und Erfahrungen. Wir nehmen seit jeher frisches Tatar (Rindfleisch ohne Fett und Sehnen), dem wir etwas Dosenmilch (3,5%) zusetzen, so daß ein sehr dicker Brei entsteht. Die Welpen sind stets sofort von dem Geruch fasziniert und möchten sich am liebsten in die Schüssel legen, und zwar möglichst alle gleichzeitig. So geht es also nicht. Deshalb nehmen wir jeden Welpen einzeln mit einem Frotteetuch auf den Schoß, tauchen einen Finger in den Tatarbrei und lassen ihn von dem Welpen beschnuppern und belecken. Ganz begeistert schleckt er dann die neue Mahlzeit, und wir lassen uns viel Zeit für dieses neue Futtererlebnis, weil wir dadurch gleich wieder eine positive Beziehung zwischen dem Welpen und uns herstellen können.
Nach ein paar Tagen sind die Welpen dann schon so weit, daß sie schneller und besser selber fressen können. Dabei ist es wichtig, daß die Futterschüssel sinnvoll

konstruiert ist. Wir verwenden eine große runde Schüssel aus Aluminium, die speziell für die Fütterung von Welpen entwickelt worden ist. Sie hat einen runden Rand, über den sich die Welpen bequem beugen können, um an die dahinterliegende Futterrinne zu gelangen, ohne gleich mit beiden Vorderpfoten im Futterbrei zu stehen. Daran hindert sie auch eine sinnvolle Erhöhung im Zentrum der großen Schüssel. So können alle Welpen rund um die Schüssel stehen und gemeinsam futtern.
An kühlen Tagen wärmen wir die Schüssel erst mit heißem Wasser an, bevor wir den ebenfalls leicht warmen Futterbrei einfüllen. Ich bleibe immer gern dabei, wenn meine Welpen fressen, weil man gerade dann, wenn alle Welpen um die Futterschüssel herumstehen, schon erste Beobachtungen machen und Unterschiede im Gebäude, im Haarkleid und im Verhalten feststellen kann. Sind die Welpen satt, bekommt den Rest die Mama, die eine solche Verwöhnung sehr zu schätzen weiß. Wir bieten diese Mahlzeit in der 4. Woche zweimal täglich an. Je nach Situation des Wurfes bieten wir außerdem zweimal etwas Welpenmilch an, die genau nach Vorschrift des Herstellers zubereitet wird.
Eine wichtige Veränderung tritt parallel zur Umstellung auf die neue Fütterung ein. Solange die Welpen nur Muttermilch bekommen, waren ihre Kotausscheidungen gering, bei normalem Kot ohne Durchfall merkt man sogar oft gar nicht, ob und wieviel Kot abgesetzt wird. Das liegt zum Teil daran, daß die Muttermilch fast vollständig von den Verdauungsorganen der Welpen verwertet wird, zum anderen beseitigt die sorgsame Mutter jedes Häufchen sofort. Das ändert sich nun durch größere Kotmengen wegen der Fleischmahlzeiten und durch die Tatsache, daß die Hündin, sobald zugefüttert wird, nicht mehr gewillt ist, die Häufchen zu beseitigen. Also müssen wir jetzt laufend mit Toilettenpapier zur Hand sein, um so oft wie möglich alle Häufchen zu entfernen.
Am Ende der 4. Woche wird es Zeit, die kleinen, unternehmungslustigen Dreckspatzen umzuquartieren. Sind sie im Zwinger geboren, ziehen sie jetzt aus ihrem von den anderen Zwingergenossen abgeschlossenen Wurfraum in einen Welpenzwinger ein. Bei den meisten Züchtern werden die Welpen wie bei uns im Haus geboren, und bleiben die ersten 3–4 Wochen in unmittelbarer Nähe und Aufsicht. In der 4. Woche geht's dann in die Zwingeranlage. Hier kommen sie zunächst mit ihrer gewohnten Wurfkiste und, wenn noch erforderlich, mit der Rotlichtlampe in eine abgeschlossene Box, etwa 2 m × 2 m. Der Boden ist gefliest mit separatem Abfluß. Ein Lichtband läßt genügend Tageslicht einfallen und kann zum Lüften geöffnet werden. Die vorhandene Vektorenheizung wird nur im Winter benötigt. Bei kühlen Temperaturen leistet eine heizbare Bodenplatte für die Wurfkiste zusammen mit der Rotlichtlampe sehr gute Dienste. Gerade bei kühlem und feuchtem Wetter ruhen die Welpen ausgesprochen gern in dieser Wärmezone. Auf den Fliesenboden gehört eine saugfähige Auflage, weil die Welpen die nächsten 1 bis 1½ Wochen noch nicht ganz »stubenrein« sind.
Zunächst bleibt die Öffnung zum Auslaufgelände geschlossen, damit die kleinen Welpen sich erst einmal mit ihrer neuen Umgebung vertraut machen können. Die saugfähige, geruchsbindende Bodendecke wird, je nach Möglichkeiten und Erfahrungen des jeweiligen Züchters, anders aussehen. Man kann Sand, Torf, Sägespä-

Abb. 156: Die »Milchbar« gibt es nur noch als Nachtisch! Zeichnung: R. Dolz

ne, Stroh, Heu oder Zeitungspapier benutzen. Alle Einstreu muß jeden zweiten Tag entfernt und erneuert werden. Wir haben die besten Erfahrungen mit einfachen, handelsüblichen Decken, die es schon für 20,– DM zu kaufen gibt, gemacht. Davon gibt es einen ganzen Stapel, und zwei Decken kommen täglich frisch in die Box. Wenn nötig, wird mit Desinfektionsmittel durchgewischt. Die Welpen kommen derweil in einen bereitstehenden Korb und später in die Nachbarbox, bis alles wieder trocken und sauber ist. In die Wurfkiste, die jetzt immer sauber bleibt, legen wir das sehr angenehme Vetbed, passend zugeschnitten. Das ist ein pelzähnlicher Textilbelag, der ebenfalls, wie die Decken, bequem in der Waschmaschine gewaschen werden kann. An eine Waschmaschine täglich mit Hundebabywäsche sind wir ja nun seit Wochen gewöhnt. Ich finde diese Decken am bequemsten und vor allem am saubersten. Die Welpen freuen sich immer über die sauberen Decken und fangen bald an, damit »Mannarbeit« zu üben. Das dürfen sie auch; wir klemmen sie unter der Wurfkiste fest, dann bleiben sie trotz aller wilden Spiele ganz gut liegen.

Je nach Entwicklungsstand der Welpen und Witterung öffnen wir die Klappe zum Außenzwinger am Ende der 4. Woche. Das ist wieder ein interessanter Augenblick. Was werden die Welpen machen? Erst einmal wird die frische Luft mit ihren vielen Eindrücken geprüft. Alle sitzen an der Öffnung und staunen. Wir lassen nun die Mutterhündin in den Auslauf, die ihrerseits von außen ihre Kinder lockt und animiert, die ersten Schritte in die neue Umwelt zu tun. Der Auslauf besteht in diesem Teil aus 30 m^2 überdachten Holzrosten und Sandboden. Der Auslauf ist gut drainiert, so daß auch bei extremen Regengüssen kein Wasser im Auslauf stehen bleibt. Dieser überdachte Teil geht dann in ein Auslaufgelände mit Baumbestand und Sträuchern, Baumstämmen zum Klettern, großen Tonröhren zum Verstecken und viel Platz zum Rennen und Toben über.

Aber soweit sind wir ja noch gar nicht. Ganz vorsichtig tastet man sich erst einmal einen halben Meter vor, um dann schnell noch einmal in die sichere Box im Zwingerhaus zu verschwinden. Beim zweiten Versuch ist man schon mutiger, und mit Muttis Unterstützung stapft man tapfer in die neue Welt. Schließlich gibt es ja als Belohnung eine Zwischenmahlzeit an Mutters Milchbar. Die Hündin legt sich nun nicht mehr für die Welpen in die Wurfkiste, sondern läßt die Kleinen im Stehen trinken. Die Welpen setzen sich oft unter die Mutter und bearbeiten das Gesäuge mit den Vorderpfoten. Wenn die Milch erst richtig läuft, dann hört man nur noch das eifrige Schmatzen und Schlucken, wobei die Kleinen ganz verträumt in die Ferne blicken oder die kleinen Knopfaugen vor Wonne ganz schließen. Lange hält die Mutter das aber nicht mehr aus, und sie befreit sich abrupt von ihrer kleinen wilden Meute.

Jetzt versuchen die Welpen es auf eine neue Art, von der Mutter Futter zu erbetteln. Sie versuchen instinktiv Mutters Schnauze zu belecken und zu stupsen, um sie zu veranlassen, den Magen zu entleeren und bereits vorverdautes Futter schön körperwarm hervorzuwürgen. Die Gute tut das auch prompt. Deshalb lassen wir unsere Airedalehündin nach dem Fressen immer erst einmal ein paar Stunden im Hause ruhen, bevor sie wieder zu den Welpen darf.

Die Welpen bekommen jetzt vier Mahlzeiten zu regelmäßigen Zeiten und die Muttermilch nur noch als Nachtisch. So werden sie allmählich entwöhnt und die Mutter zunehmend geschont.

Derart entlastet, hat sie auch viel mehr Lust, mit ihren Welpen zu spielen und zu toben. Oft sind auch weitere, in der Familie oder im Zwinger lebende Hündinnen und, wenn vorhanden, auch der oder die Rüden je nach Temperament gern bereit, einen Teil der sozialen Erziehung mit zu übernehmen. Den Welpen bekommt das ausgezeichnet. Lernen sie doch so, sich auf verschiedene erwachsene Hunde einzustellen und können ausprobieren, wie weit sie mit ihrem Schabernack und Übermut bei den Großen gehen können. Wird's zu arg, dann werden sie mit großartigem Geknurre im Nacken gepackt und schreien gottserbärmlich. Beides ist Schau und gehört zum Lernprozeß. Wieder losgelassen, wird ein gut veranlagter Welpe erneut auf seinen großen Spielpartner zugehen und ihm nun mit Anstupsen und Pfötchengeben seine höfliche Zuneigung bekunden.

Für diese Spiele ist es unbedingt notwendig, daß der Auslauf so großzügig bemessen ist, daß die großen Hunde sich durch Wegrennen und Hakenschlagen oder Überspringen eines niedrigen Trennzaunes notfalls vor der wilden Meute in Sicherheit bringen können. Dann kommen sie nicht in die Zwangslage, sich ernsthaft ihrer Haut wehren zu müssen. Das ganze soll ja stets eine fröhliche Balgerei bleiben. Die Welpen brauchen auch noch viel Ruhe, sie schlafen viele Stunden am Tag und teilen sich ihre Schlaf- und Tobestunden nach eigenem Rhythmus ein.

Als Spielzeug sind alte Handfeger, Sackleinen, große Hölzer, gelegentlich auch ein handfester Kalbskugelknochen sehr beliebt. Alle Arten von Bällen sind ein herrliches Spielzeug. Wenn sie erst einmal ein Loch haben, kann man sie mit

Wasser füllen. Ein toller Spaß für alle, wenn dann kräftig in den schweren Ball gebissen wird, daß es nur so quietscht und spritzt. Wasser ist überhaupt ein herrliches Spielzeug und sollte den Welpen im Sommer nicht nur zum Trinken zur Verfügung stehen. Mit einem mit nur wenig Druck angestellten Gartenschlauch spielen die Welpen stundenlang. Allerdings sehen sie nachher wirklich aus wie kleine Wutzen und sind auch ebenso vergnügt.
Die Zwingerbox wird von den Welpen jetzt ganz sauber gelassen. Die Öffnung zum Auslauf bleibt rund um die Uhr geöffnet, und die Welpen erledigen alle Geschäftchen draußen. Der Außenzwinger muß nun täglich gesäubert werden. Alle Häufchen werden sorgfälltig entfernt. Oft suchen sich die Welpen eine bestimmte Stelle im Zwinger dafür aus. Dann hat man es leichter, muß aber trotzdem den ganzen Auslauf kontrollieren.
Wöchentlich wird eine Wurmkur gemacht. Wir verwenden in diesem Alter Wurmmittel in Tablettenform, die nach Gewicht dosiert und in kleinen Fleischbällchen einzeln gegeben werden. Sind im Kot keine Spulwürmer nach der Wurmkur feststellbar, machen wir vorsichtshalber eine Laboruntersuchung von einer Sammelkotprobe. Dafür wird von verschiedenen Welpen etwas Kot gesammelt und in einer Probe untersucht. Man muß also nicht jeden Welpen einzeln kontrollieren. Sind noch Wurmeier in der Kotprobe nachweisbar, muß weiter behandelt werden. Die Welpen müssen jedenfalls vor dem ersten Impfen mit etwa 6–7 Wochen wurmfrei sein.
In diesen Wochen der Prägungsphase, von der 4. bis zur 7. Woche, ist es von entscheidender Wichtigkeit für das spätere Verhalten, daß die Welpen soviel wie möglich Kontakt zu der Familie des Züchters und auch zu Besuchern bekommen. Für mich ist es immer das schönste, wenn ich mich nach getaner Arbeit in alten Hosen und Pullover mitten in die Welpenbox setzen kann, um mit den Welpen ausgiebig zu spielen. Die Welpen genießen es, an allem zu kauen und zu zupfen, auch mal kräftig zu zwicken, auf den Schoß und möglichst noch höher zu krabbeln, um mich regelrecht auseinanderzunehmen. Tun sie mir weh, zeige ich ihnen das deutlich, und sofort wird Abbitte getan und aufs neue ausprobiert, wie weit man gehen kann.
Genauso wichtig ist es, die Welpen mit den verschiedenen Geräuschen zu konfrontieren. Dazu eignet sich auch ein Kassettenradio, das die Welpen tagsüber mit verschiedenen Stimmen und Geräuschen der Sendungen vertraut macht. Man kann auch bestimmte Geräusche von Flugzeugen, Auto, Schüsse, Gebell von anderen Hunden u.s.w. auf Band nehmen und zwischendurch einmal ablaufen lassen. So lernen sie spielend mit der Umwelt vertraut zu werden und haben später keine Anpassungsschwierigkeiten.

Die Sozialisierungsphase

Ab Anfang der 8. Woche wollen die Welpen etwas erleben. Ihren Zwinger kennen sie genau, die Mutterhündin kommt nur noch gelegentlich, um nach dem Rechten zu sehen. Im Zwinger wird sie hart bedrängt und versucht so schnell wie möglich, wieder in ihr gewohntes Mensch–Hunde-Rudel zu entfliehen. Spätestens jetzt beginnt für den Züchter die Verpflichtung, die Welpen für den Übergang in ihre

Abb. 157: In diesem Alter brauchen die Welpen schon viel Aufmerksamkeit und Zuwendung »v. Wissel«-Welpe

Abb. 158: Alles hochinteressant!

neuen Familien vorzubereiten. Die Welpen halten noch zusammen und haben eine starke Bindung zueinander. Gemeinsame neue Erlebnisse sind für sie die beste Schulung. Sie verlassen sich noch aufeinander und brauchen die Gruppe.
Airedalewelpen sind in vielen Beziehungen Spätentwickler. Sie brauchen viel Zeit und Ruhe zum Übergang in die große Welt. Jeder Wurf ist etwas anders veranlagt. Manche Welpen sind etwas früher fertig, manche etwas später. Es gibt in der 10. bis 12. Woche einen Zeitpunkt, zu dem die Welpen beginnen, ihre eigenen Wege zu gehen. Sie versuchen selbständig mit neuen Situationen fertig zu werden. Sie möchten eine eigene Bezugsperson haben, die sich möglichst nur um einen Welpen kümmert und die anderen gar nicht beachtet.
Das ist meines Erachtens der ideale Zeitpunkt zum Übergang in die neue Familie. Jetzt sind die Airedalewelpen handfeste, selbstsichere und roubuste kleine Hundekinder, mit denen die neuen Hundeeltern bestens fertig werden. Wir haben mit der Welpenabgabe in diesem Alter die allerbesten Erfahrungen gemacht. Allerdings sind diese 2–3 Wochen, die die Welpen, länger als bei anderen Rassen üblich, noch im Bereich des Zwingers aufwachsen, zwar die schönsten, aber zugleich auch die anstrengendsten für die Familie des Züchters. Denn das ist Voraussetzung: die ganze Familie muß mitziehen, und das mit Freude und Spaß an der Sache. Wenn diese Voraussetzungen nicht gegeben sind, ist es viel besser für die Welpen, schon mit 8–9 Wochen abgegeben zu werden. In vielen Veröffentlichungen wird dieser Zeitpunkt ohnehin als bestes Abgabealter genannt.
Für Welpen kleiner Rassen trifft das meist auch zu. Ich sehe aber bei unseren Airedalewelpen bei intensiver Beobachtung immer wieder, daß sie etwas später wesentlich gefestigter mit unerschütterlichem Vertrauen in ihre Umwelt und problemloser in ihre neue Familie hineinwachsen. Dazu kommt, daß die neuen Besitzer mit den etwas »handlicheren« Airedalewelpen auch besser zurecht kommen. Fast immer kennen sie ihren Welpen ja schon von mehreren Besuchen im Zwinger und sind durch persönliche Gespräche mit uns und entsprechenden Literaturempfehlungen auf das neue Familienmitglied vorbereitet.
Was passiert nun aber noch alles in diesen turbulenten letzten Wochen? In der siebten Woche haben wir uns anhand einer Kotprobe noch einmal davon überzeugt, daß die Welpen wurmfrei sind. Wenn nicht, wird noch einmal gezielt entwurmt. Dann wird die erste Impfung vorgenommen. Unsere Welpen erhalten Ende der siebenten Woche ihre erste Impfung gegen Parvovirose. Etwa 10 Tage später erhalten sie eine SHL und Parvo Impfung. Bevor sie den Zwinger verlassen, erhalten alle Welpen mit 10–12 Wochen nochmals eine Impfung mit SHL und P.
Der Impfpass sieht dann folgendermaßen aus:

1. Impfung: 7. Woche – Parvo (P).
2. Impfung: 8. Woche – SHL u. P
3. Impfung: 10.–12. Woche – SHL u. P.

Diese sehr weitgehende Immunisierung ist bei uns notwendig, weil die Gefahr, daß unsere Welpen durch den nahegelegenen tierärztlichen Klinikbetrieb Kontakt mit einem Virus bekommen, nie ganz ausgeschlossen werden kann.
Der Zuchtverband des KFT schreibt eine einmalige Impfung mit SHL und P-Vaccinen spätestens eine Woche vor Angabe der Welpen vor. Das ist im allgemei-

Abb. 159: Kleine Rangeleien unter Geschwistern gehören zur gesunden Entwicklung

Abb. 160: Natürlicher Boden ist nicht zu ersetzen – ein Welpe kann fast alles zum Spielen gebrauchen

nen als Grundimmunisierung nicht ausreichend. Die neuen Besitzer müssen von ihrem Züchter darauf hingewiesen werden, daß die Welpen immer nach 3–4 Wochen nachgeimpft werden müssen. Diese sogenannte Welpenimmunisierung muß immer zweimal vorgenommen werden, um einen ausreichenden Antikörperspiegel im Blut der Welpen zu gewährleisten. Eine Tatsache, die bitte niemals vergessen werden darf!
Tollwutimpfungen werden im allgemeinen erst mit 5–6 Monaten vorgenommen, wenn nicht besondere Umstände eine frühere Impfung notwendig machen. Jeder Welpe erhält für seine Impfungen einen eigenen Impfpaß. In diesen soll auch seine Tätowiernummer eingetragen werden.

Sind die Welpen entwurmt und geimpft, tritt der Zuchtwart noch einmal in Aktion, um die Welpen abschließend zu begutachten und zu tätowieren. Er soll dabei auf den allgemeinen Pflege- und Gesundheitszustand der Welpen und der Mutterhündin achten, die Zwinger- und Auslaufverhältnisse anschauen und die Welpen auf Mängel, die von der späteren Zucht- und Ausstellungsverwendung ausschließen, untersuchen (z. B. Einhodigkeit, Fehler der Gebißstellung, Farbfehler u.s.w.). Nabelbrüche müssen vor der Abgabe der Welpen operativ korrigiert werden.
Das Tätowieren ist zwar ein wenig schmerzhaft für die Welpen, sie haben das aber ganz schnell wieder vergessen. Schließlich zwicken sich die Welpen untereinander viel länger beim Spielen an den Ohren, als es beim Tätowieren der Fall ist. Beim Tätowieren werden die späteren Zuchtbuchnummern, die für die Welpen vom Zuchtbuchamt reserviert wurden, in das rechte Ohr mit einer Tätowierzange eingestanzt und mit grüner oder schwarzer Tätowierfarbe eingerieben. Hund, Ahnentafel und Impfpass haben dann diesselbe Kennzahl und gehören unverwechselbar zusammen. Auf Ausstellungen, Prüfungen und beim späteren HD-Röntgen können so keine Verwechslungen vorkommen. Und schon so mancher verlorengegangene Hund konnte anhand seiner Tätowiernummer wieder seinem Besitzer zugeführt werden.
Vor dem Tätowieren muß die Innenseite der Ohren von Haaren freigeschnitten werden. Das kann man gleich zum Anlaß nehmen, den kleinen Wutzis ihre ersten Trimmerfahrungen nahezubringen. Die Ohren, das Köpfchen, Hals und Schulter, die Pfötchen und das Hinterteil werden kurz geschnitten beziehungsweise getrimmt. Das Deckhaar wird mit einem stumpfen, groben Trimmesser kräftig durchgezogen, damit die lose Unterwolle herauskommt. Nun ist aus dem mehr oder weniger strubbeligen Wutzi ein recht ansehnlicher Airedalewelpe geworden. Er lernt gleichzeitig auf dem Tisch zu stehen, wir haben eine gute Gelegenheit, das Gebäude, das Haar und auch das Verhalten des Welpen zu kontrollieren. Wer wird wohl unseren Wunschvorstellungen am ehesten entsprechen, wenn er ausgewachsen ist? Viel hängt natürlich von der weiteren Aufzucht und Förderung durch die neuen Besitzer ab. Aber in einem guten Wurf gibt es immer ein bis zwei Welpen, von denen man sagen kann, die werden einmal ganz besonders gut werden. Das Beurteilen eines Welpen in diesem Alter ist nicht einfach und verlangt viel Erfahrung, die man nur durch jahrelangen Umgang mit der Rasse erwerben kann. Es macht aber sehr viel Freude, wenn die Hoffnungen und

Abb. 161: Der erste Spaziergang ist unvergeßliches Erlebnis für die Welpen

Erwartungen, die man als Züchter in einen Wurf oder in einen bestimmten Welpen setzt, später auch bestätigt werden.
Bei der Wurfabnahme müssen dann noch die Wurfmeldescheine ausgefüllt und von Züchter und Zuchtwart unterschrieben werden. Die Ahnentafeln der Eltern, die Zuchtzulassungsprüfungen, die Deckbescheinigungen, die HD-Befunde und der Zwingernamenschutz müssen vorliegen. Alle Unterlagen werden vom Zuchtwart dem Zuchtbuchamt des KFT zugesandt. Nach 3–4 Wochen erhält der Züchter dann die fertigen Ahnentafeln für seine Welpen, die er unterschreiben und mit dem Namen und der Adresse des jeweiligen Käufers versehen muß. Der Käufer bekommt dann umgehend seine Ahnentafel zugeschickt oder beim ersten Trimmbesuch ausgehändigt. Die Ahnentafel gehört stets zum Hund, das gilt auch, wenn irgendwelche Absprachen mit dem Käufer bestehen, wie gemeinsamer Besitz, Ausstellungs- oder Zuchterlaubnis u.s.w.
Wenn die Welpen nach der Wurfabnahme noch einige Zeit beim Züchter bleiben, müssen sie täglich etwas Neues erleben. Wir machen die ersten Welpenausflüge mit allen Welpen gemeinsam. Der ganze Verein kommt in den Kombiwagen, unsere Hündin und der Rüde, egal ob er der Vater des Wurfes ist oder nicht, dürfen auch mitfahren. Wir fahren vorsichtig, besonders in den Kurven und vermeiden möglichst abruptes Bremsen und Beschleunigen. Schließlich soll den Welpen bei ihrer ersten Fahrt ja nicht schlecht werden. In einem etwas abgelegenen Gelände, möglichst mit Wald, Wiese und Wasser, wird der ganze Wurf ausgeladen. Die Großen kommen zunächst mal an die Leine und die Welpen dürfen sich die neue Umgebung ansehen.

Nach 5 Minuten haben sie den Autostreß überwunden, und mit dem schon bekannten Ruf »Wutzi-Wutzi« kann man sehr bald alle Welpen dazu bewegen, uns und die großen Hunde auf einem kleinen Spaziergang zu begleiten. Die Welpen sind begeistert und untersuchen alles, was ihnen neu vorkommt. Vor allem genießen sie die uneingeschränkte Möglichkeit sich auszutoben. Sie halten dabei stets Kontakt zueinander und zu uns. Wenn mal ein Welpe zu forsch nach vorn prescht oder an einer interessanten Stelle zurückbleibt, versucht er schnellstens, wieder den Anschluß zu den anderen zu bekommen. Die ersten Welpenspaziergänge gehören zu den schönsten Erlebnissen überhaupt, sowohl für die Welpen wie auch für uns. Nach spätestens einer Stunde geht's wieder ins Auto und nach Hause. Im Zwinger angelangt, sind die Welpen keineswegs todmüde. Sie freuen sich, wieder in bekannter Umgebung zu sein, und spielen vergnügt weiter. Das ist ein sicheres Zeichen dafür, wie richtig und wichtig solche gemeinsamen Ausflüge sind.
Das nächste Mal nehmen wir die Welpen in kleinen Gruppen von zwei, höchstens drei Welpen mit und benutzen auch schon mal eine weiche, leichte Vorführleine. Wenn die Mama vorneweg läuft, traben die Kleinen trotz ungewohnter Leine ganz brav hinterher. Bald gehen wir auch einmal mit einem Welpen ohne die Mutter spazieren. Dazu müssen die Welpen aber schon etwas älter und erfahrener sein, um das richtig zu genießen. Sind sie noch zu jung und vermissen die Geschwister, dann setzen sie sich zur Sicherheit erst einmal auf ihre vier Buchstaben und sind

kaum dazu zu bewegen, sich in fremder Umgebung und allein an große Unternehmungen zu wagen.
Ein oder zwei Wochen sind da entscheidend für die Entwicklung. Plötzlich stapft man dann selbstbewußt durch die Gegend und zeigt, daß man nun groß genug ist, um in die neue Familie abgegeben zu werden. Auf den Spazierwegen wie zu Hause im Zwinger und auf dem Hundeplatz lernen die Welpen andere Leute und auch andere Hunde kennen und erfahren, wie man sich dabei zu verhalten hat.
Wichtig ist es meines Erachtens auch, daß die Welpen einzeln schon mal in die Wohnung des Züchters kommen. Die erwachsenen Hunde überwachen das ganze. Falls ein Pfützchen passiert, wird es schnell mit Essigwasser weggeputzt. Meist haben die Welpen für ein Pfützchen gar keine Zeit, weil es soviel Interessantes zu untersuchen gibt. Nach einer Viertelstunde geht es dann ab in den Garten, wo prompt ein Bächlein gemacht und der Welpe dafür sehr gelobt wird. Dann geht es zurück in den Zwinger und der nächste kommt an die Reihe. Eine wichtige Vorbereitung für das Leben als Haus- und Familienhund!

Fütterung der Welpen

Heute gibt es für Welpen viele Angebote der Futtermittelindustrie, die in ihrer Zusammensetzung und Qualität alle einer Mindestnorm entsprechen und auf den Bedarf der Welpen abgestimmt sein müssen.
Diese Grundnahrungsmittel verändern und verbessern wir mit wechselnden Zuga-

Abb. 162: Ob das wohl gut geht? So entstehen erste Freundschaften

ben von Brühe aus Rinder- oder Kalbsknochen oder Geflügelklein, von Gemüsebrühe oder Gemüseresten aus dem Haushalt, von Honig, Eigelb, Quark, Joghurt, geriebenen Möhren und Äpfeln u.s.w. Außerdem gibt es Frischfleisch vom Rind, Pansen, gekochten Fisch und gelegentlich Dosenfleisch. Derart aufgezogen, werden die Welpen immer freudig fressen und später keine Schwierigkeiten haben, sich an die Küche der neuen Besitzer zu gewöhnen. Wie soll das Futter vorbereitet werden? Das ist eine ernstzunehmende Frage, denn in der Art, wie das Futter den Welpen angeboten wird, können schwerwiegende Fehler gemacht werden.
Das negativste Beispiel habe ich einmal bei einem jungen Züchter erlebt, bei dem ich als Zuchtwart einen Wurf abnehmen sollte. Die Welpen waren in einem derart schlechten Zustand, daß ich die Wurfabnahme erst einmal zurückstellen mußte. Was war geschehen? Der Züchter hatte aus Unwissenheit ein teures Welpenfutter morgens, bevor er zur Arbeit ging, mit Wasser nach Vorschrift angefeuchtet und einen Trog mit der Tagesmenge vollgefüllt. Mengenmäßig war das Angebot richtig berechnet, nur gefressen wurde es nicht, weil das Futter spätestens nach einer Stunde kalt, festgepreßt und unappetitlich von den Welpen nicht mehr angerührt wurde. Nach der Umstellung auf jeweils vier frisch zubereitete, abwechslungsreiche Mahlzeiten täglich sahen die Welpen nach 14 Tagen wie umgewandelt aus.
Das andere Extrem stellt die Fütterung mit getrennten Näpfen für jeden Welpen dar. Man kann dann zwar gut kontrollieren, was jeder Welpe frißt. Das ist gut gedacht, aber recht unnatürlich. Die Welpen stecken viel lieber ihre Köpfe zusammen in eine Schüssel und lieben das Gedränge und Gerangel um das Futter. Wenn man während des Fressens dabeibleibt und die Welpen beobachtet, merkt man sehr gut, wer zurückhaltender und zum Schluß noch hungrig ist. Dann gibt es noch eine Extraportion.
Wir füttern zum Anfang aus der schon beschriebenen Welpenschüssel, die laufend höher gestellt werden muß, so daß die Welpen beim Fressen immer aufgerichtet stehen. Das hilft den Welpen eine gute Front mit festem Fesselstand und gut geschlossenen Pfoten zu entwickeln, wie es der Standard des Airedale verlangt. Sobald nicht mehr alle Köpfe an eine Futterschüssel passen, bekommen die Welpen ihr Futter von zwei in der Höhe verstellbaren Futterständern mit jeweils zwei Futterschüsseln aus Edelstahl. Das halte ich für die beste Lösung, die allen Anforderungen gerecht wird. Die Edelstahlschüsseln lassen sich leicht sauber halten. Außerdem klappern sie so schön und können zum Geräuschtraining benutzt werden. Wenn man sie gegeneinander schlägt oder auf die Fußbodenfliesen fallen läßt mit dem gleichzeitigen »Wutzi-Wutzi«-Schlachtruf, ist das für die Welpen ein Mordsspaß, und sie kommen aus den entlegensten Zwingerecken angestürmt.
Die zeitliche Einteilung der Fütterung ist ebenfalls ein wichtiger Ernährungs- und Prägefaktor. Regelmäßig eingehaltene Futterzeiten erziehen den Welpen zu einem gewissen Zeitgefühl. Derart geprägte Welpen versuchen später nicht den ganzen Tag zu betteln, vorausgesetzt der neue Besitzer ist auch diszipliniert und hält sich an die Futterzeiten.
Die gemeinsame Futteraufnahme erzieht die Welpen zu schnellem, sauberem Fressen und läßt keine Beißereien am Futternapf zu. Wer beißt, kann nicht

Abb. 163: Aus der Hand schmeckt alles noch viel besser

Abb. 164: Gemeinsam schmeckt's am besten. Die Futterschüssel sollte immer hochgestellt werden

gleichzeitig fressen, sondern wird vom Züchter, der das Ganze mit Interesse beobachtet, zurechtgewiesen und schon sind die Schüsseln leer. Auch beim späteren Besitzer soll die Futterschüssel in 5–10 Minuten blitzblank sein. Sonst wird sie wieder weggestellt.

Welpenfutterplan

Für die Fütterung der Welpen stehen heute vorzüglich zusammengesetzte Futtermittel in Form von Trockenfutter oder Dosenfutter wie zum Beispiel von den Firmen Effem und Hills zur Verfügung. Diese Futtermittel sind auf wissenschaftlicher Basis in ihrem Energie- und Rohproteingehalt, essentiellen Fettsäuren, Mineralstoffen und Vitaminen den Bedürfnissen des wachsenden Organismus angepaßt. Die Welpen können durchaus ausschließlich mit diesen Futtermitteln aufgezogen werden. Die tägliche Futtermenge für Airedale-Terrier Welpen beträgt im zweiten bis vierten Monat bei einem Energiebedarf von 150 kcal/kg Körpergewicht etwa 200 bis 350 g Trockenvollnahrung bzw. 1000 bis 1200 g Dosenvollnahrung täglich. Im Alter von sechs Monaten benötigt der Welpe durchschnittlich 100 kcal/kg Körpergewicht täglich (s. auch Abb. 167; täglicher Energiebedarf eines Hundes). Die Futtermenge ergibt sich aus den auf dem jeweiligen Futtermittel angegebenen Energiegehalt pro 100 g Trocken- bzw. Dosennahrung.

Viele Züchter und Besitzer bevorzugen jedoch zusätzliche Gaben von frischen Nahrungsmitteln wie zum Beispiel Milch, Quark, Eigelb, Frischfleisch (abgekocht), gedünstetes Gemüse, Obst- und Vollkornprodukte. Ein spezieller Futterplan für Airedale Welpen sollte vier Mahlzeiten enthalten. Wichtig es es, das Futter immer leicht angewärmt, bei kleineren Welpen etwas breiig, ab acht bis zehn Wochen schon etwas knuspriger, anzubieten und feste Fütterungszeiten, am besten im 4-Stundenrhythmus, einzuhalten.

Jeder Züchter hat seine eigenen Fütterungserfahrungen und berät die Besitzer seiner Welpen, welches Futtermittel in welcher Zusammensetzung die Welpen gewöhnt sind. So können Umstellungsschwierigkeiten vermieden werden, und der stolze Besitzer eines kleinen Airedale Welpen kann seinen Hund allmählich auf die ihm am sinnvollsten erscheinende Fütterung einstellen. Der folgende Plan soll deshalb nur einen Anhaltspunkt für die Fütterung von Welpen ab der 8. Lebenswoche sein.

8.00 Uhr: 1 Tasse Welpenmilch oder 3,5% H-Milch mit Welpenflocken (Matzinger u. ä.), 1 Eigelb oder ein Teelöffel Honig. Ein Knäckebrot oder Zwieback mit Margarine zum Knabbern.

12.00 Uhr: 125 g Fleisch (Rindfleisch, Rinderherz, Pansen oder Dosenfleisch für Welpen von Effem oder Hills) mit groben Flockenfutter (z. B. Mixer von Pal), nur kurz mit Fleischbrühe oder Gemüsewasser angefeuchtet. Es soll knusprig bleiben.

16.00 Uhr: 1 Tasse Milch mit einer halben Tasse Quark und Welpenflocken oder Haferflocken. Besonders gern nehmen die Welpen auch Müsli oder Kornflakes zur Abwechslung.
20.00 Uhr: Wie mittags, Fleisch bzw. Dosenfutter mit groben Flocken oder ein Trockenfutter in Form kleiner Bröckchen.

Bei Verwendung von Dosenfleisch der Firmen Effem oder Hills als Fleischanteil dieses Futterplanes ist der Welpe ausreichend mit Calcium, Mineralstoffen und Vitaminen versorgt. Bei Verwendung von Frischfleisch sind zusätzliche Gaben von Calcium in Form von Calciumcitrat notwendig. Im 3./4. Monat braucht der Welpe etwa 300 mg/kg Körpergewicht Calcium täglich.

Frischwasser muß jedem Hund mehrmals täglich angeboten werden oder in einem besonderen Trinknapf ständig zur Verfügung stehen.
Mit vier Monaten kann man auf drei Mahlzeiten und mit sechs Monaten auf zwei Mahlzeiten umstellen.
Ab ein Jahr wird der Junghund nur noch einmal täglich gefüttert; immer zur gleichen Tageszeit.
Ein kleines Frühstückshäppchen ist natürlich erlaubt. Sonst sollen keine Leckereien zwischendurch gefüttert werden.

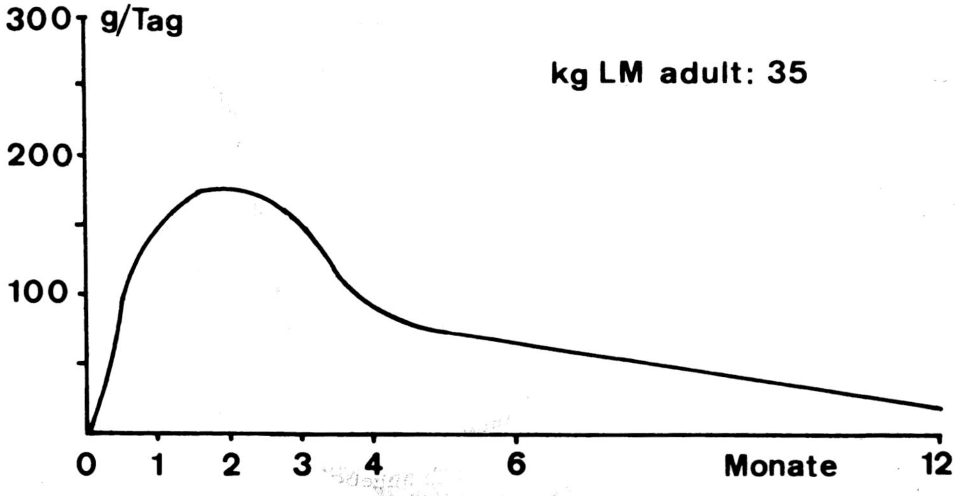

Abb. 165: Durchschnittliche Lebendmasse – Zunahme des Junghundes

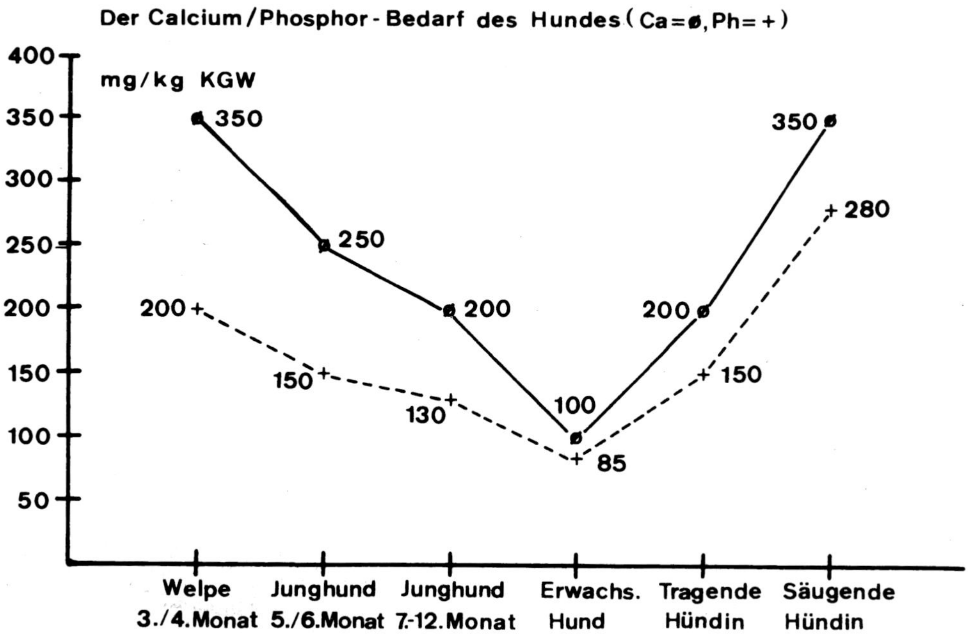

Abb. 166: Der Calcium/Phosphor-Bedarf des Hundes (Ca = ø, Ph = +)

VIII. Ernährung und Gesundheit

Ernährung

Der Nahrungsbedarf unserer Hunde ist heute bis ins kleinste Detail wissenschaftlich erforscht und bekannt. Hier haben uns insbesondere die Arbeiten und Veröffentlichungen von Professor Meyer von der Tierärztlichen Hochschule Hannover grundlegende Erkenntnisse gebracht. Wir können den Energiebedarf, den Eiweiß-, Kohlenhydrat- und Fetthaushalt für jeden Hund berechnen und die essentiellen Aminosäuren und Fettsäuren, den Vitamin- und Mineralhaushalt und die notwendigen Spurenelemente bestimmen. Theoretisch könnte man also garnichts mehr falsch machen. Vor allem möchten wir ja auch möglichst nichts falsch machen!

Wenn wir unsere Hunde einfach mit unseren Haushaltsresten ernähren würden, wie das früher durchaus üblich war, würden sie, wie wir heute wissen, mit Sicherheit nicht ausreichend ernährt. Das Futter wäre nicht dem Bedarf des Hundes entsprechend ausbalanciert, und gesundheitliche Schäden mit vorzeitiger Organermüdung wären die Folge.

Unsere Nahrung so zu berechnen und zu ergänzen, daß sie dem bekannten Bedarf des Hundes entspricht, würde dagegen sehr viel tägliche Zeit und Mühe kosten. Deshalb ist es richtig, die heute so zahlreich angebotenen Futtermittel, die in ihrer Zusammensetzung dem artgerechten Nahrungsbedarf des Hundes angepaßt sind, als Grundnahrungsmittel zu verwenden. Falsch wäre es, diese Futtermittel, die von der Industrie in den verschiedensten Zubereitungsformen angeboten werden, im Vertrauen auf deren Zusammensetzung kritiklos zu verwenden.

Man muß sich schon ein wenig mit der Ernährungswissenschaft beschäftigen, um aus dem heute fast unüberblickbaren Angebot das Richtige für seinen Hund auszuwählen. Einen Überblick über den Bedarf des Hundes in Abhängigkeit von seinem Alter, Gewicht, Verwendungszweck und Allgemeinzustand möchte ich Ihnen mit der folgenden grafischen Darstellung deutlich machen. (Abb. 167)

Jedes auf dem Markt angebotene Fertigfutter für Hunde wird mit einer Analyse der Inhaltstoffe und Kalorienmenge pro 100 g versehen. Wir können anhand dieser Angaben beurteilen, ob das gewählte Futter in der Zusammensetzung unseren Wünschen entspricht.

Dabei ist es unwesentlich, ob wir ein Trockenfutter in Flockenform oder ein Dosenfutter verwenden oder auch beides mischen, was die Hunde besonders gerne annehmen. Reines Trockenfutter in Form kleiner Preßlinge (wie z. B. Frolic oder Doko) ist als ständiges Alleinfutter zu einseitig und anstrengend für den Organismus. Wir würden auch nicht gern tagaus tagein dieselbe Astronautenkost zu uns nehmen. Wo bleibt denn da das Freßvergnügen?

Am besten sucht man sich ein bestimmtes Trockenfutter aus, das in seiner Zusammensetzung dem Bedarf unseres Hundes entspricht und ergänzt es wechselweise mit gekochtem Gemüse und Gemüsewasser aus unserer Küche, mit Brühe aus Kalbsknochen oder Geflügelklein, mit Eintopfresten zur Geschmacksvariation, mit Fleisch- oder Fischresten aus dem Haushalt und gelegentlich mit Dosenfutter.

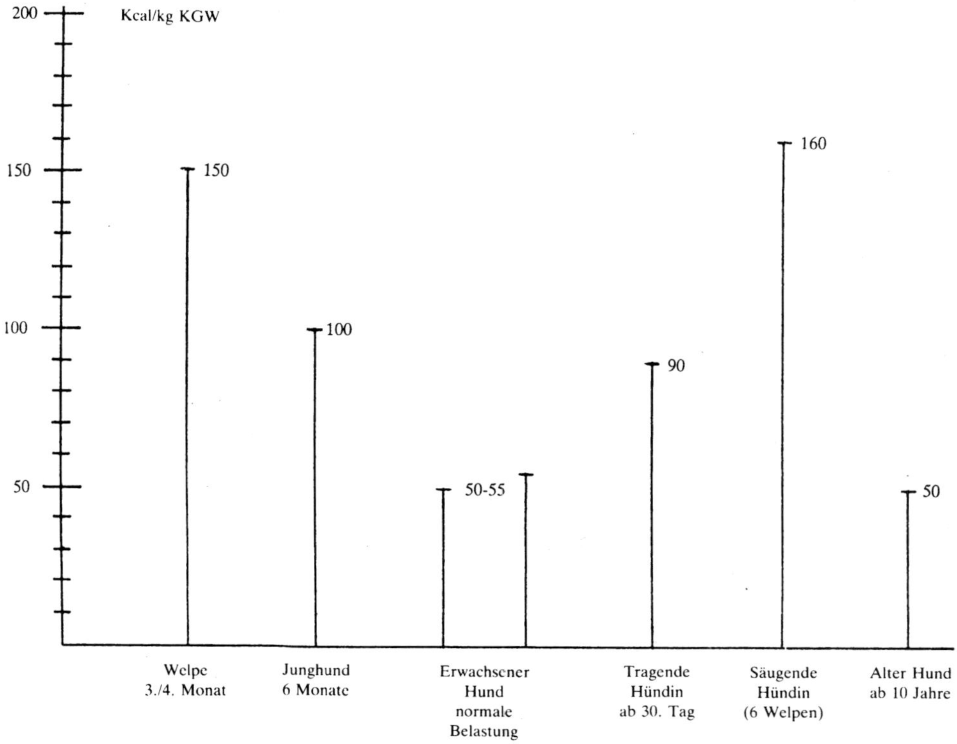

Abb. 167: Der Energiebedarf des Hundes

Frischer Quark ist eine hervorragende, gesunde und nicht denaturisierte Eiweißquelle, die gern angenommen wird. Auch Joghurt, Vollkornbrot, Obst und gelegentlich ein Eigelb sind willkommene Abwechslungen im Speiseplan.

Bitte nicht vergessen: nie rohes Fleisch oder Knochen vom Schwein fressen lassen, wegen der Gefahr der Infektion mit dem gefürchteten Aujetzkyvirus.

Fütterungszeiten

Erwachsene Hunde bekommen eine Mahlzeit pro Tag, wobei es unwesentlich ist, zu welcher Tageszeit das Futter angeboten wird. Wichtig ist nur, daß unser Hund seine Mahlzeit immer zur gleichen Zeit erhält. Er kann sich darauf einstellen und versucht nicht, bei jeder Gelegenheit um Futter zu bitten. Ein ständig bettelnder Hund ist nicht nur recht lästig und unerzogen, sondern er ist auch immer unzufrieden. Kennt er seine festen Futterzeiten, gibt es in diesem Punkt keine Meinungsverschiedenheiten und unser Hund kann sich auch im Restaurant oder als Besuch in einem anderen Haushalt gut benehmen.
Die Futtermenge hängt, wie schon erwähnt, von seinem Alter und seiner Be-

Abb. 168: Spielen und toben macht hungrig!

anspruchung in der Zucht oder im Leistungssport und als Jagd- und Diensthund ab.

Außerdem gibt es noch einen wichtigen Faktor, der noch nicht erwähnt wurde; es gibt auch bei den Hunden gute und schlechte Futterverwerter. Gute Futterverwerter können unter Umständen schon von der halben von uns berechneten Futtermenge rund und fett werden. Vor allem, wenn wir unserem Hund nicht genug Bewegung bieten können, kann das zu einem ernstzunehmenden Problem werden. Da der Hund von Natur aus mit einem Magen ausgestattet ist, der auf Vorratshaltung eingestellt ist, kann er, wenn er Gelegenheit dazu hat, riesige Mengen auf einmal verschlingen. In der Natur müßte er dann aber auch bis zum nächsten Jagderfolg mit neuer Beute längere Zeit fasten.

Unser zivilisierter Hund bekommt seine tägliche Nahrung von uns gereicht, sogar ohne sich dafür anstrengen zu müssen. Deshalb müssen wir streng darauf achten, daß er nicht ständig überfüttert wird. Wird er trotz Einhaltung der errechneten Kalorienmenge dicker, muß seine Kost reduziert werden. Das kann durch Futterentzug mit Fastentagen, an denen es nur ein Joghurt mit geriebenen Möhren gibt, erreicht werden. Darüberhinaus gibt es Spezialfuttermittel, die kalorienarm sind, aber alle notwendigen essentiellen Aminosäuren, Fettsäuren, Vitamine und Spurenelemente enthalten. Wenn wir uns klar machen, daß ein dicker Hund nie ein wirklich gesunder Hund sein kann, wird es uns leichter fallen, unseren »Dicken« diszipliniert zu ernähren.

Es gibt aber auch ausgesprochen schlechte Futterverwerter, die trotz ausreichender Kaloriengabe so mager sind, daß man die Rippen zählen kann. In diesem Fall muß der Hund erst einmal einem Tierarzt vorgestellt werden, der durch eine Generaluntersuchung feststellen kann, ob organische Schäden als Ursache der schlechten Futterverwertung ausgeschlossen werden können. Hat dieser Hund ein bislang unerkanntes Leiden, z. B. der Nieren, Leber, Bauchspeicheldrüse u. a., muß dies zunächst einmal auskuriert werden.

Ist dies geschehen oder liegt keine besondere Erkrankung vor, können wir gezielt die Fütterung kalorienreicher gestalten, z. B. durch Zugaben von gutem Pflanzenöl oder Margarine, durch Steigerung des Kohlehydratanteils und durch Erhöhung der Futtermenge. Das Futter sollte dann auf 2–3 Mahlzeiten am Tag verteilt werden. Manchmal hilft schon ein zusätzliches Leberwurstbrot am Morgen und Abend mit Vollkornbrot, dick mit Margarine oder Butter und dünn mit Leberwurst bestrichen.

Bei festgestellten Organschäden kann man die Heilungschancen durch entsprechendes Diätfutter, die es z. B. für Herz-, Nieren-, Leber- und Hauterkrankungen gibt, unterstützen und beschleunigen. Man kann auch das gewohnte Futter nach Anweisung des Tierarztes den besonderen gesundheitlichen Erfordernissen entsprechend abwandeln. Es ist eine Frage des zeitlichen Aufwandes, des Geldbeutels und der persönlichen Einstellung, welche Diätzubereitung man seinem Hund anbieten will. Wichtig ist nur, daß auf die besonderen Erfordernisse Rücksicht genommen wird.

Eine besondere Rücksichtnahme erfordert auch die Ernährung des alten Hundes. Mit 10–12 Jahren sollte unser Hund wieder eine leicht verdauliche, hochwertige,

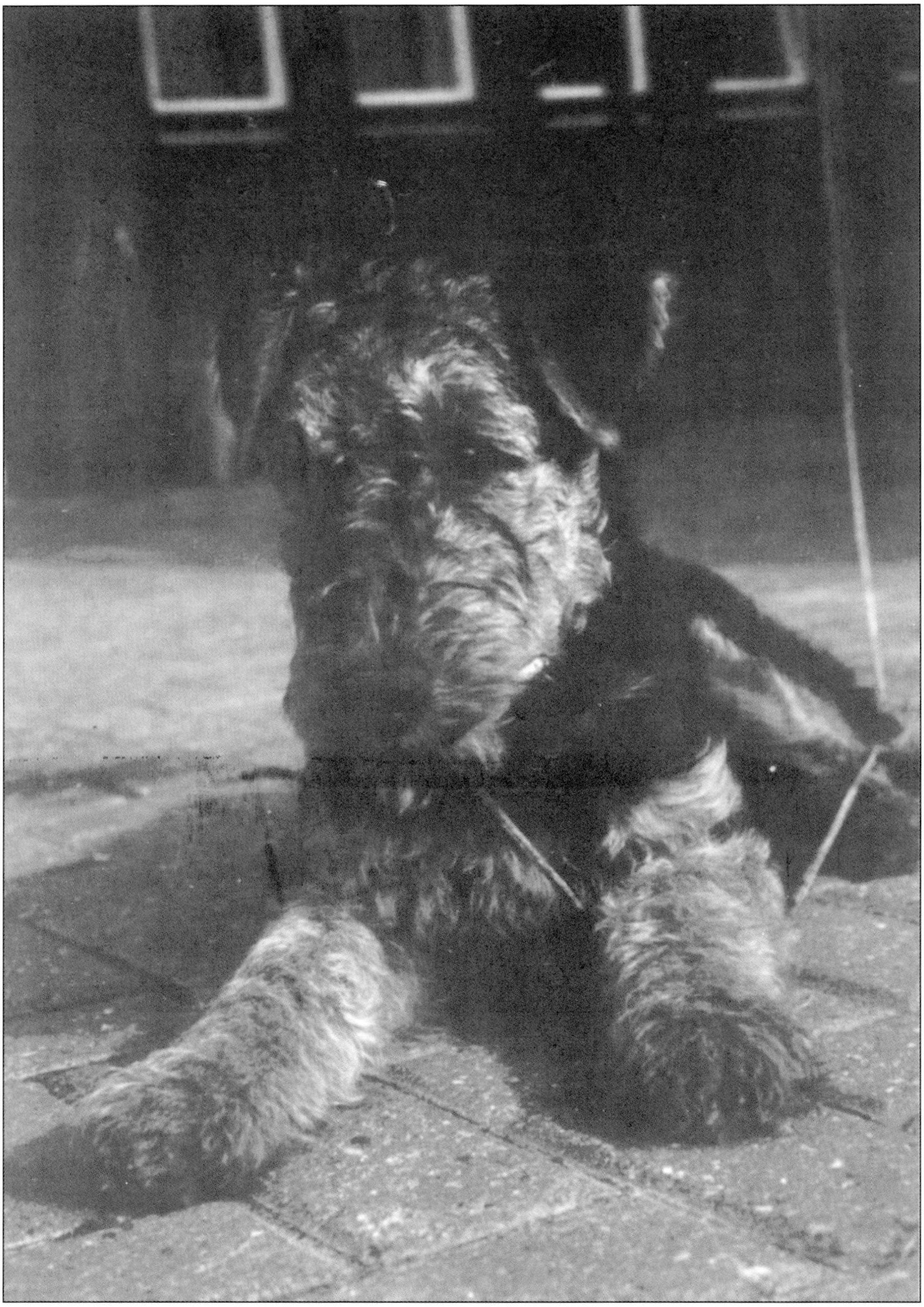

Abb. 169: Die Leine habe ich schnell durchgenagt, kein Problem

abwechslungsreiche Kost erhalten, die wir auf zwei Mahlzeiten am Tag verteilen. Eine leichte Flockenkost ohne Trockenfleisch mit einem Eßlöffel gutem Pflanzenöl und Quark oder Dosenfutter als Eiweißquelle bekommt dem älteren Organismus viel besser als konzentriertes Trockenfutter z. B. in Form von Preßlingen.

Gesundheit

Wir gehen einmal davon aus, daß Sie einen gesunden, übermütigen und sorgfältig aufgezogenen Welpen im Alter von 10–12 Wochen erworben haben. Zur sorgfältigen Aufzucht gehört neben der ausgewogenen, dem jeweiligen Alter und Entwicklungszustand angepaßten Ernährung vor allem viel Bewegung in der frischen Luft bei jedem Wetter und eine saubere, trockene, warme Kinderstube. So kann ein Airedalewelpe gesund heranwachsen.
Außerdem gehört zur sorgfältigen Gesundheitsvorsorge von seiten des Züchters die regelmäßige Entwurmung und ausreichende Schutzimpfung der Welpen.

Der Schutz vor Endoparasiten
Ein Welpe ist dann richtig entwurmt, wenn er wurmfrei den Zwinger verläßt. Jeder Welpe kommt früher oder später mit Wurmeiern oder Larven in Kontakt, die sich in seinem Darmtrakt zu geschlechtsreifen Würmern, meist Spulwürmern (Toxocara canis und Toxascaris leonina) entwickeln. Wird der Wurmbefall beim Welpen und heranwachsenden Junghund nicht gewissenhaft bekämpft, kommt es zu erheblichen gesundheitlichen Schäden, die sogar tödlich ausgehen können.
Es gibt heute weitgehend unschädliche, sicher wirkende und bequem anzuwendende Medikamente, die entweder gezielt auf eine bestimmte Wurmart oder mit Breitenwirkung für mehrere Wurmarten eingesetzt werden können. Deshalb ist es immer richtig, beim heranwachsenden Welpen durch eine Kotprobe im Labor des Tierarztes feststellen zu lassen, welche Wurmarten den Hund befallen haben, und welches Medikament angewandt werden soll.
Außer Spulwürmern können noch Haken- und Peitschenwürmer vorkommen, verschiedene Bandwurmarten und vor allem Coccidien, die auf die üblichen Wurmmittel nicht ansprechen und mit Sulfonamiden bekämpft werden müssen. Die Coccidien können schon beim Saugwelpen schwerste Darmstörungen hervorrufen. Bandwürmer sind im Kot nicht ohne weiteres feststellbar. Sie fallen dem aufmerksamen Besitzer aber durch kleine, grau-weiße Bandwurmglieder in der Umgebung des Afters des Hundes oder auf dem abgesetzten Kot auf.
Dabei ist der kleinste, nur etwa 3 mm große Bandwurm Echinococcus Granulosus der einzige, der dem Menschen gefährlich werden kann. Er zeigt sich deutlich mit dem Kot, der wie mit Grieß bestreut aussieht. Gott sei Dank ist dieser Bandwurm sehr selten und mit den modernen Medikamenten auch sehr gut zu bekämpfen.
Es empfiehlt sich aber generell, die Ausscheidungen des Hundes stets eines kurzen Blickes zu würdigen, um Abweichungen von der normalen Kotbeschaffenheit zu erkennen und richtig einzuschätzen.
Wurmkuren sind bei den Welpen solange zu wiederholen, bis sie wurmfrei sind.

Sie werden dann in regelmäßigen Abständen wiederholt, bis der Hund mit zunehmendem Alter eine körpereigene Resistenz aufgebaut hat. Erwachsene Hunde brauchen im allgemeinen nur einmal im Jahr vorsichtshalber mit einem Breitspektrumanthelmintikum vorsorglich behandelt zu werden.
Die Entwurmung der Welpen beim Züchter und beim Besitzer hängt maßgeblich von den örtlichen Umständen ab. Ein Welpenauslauf mit viel Naturboden ist bei aller Sorgfalt immer Ursache für eine höhere Infektionsrate der Welpen mit Spulwurmeiern als Betonboden. Da muß gegebenenfalls alle zehn Tage eine Wurmkur durchgeführt werden, um gar nicht erst geschlechtsreife Würmer heranwachsen zu lassen, damit auch die Eiausscheidung mit dem Kot auf ein Minimum zu beschränken.
Spätestens vor der ersten Schutzimpfung ist eine Laboruntersuchung einer sogenannten Sammelkotprobe notwendig. Zeigt die Laboruntersuchung, daß die Welpen nicht wurmfrei sind, muß ein anderes Medikament eingesetzt werden. Parasiten, insbesondere Spulwürmer, können gegen Wurmmittel, die immer wieder und oft nicht hoch genug dosiert eingesetzt werden, resistent sein. Dann hilft nur noch, das Wurmmittel zu wechseln. Denn nur gesunde Welpen ohne Parasitenbelastung können auf den Impfreiz eine aktive Immunantwort mit guter Antikörperbildung entwickeln.

Ektoparasiten

Während die Endoparasiten im Körper des Hundes schmarotzen, vergnügen sich die Ektoparasiten auf der Hautoberfläche und haben ihre bestimmten Lieblingssitze, an denen sie der Hund nicht so gut erreichen kann. Da ist er unserer Hilfe sicher, denn die meisten Ektoparasiten wie Flöhe, seltener Läuse und Zecken sind vom Züchter oder Besitzer bei einiger Aufmerksamkeit leicht zu entdecken und mit den modernen Mitteln leicht zu bekämpfen.
Bei Flöhen, den kleinen braunen, flinken Quälgeistern, hilft am besten ein gründliches Bad mit einem medizinischen Waschmittel. Das wirkt gleichzeitig parasitenabtötend und heilend auf kleine Infektionsstellen an den Einstichstellen der Flöhe, damit juckreizlindernd.
Diese Behandlung muß nach 14 Tagen noch einmal wiederholt werden, um eine Reinfektion zu vermeiden. Ebenso sind Lager und Decken des Hundes gründlich zu reinigen. Ein befallener Zwinger muß ganz ausgesprüht werden, so lange, bis keine Flöhe mehr auftreten. Außerdem gibt es zur Bekämpfung der Ektoparasiten Halsbänder (Vapona), Spotons (Tiguvon), Tabletten (Cyflee) und Injektionen, die je nach Notwendigkeit verordnet werden können.
Zecken bekommen die Hunde auf Spaziergängen durch Waldgebiete oder Gehölzgruppen im Garten. Die Zecken lassen sich auf den vorbeiziehenden Hund fallen und beißen sich mit ihrem hakenförmigen Kopfwerkzeug in der Haut fest. Wenn man mit Gewalt an ihnen zieht, reißen sie ab. Man muß sie vorsichtig herausdrehen, was besonders leicht geht, wenn man den Zeckenkörper vorher mit Öl oder Alkohol befeuchtet. Die Zecke lockert dann nämlich ihre Verankerung in der Haut, und man kann sie im ganzen entfernen.
Vorbeugen kann man ebenfalls mit einem Zeckenhalsband, mit regelmäßig einzu-

Abb. 170: »Wassersport« ist eine der Leidenschaften der meisten Airedales

Abb. 171: Quer über die Felder darf man nur mit gutem Appell jagen

gebenden Tabletten oder mit Ballistolöl, das 1:3 mit Wasser verdünnt und mit einer einfachen Blumenspritze auf das Fell gesprüht und leicht eingerieben wird. Ballistol gebraucht man zur Jagdwaffenpflege. Hunde mögen es. Es pflegt das leicht etwas trockene Haar des Airedale, und Zecken mögen es gar nicht.
In Süddeutschland, Österreich, Schweiz und Südfrankreich können Zecken für den Menschen gefährlich werdende Virusinfektionen übertragen, gegen die man sich vorsorglich impfen lassen kann.
Läuse kommen nur sehr selten vor. Ihre Eier sitzen wie kleine weiße Schuppen in den Haaren und an versteckten Hautstellen und lassen sich nicht ausbürsten. Hier ist ebenfalls baden mit einem medizinischen Haarbad das beste Mittel. Läuse sind schnell und leicht zu entfernen.
Milbenerkrankungen sind dagegen sehr ernst zu nehmen. Sarkoptesmilben sind schwer nachzuweisen, aber relativ gut zu behandeln. Sie gehen meist mit geringgradigem Juckreiz und deutlich erkennbaren, ekzemartigen Hautveränderungen einher. Diagnose und Therapie sind Sache des versierten Tierarztes.
Demodexmilben kommen bei den meisten Hunden vor, ohne überhaupt wahrgenommen zu werden. Gesunde Hunde verfügen über genügend Abwehrkräfte, um eine Ausbreitung der Milbe, eine Demodikose, verhindern zu können. Erst bei verminderter Abwehrlage des Organismus können die Demodexmilben Hautveränderungen in Form von Ekzemen an Kopf, Ohrrändern, Läufen und Unterbauch hervorrufen, die auch heute noch sehr schwer zu bekämpfen sind. Die Demodexmilbe ist verhältnismäßig leicht zu diagnostizieren. Für die Therapie muß ein sorgfältig ausgearbeiteter Plan mit wiederholten Waschungen und mit besonderem Schwerpunkt auf der Wiederherstellung der körperlichen Abwehr erstellt und vom Besitzer und Tierarzt gemeinsam durchgeführt werden. Hier zeigt es sich besonders, wie wichtig eine kooperative Einstellung des Besitzers zu den therapeutischen Maßnahmen des Tierarztes ist.

Hautveränderungen
Bakterielle und Pilzinfektionen der Haut werden durch ausgebreitete und schwer zu heilende Ekzeme deutlich. Hier ist es ganz besonders wichtig, daß eine frühzeitige Diagnose mit sich daraus ergebender gezielter Therapie eingeleitet wird, um einen größeren Schaden gar nicht erst eintreten zu lassen. In Zweifelsfällen hat der Tierarzt die Möglichkeit, anhand einer Hautbiopsie, d. h. eines kleinen Hautstückes von einer erkrankten Partie, eine Diagnose mit Therapieplan erstellen zu lassen.
Leichte Hautreizungen nach dem Trimmen pflegt man am besten mit etwas Ballistol oder einer einfachen Wundsalbe. Sie heilen problemlos innerhalb weniger Tage ab. Ein Bad mit einem medizinischen Haarpflegemittel wie z. B. Criniton vet. benutzt man für den Airedale nach dem Trimmen, falls die ganze Haut etwas trocken, schuppig und pflegebedürftig aussieht. Normalerweise braucht der Airedale aber nicht gebadet zu werden.
Manche Airedales neigen zu Hautveränderungen, die mit juckenden, kleinen Pöckchen beginnen und in Form von grauen Flecken (etwa in der Größe eines Zehnpfennigstückes) mit schuppigem Rand abheilen. Die Hautbiopsien ergeben

stets den Befund Atopie/Allergie, d. h., daß diese Hunde ungewöhnlich stark auf äußere Reize, die eine gesunde Haut problemlos abwehrt, reagieren. Zum Beispiel können Streptokokken, die normalerweise auf jeder Haut vorkommen, bei diesen Hunden zu Ekzemen führen. Behandelt der Tierarzt diese Streptokokken, klingt das Ekzem ab. Es rezidiviert aber bald wieder, wenn die Medikamente abgesetzt werden. Bitte kein Cortison einsetzen!
Fahren Sie mit ihrem Airedale 14 Tage an die Nordsee, dann heilt die Haut völlig ab. Oder stellen Sie das Futter um auf Reis, Gemüse, Obst, Quark und eine gute Pflanzenmargarine, behandeln Sie die Stellen mit DDD oder einem anderen Hautdesinfektionsmittel, z. B. von der Hermal Chemie. Viel Bewegung an der frischen Luft und Vermeidung von Übergewicht unterstützen die Abwehrlage der Haut. Solche Hunde müssen immer recht kurz im Haar gehalten werden, damit die Stellen leicht zu finden sind und behandelt werden können. In langem Haar können sich Ekzeme unbemerkt ausbreiten, und die Haut wird durch das Trimmen eines zugewachsenen Airedales viel mehr strapaziert. Plötzlich verschwinden diese Stellen wie von selbst, und das Problem ist gelöst. Vorbeugend sollten diese Hunde stets ausreichend mit essentiellen Fettsäuren in Form von Distelöl oder Becelmargarine oder als Kapsel (Effaderm forte) versorgt werden. Tierisches Fett sollte dagegen eingeschränkt werden.
Eine besondere Erscheinung im Haarkleid des Airedale sind die bei manchen Hunden auftretenden sogenannten »kahlen Stellen« in der Lendenpartie. Ausführlicheres über den aktuellen Wissensstand dieser Veränderungen wird in einem gesonderten Abschnitt besprochen
Hautverletzungen, die bis in die Unterhaut reichen, gleichgültig ob sie nur klein im Durchmesser sind oder gar genäht werden müssen, sollten immer antibiotisch versorgt werden. Die Unterhaut ist ein hervorragender Nährboden für alle Keime, und ohne Wundversorgung entstehen gerade bei kleinen, unbedeutend erscheinenden Verletzungen nach 8–10 Tagen ernstzunehmende Abszesse. Wundpuder und Wundsalben verstopfen allerdings nur die Wundöffnungen. Besser geeignet ist eine Versorgung der Wunden mit einem flüssigen Antibiotikum, wie es für Injektionen verwendet wird.

Die Körperöffnungen

Alle Körperöffnungen des Hundes, die Maulhöhle, Nasenhöhle, Augen, Ohren, Vorhaut des Rüden, die Vulva der Hündin und After sollten regelmäßig beobachtet werden, damit der Besitzer bei Abweichungen von den normalen Verhältnissen seinem Tierarzt nützliche Hinweise geben kann.
Die *Maulhöhle* reinigt sich beim gesunden Hund selbständig, Speichelfluß, Zahnstein, Zahnfleischentzündungen und erkrankte Zähne rufen einen ungesunden bis übel riechenden Geruch hervor. Hier müssen die Ursachen festgestellt und beseitigt werden. Ein gesunder Hund ist immer auch ein appetitlich sauberer Hund. In allen anderen Fällen bedarf er unserer Hilfe.
Die *Nasenöffnungen* und der Nasenschwamm sind normalerweise immer etwas feucht und glänzend. Eine ständig trockene oder sogar krustige Nase mit schleimigem oder eitrigem Ausfluß ist ein Alarmzeichen und muß behandelt werden.

Die *Augen* haben morgens oft etwas »Schlaf« (klarer Schleim) in den inneren Lidwinkeln, der mit einem angefeuchteten Tuch leicht zu entfernen ist. Gelblicher oder grünlicher Ausfluß ist ein Zeichen einer Infektion der Bindehäute und muß behandelt werden. Ebenso müssen bei ständigem übermäßigen Tränenfluß die Ursachen gefunden und beseitigt werden. Das können kleine Wimpern, die die Hornhaut reizen, sein, der Tränennasenkanal kann verstopft, die Nickhaut oder das dritte Augenlid kann mit kleinen Bläschen, die wie Sandkörnchen reiben, bedeckt sein. Es kann sich sogar um ein Entropium, ein nach innen eingerolltes Augenlid handeln. Ein Ektropium kommt beim Airedale kaum vor.
Alle diese Veränderungen müssen mit kleinen chirurgischen Maßnahmen frühzeitig beseitigt werden, bevor sie chronischen Schaden anrichten.
Eine Verletzung der Hornhaut gehört natürlich sofort in tierärztliche Behandlung. Angeborene Erkrankungen der Augen wie Entropium, Linsenluxation und Retinaatrophie (PRA) gehören beim Airedale heute gottlob zu den ganz großen Ausnahmen. Solche Hunde dürfen nicht für die Zucht eingesetzt werden.
Die *Ohren* brauchen beim Airedale relativ wenig Pflege. Sollte einmal Ohrenzwang, ein Juckreiz mit vermehrter dunkelbrauner Sekretbildung im Gehörgang auftreten, muß mit einem Ohrspiegel festgestellt werden, ob sich vielleicht Fremdkörper (Granne vom Getreide oder Otodectesmilben) im Gehörgang befinden, die entfernt werden müssen. Danach wird der Gehörgang mit reichlich flüssiger Reinigungslösung täglich ausgewaschen und abgetupft, bis keine braunen Sekretmassen mehr festzustellen sind. Bei jungen Hunden sollte das äußere Ohr gleichzeitig in der richtigen Form massiert werden, wie es beim Zahnwechsel notwendig ist, um Haltungsfehlern vorzubeugen.
Die *Vorhaut* der Rüden reinigt sich normalerweise selbst oder wird vom Rüden sauber gehalten. Anhaltender Juckreiz mit verklebten Haaren an der Vorhautöffnung mit deutlich sichtbaren gelblichen Tropfen sind Zeichen einer leichten Infektion und müssen beseitigt werden. Sonst entsteht ein chronischer Vorhautkatarrh, der für den Rüden recht lästig ist und eine aufsteigende Infektion der Harnröhre, Prostata und Blase auslösen kann.
Man sollte deshalb den Vorhautkatarrh frühzeitig mit geeigneten Mitteln abstellen. Dafür gibt es heute bequem anzuwendende Schauminjektoren, mit denen eine Emulsion von entzündungshemmenden und keimtötenden Substanzen bis an die weit zurückliegende Umschlagsstelle der Vorhaut verteilt werden kann. Oft ist bereits nach ein bis zweimaliger Anwendung eine Heilung erreicht, und die Behandlung, die vom Besitzer leicht durchgeführt werden kann, braucht nur noch einige Male in größeren Abständen wiederholt zu werden. Die Versorgung mit diesen Schauminjektoren stellt auch eine sehr sinnvolle Gesundheitsvorsorge für alle Deckrüden nach dem Decken dar. Deckinfektionen können so sicher vermieden werden.
Die *Vulva* oder Scheide der Hündin verändert sich naturgemäß mit dem Zyklus der Hündin. Während der Hitze ist sie deutlich vergrößert und geschwollen und zeigt je nach Stand der Läufigkeit rötlich bis hellmilchigem Ausfluß. Während der Trächtigkeit erscheint an der wieder weitgehend zurückgebildeten Scheide gelegentlich ein glasiger bis hellgrauer Schleimfaden, der als normal und als ziemlich

sicheres Zeichen einer Trächtigkeit der Hündin anzusehen ist. Scheinträchtige Hündinnen können ihre Besitzer lange zum Narren halten. Diesen typischen Schleimfaden haben sie meines Wissens nie.
Alle von diesen erwähnten Ausnahmen abweichenden Absonderungen aus der Scheide der Hündin sind ein ernstzunehmendes Zeichen einer Störung am Urogenitalsystem. Die Ursache muß von einem Tierarzt geklärt werden. Oft sind Röntgenaufnahmen, eine Vaginoskopie und ergänzende Laboruntersuchungen notwendig, um die Diagnose zu sichern. Es kann sich um eine Entzündung oder Vereiterung der Gebärmutter, um abgestorbene Welpen oder eine Fehlgeburt handeln, oder wir haben es mit einer Blasenentzündung, Blasensteinen oder einer Niereninfektion zu tun. Auf jeden Fall ist eine frühzeitige Klärung der Ursachen auch hier die beste Vorsorge und Therapie.
Die *Afteröffnung* ist normalerweise völlig unauffällig und beim Airedale bei fröhlich getragener Rute und kurz gehaltenem Haar gut sichtbar. Erst wenn hier etwas nicht in Ordnung zu sein scheint, und der Hund sich ständig leckt und unruhig wird, muß man sich das letzte Ende seines Hundes einmal etwas genauer ansehen. Knochenstückchen und Knochenkot, beides sollte bei richtiger Fütterung nicht vorkommen, können den Hund sehr quälen. Bandwurmbefall, erkennbar an kleinen grauweißen Gliedern in der Umgebung des Afters und auf dem Kot, werden vom Hund als recht unangenehm empfunden und rufen Juckreiz hervor. Sie müssen sofort mit einem spezifischen Wurmmittel bekämpft werden, Spulwurmmittel reichen nicht aus.
Außerdem können die Analdrüsen, die beidseitig am Schließmuskel in die Afteröffnung münden, verstopfen und zu Abzessen führen. Sie müssen am besten vom Tierarzt entleert und mit einer Knopfkanüle gespült werden. Dann ist das Problem behoben. In seltenen Fällen verstopfen und entzünden sich diese Analdrüsen immer wieder. Dann läßt man sie am besten operativ entfernen. Diese Operation erfordert vom Operateur großes Geschick und muß sehr präzise durchgeführt werden. Aber nach 8–10 Tagen ist alles überstanden und unser Hund braucht sich nie wieder über sein »Waidloch« zu ärgern. Daß der Hund dann keine markierenden Duftstoffe mehr absetzen kann, wird ihn als zivilisierten Hausgenossen kaum belasten.
Im Alter können sich insbesondere beim Rüden auch Tumore im Aftergebiet zeigen, die meist mehrfach auftreten und, wenn sie bluten, sehr störend sein können. Ihre Entstehung wird hormonell gesteuert, und eine operative Entfernung sollte deshalb immer von einer hormonellen Behandlung, besser noch von der Kastration, begleitet werden.
Eine Kastration belastet den Rüden in dem Alter, in dem Analtumoren auftreten, in keiner Weise mehr. Viel unangenehmer ist es, wenn es ohne Kastration zu neuen Tumorbildungen (Rezidiven) kommt.

Magen- und Darmerkrankungen
Bei allen Störungen des Verdauungstraktes, bei Appetitmangel, Erbrechen, Kotverhärtung oder Durchfall wird erst einmal Temperatur gemessen. Bei Temperaturen über 38,9° ist in jedem Fall der Tierarzt hinzuzuziehen.

In leichteren Fällen lassen wir unseren Hund erst einmal fasten und bieten ihm nur leichten schwarzen Tee oder leicht gesalzenes, abgekochtes Wasser an. Fühlt er sich am nächsten Tag besser, gibt es nur etwas gekochten Reis oder Nudeln mit etwas Salz und einem Teelöffel guter Margarine. Eventuell ist noch ein Knäckebrot oder ein Zwieback erlaubt. Danach kann man wieder die gewohnte Ernährung anbieten.

Bewegungsstörungen
Lahmheiten, insbesondere des heranwachsenden Hundes, gehören immer in die Obhut des Tierarztes. Er kann entscheiden, ob schnelle Hilfe nottut, wie z. B. bei einem Bänder- oder Kapselriß, einem Knochenbruch oder einer Verrenkung oder Auskugelung eines Gelenkes, oder ob bei einer Sehnen- oder Muskelzerrung eine konservative Therapie mit Schonung und entsprechenden Medikamenten angezeigt ist.

Abb. 172: »Gesundheit, Wesen, Schönheit« – ein optimales Zuchtergebnis

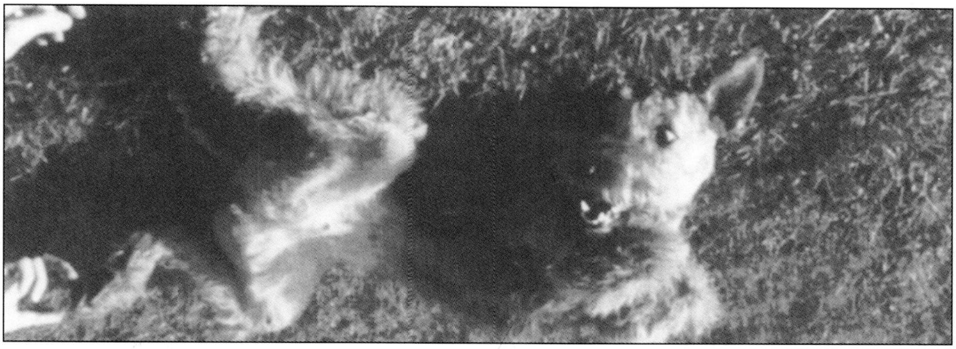

Abb. 173: Ein herrlicher Tag heute – ich weiß vor Übermut nicht, was ich machen soll

Oft ist es gar nicht so einfach, die Ursache für eine Bewegungsstörung zu finden. Dann sind mehrere Besuche beim Tierarzt notwendig, der anhand des Verlaufes und der Reaktion des Hundes auf die verordneten und hoffentlich auch sorgfältig verabreichten Medikamente Rückschlüsse auf die Ursache der Bewegungsstörungen ziehen kann.
Bei allen Junghunden großer Rassen, so auch beim Airedale, sollen im Alter von ein bis eineinhalb Jahren die Hüftgelenke vorsorglich auf HD (Hüftgelenksdysplasie) geröntgt werden. Zum einen gewinnt man dadurch einen sehr guten Einblick in die genetische Veranlagung der Elterntiere und der Rasse überhaupt, zum anderen, was ich für besonders wichtig halte, eine genaue Auskunft, ob der eigene Hund gesunde Hüftgelenke besitzt, was aufgrund sorgfältiger Zuchtauswahl meist der Fall ist, oder ob der Hund im Sport geschont, vorsorglich mit einem Anabolikum versorgt und in tierärztlicher Beobachtung bleiben sollte. Dieses Problem ist für die Zukunft eines Hundes und der Rasse so wichtig, daß es in einem gesonderten Kapitel ausführlich behandelt wird.

Die Schutzimpfung
Die Viruserkrankungen des Hundes waren früher gefürchtete und verlustreiche Seuchen, die ganze Zwingerbestände vernichtet haben, durch die so mancher geliebte und für den Besitzer unersetzliche Hund qualvoll sterben oder durch die Hand des Tierarztes erlöst werden mußte. Auch heute sind Viruserkrankungen trotz moderner medizinischer Möglichkeiten der Behandlung nur sehr schwer und kostspielig zu bekämpfen. Wir können deshalb nicht dankbar genug sein, daß die wichtigsten Viruserkrankungen des Hundes, die *Staupe*, die *Hepatitis, Parvovirose, Tollwut* und die durch Leptospiren verursachte Stuttgarter Hundeseuche, die *Leptospirose* sowie der durch Calici- und Rheoviren verursachte *Zwingerhusten* durch rechtzeitige und ausreichende Schutzimpfungen gesunder Hunde sicher vermieden werden können. Rechtzeitig ist eine Impfung dann, wenn die durch den Impfstoff angeregte körpereigene Antikörperbildung abgeschlossen ist, bevor der Hund Gelegenheit hat, sich mit dem jeweiligen Virus zu infizieren. Das heißt, der Zeitpunkt der Impfung ist dem Infektionsrisiko anzugleichen.

Ist zum Beispiel im Bereich des Züchters weit und breit seit Jahren keine Staupe oder Hepatitis mehr aufgetreten, dann genügt es, wenn die Welpen 8 bis 10 Tage vor der Abgabe an die neuen Besitzer ihre erste SHL-Impfung erhalten, mit der Empfehlung, diese Impfung nach 3 bis 4 Wochen nochmal wiederholen zu lassen. Diese Wiederholungsimpfung ist unbedingt notwendig, um eine ausreichende und damit sichere Grundimmunisierung zu gewährleisten. Danach sind diese Impfungen spätestens alle zwei Jahre zu wiederholen.
Ist es dagegen in einem Zwinger oder in dem Wohngebiet des Züchters wiederholt zu Parvoviroseerkrankungen gekommen, so muß der gesamte Bestand, insbesondere die tragenden und säugenden Hündinnen, sowie die heranwachsenden Welpen, nach einem genau einzuhaltenden Impfschema immunisiert werden, um große Verluste zu vermeiden. Die Welpen werden in solchen Fällen mit besonders dafür geeigneten Impfstoffen schon ab der 5. Woche alle zehn Tage vacciniert, bis sie mit 10–12 Wochen einen ausreichenden Antikörpertiter zur sicheren Abwehr der Parvoviren gebildet haben. Gegen die Parvovirose, die gelegentlich fälschlich als Katzenseuche des Hundes bezeichnet wird, muß anschließend, je nach Impfstofftyp, ebenfalls alle 1–2 Jahre nachgeimpft werden.
Gegen *Tollwut* ist im allgemeinen eine Impfung mit 4–6 Monaten, die jährlich wiederholt wird, ausreichend. Muß aus Gründen einer besonderen Tollwutgefährdung oder eines geplanten Grenzüberganges früher geimpft werden, stehen hierfür besonders geeignete Spezialimpfstoffe auf Anforderung zur Verfügung.
Gegen *Zwingerhusten* braucht nur geimpft werden, wenn Hunde häufig mit anderen Hunden in Berührung kommen, z. B. auf Ausstellungen, Ausbildungsplätzen, Hundepensionen und Hundeschulen. Auch diese Impfung muß regelmäßig wiederholt werden.
Für das Aujetzkivirus gibt es bisher noch keinen Impfstoff für den Hund und leider auch keine Heilungschancen. Diese sogenannte Pseudowut endet nach wenigen Tagen tödlich. Deshalb dürfen *nie rohes Schweinefleisch* oder Schlachtabfälle vom Schwein an Hunde verfüttert werden. Bei Schlachtabfällen, auch vom Rind, weiß man nie, ob sie nicht zuvor mit Schweinefleisch, das infiziert war, zusammen gelegen haben. Ebenso dürfen Hunde auf Spaziergängen nie unbeaufsichtigt auf Bauernhöfen herumlaufen, auf denen Schweinezucht oder Mast betrieben werden. Zu leicht können die Hunde Kontakt mit dem Aujetzkyvirus bekommen, und der fröhliche Spaziergang endet mit Sicherheit tödlich. Wenn man jedoch diesen Infektionsweg kennt, kann man seine Hunde vor der Ansteckung bewahren.
Es ist übrigens eine weit verbreitete Fehlinformation, daß ältere Hunde nicht mehr regelmäßig geimpft zu werden brauchen. Gerade ältere Hunde, die nicht mehr so aktiv Antikörper bilden wie junge, gesunde Tiere, brauchen einen regelmäßigen Impfschutz zur Auffrischung ihrer Abwehrkräfte gegen diese Viruserkrankungen. Jeder geimpfte Hund erhält von seinem Tierarzt einen internationalen Impfpaß, in dem alle Impfungen und die Daten der nächsten Impfungen eingetragen werden. Am besten läßt man seinen Hund spätestens alle 1–2 Jahre mit einem Kombinationsimpfstoff versorgen, dann kann nichts mehr schief gehen.
Beim *älteren Hund* ist eine jährlich vorgenommene Blutkontrolle zur Überprüfung der Leber- und Nierenfunktion sowie eine Herz- und Kreislaufuntersuchung die

Abb. 174: Wieso Tierarzt – brauch ich nur zum Impfen!

beste Möglichkeit, um beginnenden Organschäden frühzeitig zu erkennen und durch entsprechende Maßnahmen unter Kontrolle halten zu können. Mit den heutigen Möglichkeiten der Vorsorgemedizin, mit gesunder, dem Alter angepaßter Ernährung und Bewegung, können wir unseren Airedale bei guter Gesundheit oft bis in ein hohes Lebensalter von 10–15 Jahren um uns haben.
Ein gepflegter und glücklicher alter Hund, insbesondere ein in der Familie gehaltener, verständiger Airedale, wird uns gerade im Alter sehr viel Freude bereiten und viele Jahre lang unvergeßlich bleiben.

Vorsicht

Der Airedale ist ein widerstandsfähiger, gesunder und robuster Hund, der sich selbst ernsthafte Erkrankungen nicht so schnell anmerken läßt. Er steckt einiges weg, bevor er wirklich krank erscheint. Deshalb ist es bei einem Airedale sofort die höchste Alarmstufe, wenn er sich hängen läßt, sein Lieblingsfutter nicht anschaut, seine gewohnte Fröhlichkeit und seinen Übermut vermissen läßt und nur seine Ruhe haben will.
Bitte messen Sie die Temperatur und vereinbaren Sie sofort einen Termin mit Ihrem Tierarzt. Ihr Airedale braucht seine Hilfe. In solchen Fällen bewährt es sich sehr, wenn der Tierarzt den Hund von klein auf oder zumindest seit längerer Zeit kennt. Denn unser Airedale wird in der Praxis nochmal alle Kraft zusammen nehmen und den starken Hund markieren. Nur nicht krank sein, das ist gegen seine Ehre.
Wenn es dann aber doch einmal sein muß, dann ist der Airedale ein geduldiger und für jede freundliche Zuwendung und Verwöhnung dankbarer Patient. Selbstverständlich versucht er aber so schnell wie möglich wieder auf die Beine zu kommen. Kranksein ist einem Airedale eben zu langweilig. Das widerspricht seinem gesunden Terriertyp.

Erblich bedingte Erkrankungen

1. Zu den genetisch bedingten Erbkrankheiten, die beim Airedaleterrier bereits im Welpenalter auftreten können, gehören die Cerebrale Ataxie und die Nierendysplasie.

Cerebrale Ataxie

Die Cerebrale Ataxie tritt bei Welpen im Alter von 4–8 Wochen auf. Es handelt sich dabei um eine Entwicklungsstörung im Kleinhirn. Die Welpen zeigen eine zunehmende Unsicherheit in der Bewegung. Sie schwanken und stolpern über ihre eigenen Beine. Dabei haben sie normalen Appetit und machen ansonsten keinen kranken Eindruck. Bald bleiben sie lieber sitzen und können am Spiel ihrer Wurfgeschwister nicht mehr teilnehmen.
Eine Therapie ist nicht möglich, und die Welpen müssen eingeschläfert werden. Es kann sich um einen oder mehrere Welpen eines Wurfes handeln. Die übrigen Welpen sind gesund. Diese Entwicklungsstörung tritt sehr selten auf. Sie ist in

Abb. 175: Erbkrankheiten? Nie gehört

England, Norwegen und in jüngster Zeit in Finnland beobachtet und an der Veterinärmedizinischen Fakultät der Universität von Helsinki von Professor Saki Paatsama und Frau Dr. M. Kärkkäinen eingehend untersucht und beschrieben worden.

Nierendysplasie

Die Nierendysplasie tritt bei Welpen in den ersten Lebenswochen bis zum 4./5. Monat auf. Ursache ist eine Mißbildung der Nieren. Die Welpen zeigen eine deutliche Inappetenz. Saugwelpen werden schnell müde und bleiben im Gewicht zurück. Sie werden trocken, das heißt, Hautfalten glätten sich nicht mehr spontan. Das Fell wird struppig und glanzlos und sie schlafen viel.
Größere Welpen, bei denen die Nieren ihre Funktion noch eine Zeitlang erhalten können, fallen auf durch unlustiges Fressen und gesteigerten Durst. Sie bleiben deutlich im Gewicht zurück. Diese Welpen sind sehr vergnügt, spielen und machen oft einen besonders intelligenten Eindruck. Sie scheinen für den Züchter nur etwas langsamer in der Entwicklung zu sein. Sie sind aber auf Grund ihres Nierendefektes auf Dauer nicht lebensfähig und müssen spätestens mit 4 bis 5 Monaten wegen einer Urämie als Zeichen des Nierenversagens eingeschläfert werden.
Solche Welpen können schon vor der Abgabe an einen neuen Besitzer mit einer einfachen Laboruntersuchung getestet werden. Der Blutharnstoff ist immer deutlich erhöht und erreicht Werte bis zu 60–80 mg/dl und darüber. Solche Welpen müssen rechtzeitig eingeschläfert werden, um ihnen das Endstadium der Urämie

und dem Züchter und eventuellen neuen Besitzer viel Kummer zu ersparen. Da diese Mißbildung der Nieren angeboren und erblich bedingt ist, muß bei der Zucht zumindest auf eine Wiederholung derselben Blutverbindung verzichtet werden.

2. Zu den genetisch bedingten Erkrankungen, die beim erwachsenen Airedale auftreten können, gehören neben der Leukose die Hüftgelenksdysplasie (HD) und die bilateral symmetrische Alopezie.

Die Leukose

Beim erwachsenen Airedale kann im Alter von 6–10 Jahren eine Leukose auftreten. Das ist eine Veränderung des weißen Blutbildes mit einer Vermehrung der Leukozyten. Die Hunde werden müde und scheinen vorzeitig zu altern. Eine eingehende Untersuchung sichert die Diagnose. Oft bilden sich deutliche Lymphknotenvergrößerungen am Hals, sowie im Brust- und Bauchraum.
Eine Behandlung kann den Allgemeinzustand für einige Zeit deutlich bessern. Eine Heilung ist nicht möglich und die Patienten müssen eingeschläfert werden, sobald die Behandlung nicht mehr den anfänglichen Erfolg bringen kann.

Die Hüftgelenksdysplasie (HD)

Die HD ist eine angeborene Fehlentwicklung der Hüftgelenke, die bei den meisten großwüchsigen Rassen vorkommt. Auch beim Airedale kann die HD vorkommen. Es ist eine der wichtigsten Aufgaben des Airedalezüchters und eines jeden Zuchtverbandes, sorgfältig darauf zu achten, daß das Vorkommen dieser Erkrankung in der Häufigkeit ihres Auftretens und ihrem Ausbildungsgrad so gering wie möglich gehalten wird. Die HD wird in Schweregrade eingeteilt, die von HD-Frei über HD-Grenzfall und leichte HD bis zur mittleren und schweren HD reicht.
Erfreulicherweise kann der Airedale als HD-gesunde Rasse angesehen werden, wobei nicht verschwiegen und vernachlässigt werden darf, daß auch mittlere und schwere HD-Fälle beim Airedale vorkommen können. Das ist der Grund, warum bei der Zucht sehr genau darauf geachtet werden muß, daß nur HD-freie Hunde, in Ausnahmefällen auch HD-Grenzfälle, Verwendung finden.
Die Diagnose der HD wird röntgenologisch gestellt. Leider ist ein röntgenologisch HD-freier Hund nicht gleichzeitig stets auch ein genetisch HD-freier Vererber. Deshalb ist es von hohem züchterischen Wert, die Nachzucht eines Rüden oder einer Hündin möglichst vollständig röntgen zu lassen. Bei erbgesunden Elterntieren darf die Nachzucht nicht schlechter sein als ihre Vorfahren.
Bei gehäuftem Auftreten von mittlerer oder schwerer HD bei der Nachzucht dürfen die Eltern nicht weiter zur Zucht verwendet werden, selbst dann nicht, wenn sie Ausstellungs- und/oder Leistungschampions sind. Denn gerade solche sonst qualitativ hochwertigen Hunde, besonders die Rüden, schädigen durch ihren vermehrten Deckeinsatz die Gesundheit ihrer Nachzucht über Jahrzehnte. Es bedarf großer Einsicht und Disziplin aller Züchter einer Rasse, bei einem plötzlichen Einbruch von HD die Gesundheit der Nachzucht über alle anderen Interessen zu stellen. Dies gilt naturgemäß für alle Erbschäden, die in einer Rasse auftreten können.

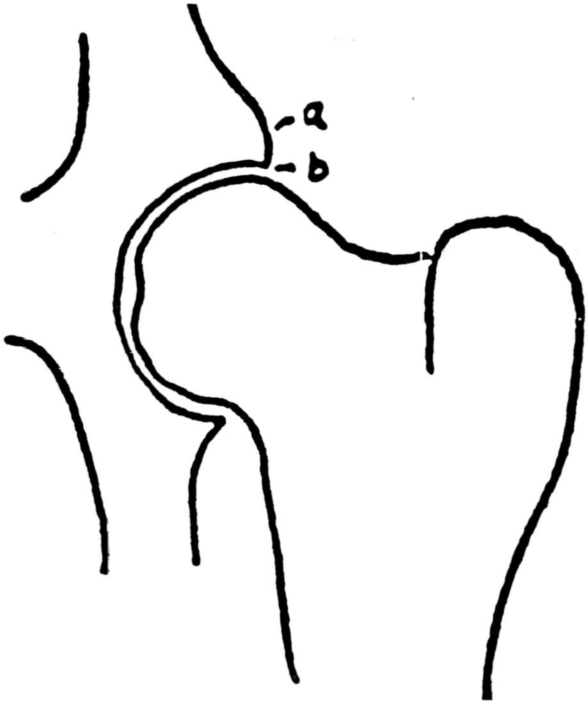

Abb. 176: Gesundes Hüftgelenk

Vorderer Pfannenrand (a) scharf; vordere Pfannenkontur (b) rund auslaufend; Gelenkkopf kugelförmig; Hals vom Kopf abgesetzt, schlank; Gelenkspalt konzentrisch begrenzt.

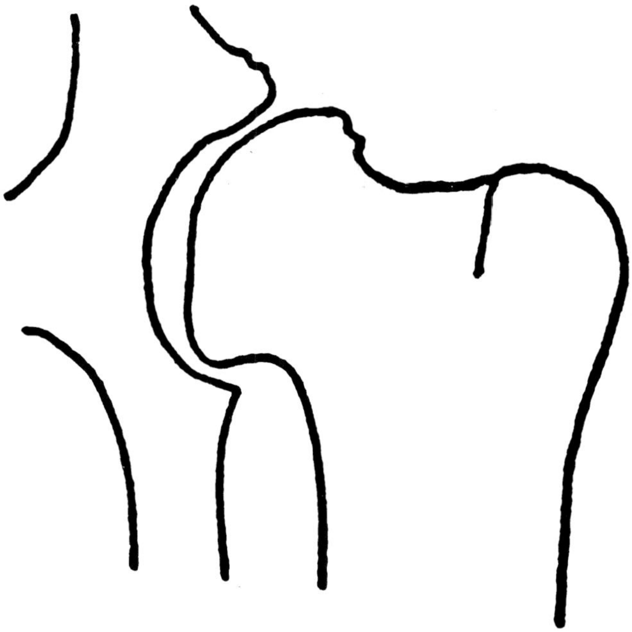

Abb. 177: Hüftgelenksdysplasie

Vorderer Pfannenrand mit Auflagerungen; vordere Pfannenkontur abgeflacht; Gelenkkopf pilzförmig mit Auflagerungen; Hals walzenförmig, verkürzt; Gelenkspalt divergierend.

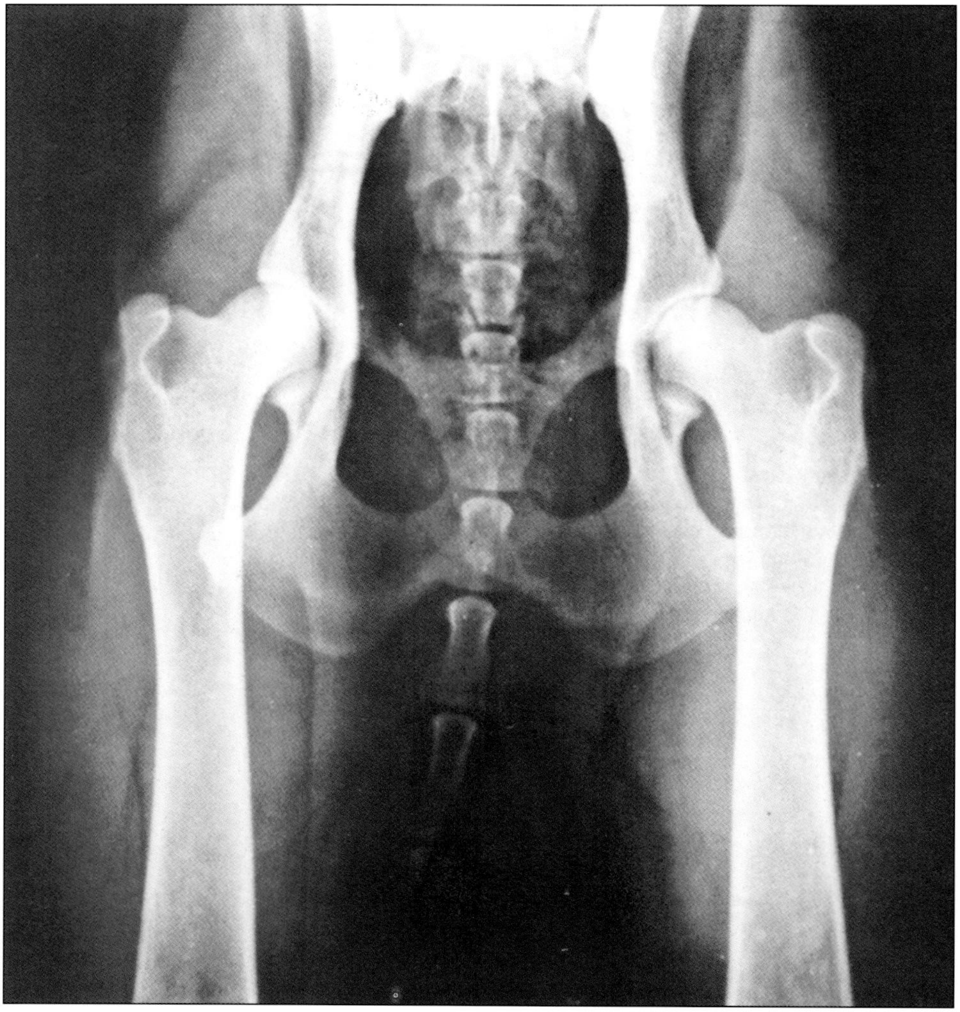

Abb. 178: Kein Hinweis für Hüftgelenksdysplasie, hervorragende Hüftgelenke

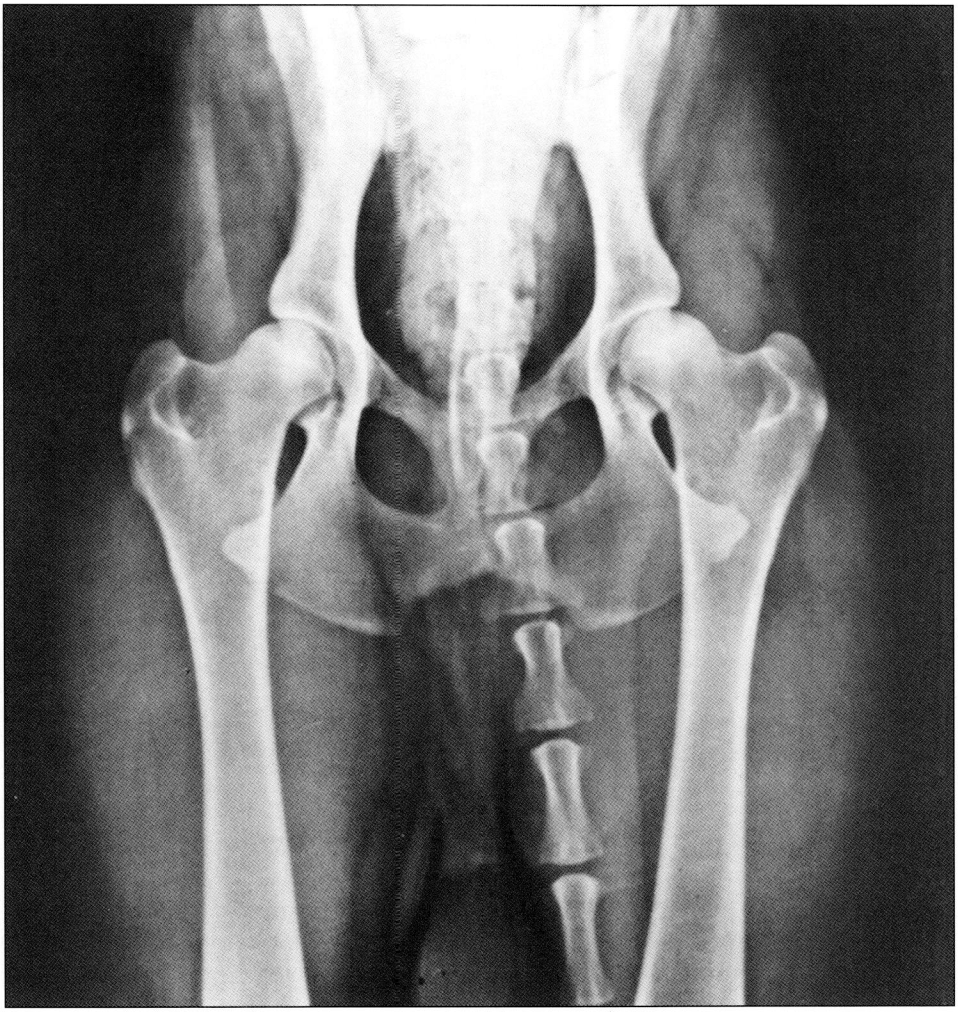

Abb. 179: Übergangsform: Geringgradige mediale Divergenz

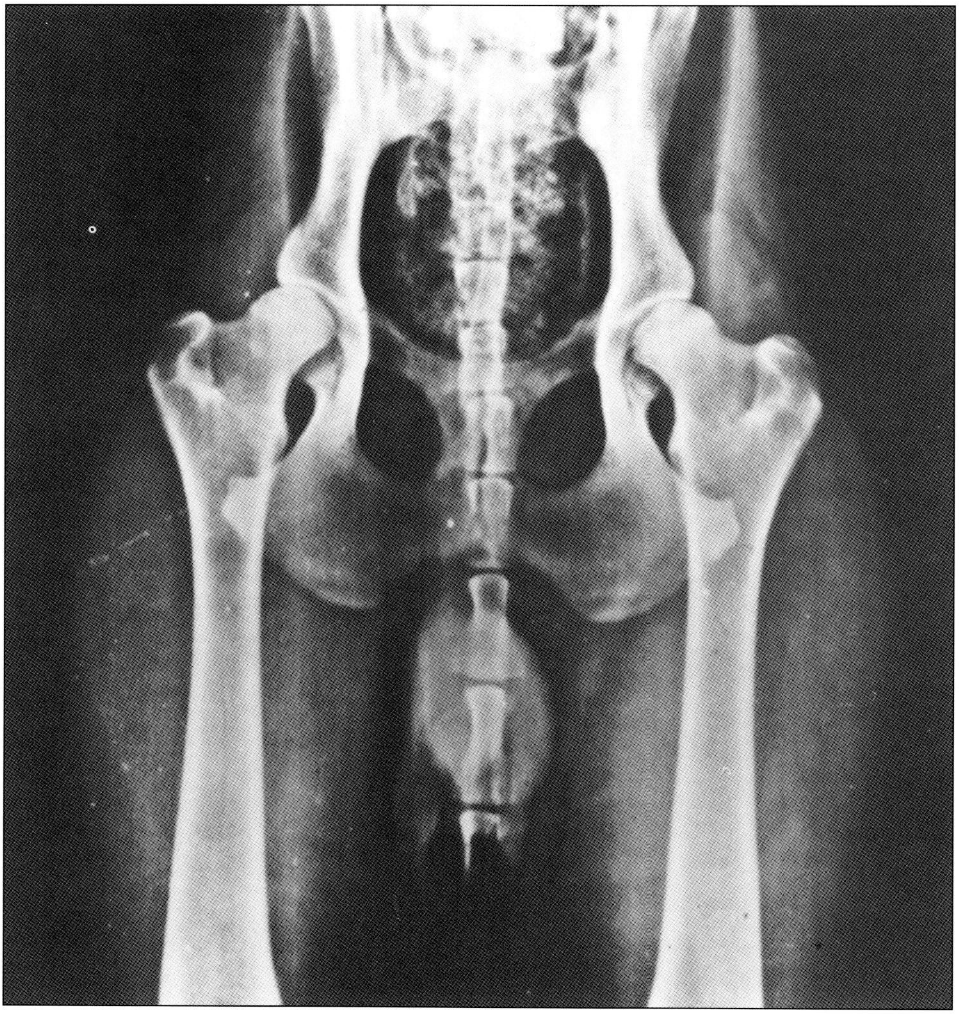

Abb. 180: Leichte Hüftgelenksdysplasie: Inkongruenz durch mediale Divergenz

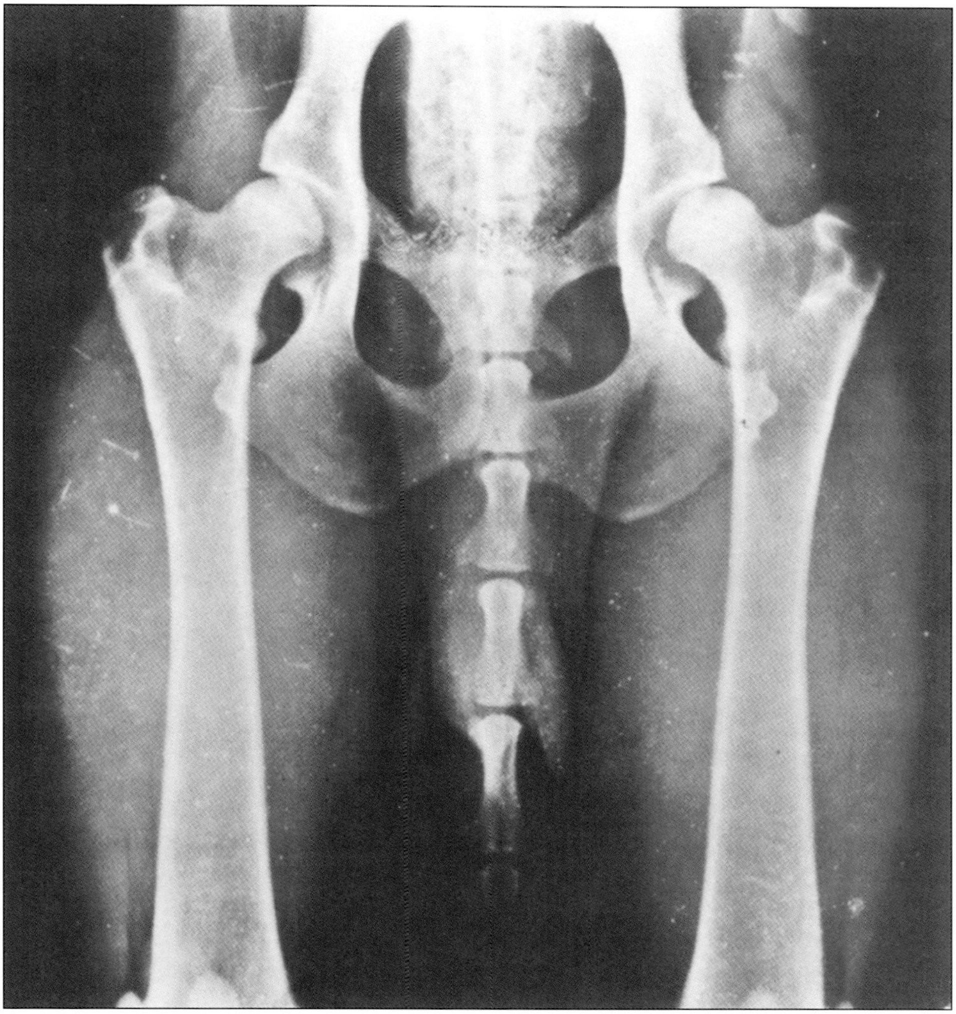

Abb. 181: Mittlere Hüftgelenksdysplasie: Deutliche Inkongruenz, kraniolateraler Azetabulumrand abgeflacht. Fazettbildung.

HD-Untersuchungen 1981–1987 im KFT

Jahr	1981	%	1982	%	1983	%	1984	%	1985	%	1986	%	1987	%
ZB Eintr.	1533		1603		1466		1733		1522		1598		1220	
Gesamt Rö.	311	20,3	251	15,7	279	19,0	264	15,2	295	19,4	317	19,8	426	34,9
HD- F	211	67,8	147	58,6	173	62,0	178	67,4	153	51,8	130	41,0	208	48,8
HD- G	79	25,4	73	29,1	84	30,1	60	22,7	96	32,5	124	39,1	139	32,6
Zur Zucht zugelassen	290	93,2	220	87,7	257	92,1	238	90,1	249	84,3	254	80,1	347	81,4
L- HD	14	4,5	21	8,4	15	5,4	21	8,0	35	11,9	47	14,8	63	14,8
M- HD	7	2,3	9	3,6	7	2,5	4	1,5	4	1,4	14	4,4	14	3,3
S- HD	-	-	1	0,4	-	-	1	0,4	7	2,4	2	0,6	2	0,5
Nicht zur Zucht zugelassen	21	6,8	31	12,4	22	7,9	26	9,9	46	15,7	63	19,9	79	18,6

Die Airedalezüchter in Deutschland haben sich bereits seit zehn Jahren die Zucht HD-freier Airedaleterrier zum Ziel gesetzt.
Die Zuchtbestimmungen des KFT beinhalten die röntgenologische Kontrolle jedes Airedaleterriers vor der Zuchtverwendung. Es werden nur HD-freie und HD-Grenzfälle zur Zucht zugelassen, wobei HD-Grenzfälle nur mit HD-freien Hunden gepaart werden dürfen. Alle HD-Grenzfälle werden nach 12 Monaten nachgeröntgt. Hat sich das Beurteilungsergebnis nicht verschlechtert, gilt die Zuchterlaubnis auf Lebenszeit. Bei leichter HD endet die Zuchterlaubnis.
Darüber hinaus sollen die ersten Würfe aller Zuchttiere möglichst vollständig, mindestens aber zu 60% der Welpen eines Wurfes geröntgt werden, um den Züchtern eine Beurteilung der Vererbung ihrer Zuchttiere und insbesondere der bedeutenden Rüden zu ermöglichen. Die HD-Ergebnisse werden halbjährig veröffentlicht. Zwischenzeitlich können die neuesten Ergebnisse jederzeit vom Zuchtbuchamt des KFT erfragt werden.
Von den in Deutschland zur Zucht verwendeten Hunden wurden 1987 35% der Nachzucht geröntgt. Nur 5% hatten mittlere oder schwere HD, wobei eine gewisse Dunkelziffer eventuell nicht eingesandter Aufnahmen zu berücksichtigen ist. 80% der Hunde können den strengen Kriterien des KFT entsprechend zur Zucht eingesetzt werden. 50% aller Hunde sind HD-frei.
Dieses Ergebnis der HD-Situation der Airedale-Zucht in Deutschland ist der bisherige Erfolg gemeinsamer, verantwortungsvoller Zuchtplanung und berechtigt zu der Aussage, daß in Deutschland gezüchtete Airedaleterrier zu 95% nicht an den Folgen der Erbkrankheit Hüftgelenksdysplasie leiden.
Eine sorgfältige Überwachung des Zuchtgeschehens durch die verantwortlichen Gremien des KFT wird auch weiterhin die Erhaltung und notwendige weitere Verbesserung der HD-Ergebnisse unserer Airedales garantieren.

Bilateral symmetrische Alopezie

Die »kahlen Stellen« beim Airedale

Gelegentlich trifft man Airedale Terrier mit kahlen Stellen an den Seiten. Sie können markstück- bis handtellergroß sein und treten beidseitig in der Flankengegend auf. Die kahle Haut ist etwas dunkler verfärbt. Es besteht kein Juckreiz und kein Ekzem, und die Hunde sind ansonsten kerngesund und vergnügt. Meist befinden sie sich in reichlich gutem Futterzustand. Nach unseren Beobachtungen sind mehr Hündinnen als Rüden davon betroffen.
Die kahlen Stellen wachsen nach einiger Zeit spontan wieder zu, können aber zu einem späteren Zeitpunkt erneut auftreten. Das ist vorwiegend jahreszeitlich bedingt. Die im Herbst und Winter auftretenden kahlen Stellen wachsen im Frühjahr und Sommer wieder zu. Bei den Hündinnen scheinen auch die Zyklusschwankungen einen Einfluß auf die Ausbildung und das Verschwinden der Stellen zu haben.
Alle Behandlungsversuche hatten bisher stets nur zufälligen Erfolg und versagten beim nächsten Mal. Therapieversuche mit Schilddrüsenhormon, Kortison, Oestrogenen und Progesteron, Androgenen, sowie die Kastration der Hündinnen und

Rüden brachten meistens nur Teilerfolge. Dagegen wirkt eine gezielte Abmagerungsdiät mit ausreichend frischen Vitaminen, Spurenelementen und viel Bewegung an der frischen Luft stimulierend auf die Aktivität der Haarfollikel.
Eine äußere Behandlung (mit Alpicort F und K 5 Tinktur täglich im Wechsel über längere Zeit eingerieben) hat einen zusätzlichen, das Haarwachstum beschleunigenden Effekt. Inzwischen wurde nachgewiesen, daß die Ursache für die haarlosen Stellen ein Mangel an Wachstumshormon (Somatotropin) beim erwachsenen Hund ist. Deshalb spricht man von einer Somatotropine responsive disease. Das Somatotropin steuert u. a. die Funktion der Schilddrüse und der Nebenniere, sowie der Eierstöcke und Hoden. Ein Mangel an Somatotropin kann deshalb eine Unterfunktion dieser Organe bewirken. Man beobachtet diese Art der haarlosen Stellen in der Flankengegend bei verschiedenen Rassen, z. B. Deutsch Drahthaar, Riesenschnauzer, Boxer, Rauhaarteckel und bei einigen Terrierrassen, besonders beim Airedale.
Diese Mangelerscheinung (Adult-Onset, Groth Hormone Deficiency, Dany W. Scott, DVM, Dr. William H. Müller VMD, Cornell University, Ithaca, N. Y. 1986) kann durch Injektionen von Wachstumshormonen (bovines oder humanes Somatotropin) beseitigt werden. Nach 8–10 Injektionen von 4–5 I. E. Somatotropin wachsen die kahlen Stellen vollständig zu. Eine erneute Behandlung kann nach ½ bis ca. 3 Jahren notwendig werden.
Leider ist dieses Hormon vom Rind zur Zeit nicht erhältlich, und das humane Somatotropin ist sehr teuer. Eine Injektion kostet etwa 200,– DM. Ein Somatotropin vom Hund steht z. Zt. nicht zur Verfügung. An der Bereitstellung ausreichender Mengen preiswerter Somatotropine für therapeutische Zwecke wird z. Zt. gearbeitet. Als Nebenwirkung können ein reversibler Diabetes (vorübergehende Erhöhung des Blutzuckerspiegels) und Veränderungen des weißen Blutbildes auftreten.
Vor der Anwendung derart kostspieliger Medikamente muß in jedem Fall ausgeschlossen werden, daß andere Ursachen für den Haarausfall verantwortlich sind. Das heißt, daß die Funktion der Schilddrüse und Nebennierenrinde geprüft werden muß. Beim Somatotropinmangel sind beide oben genannten Organe voll funktionsfähig. Ebenso muß geprüft werden, ob nicht Eierstocks- oder Hodentumoren vorhanden sind.
Die Prüfung des Somatotropingehaltes im Blutserum des Hundes ist z. Zt. nur an der Cornell University in Ithaka N. Y. möglich. Sobald ein entsprechender Test bei uns erhältlich ist, erübrigt die Somatotropinbestimmung die oben genannten Untersuchungen. Mit anderen Worten: Wir kennen die Ursache der bilateralen symmetrischen Alopezie, als Ursache wurde der Mangel an Somatotropin beim erwachsenen Hund festgestellt. Wir hoffen, daß ein entsprechender Test und ein preiswertes Somatotropin baldmöglichst zur Verfügung stehen. Erfreulicherweise sind diese kahlen Stellen keine Krankheit, sondern ein echter Schönheitsfehler.
Das Vorliegen des Somatotropinmangels ist genetisch bedingt. Man muß also bei der Zucht darauf achten, solche Mängel nicht zu festigen, sondern möglichst zu eliminieren.
Der Haarverlust säugender Hündinnen ist dagegen ein ganz normaler Vorgang, da

Abb. 182: Airedales sind hartnäckige Igelfans

die Hündin nach der Trächtigkeit und Stillzeit ihr Haarkleid komplett wechselt und neu aufbaut.
Eine gesunde, natürliche Ernährung, wobei darauf geachtet werden muß, daß der Airedale Substanz haben muß, aber nicht fett werden darf, und viel Bewegung an der frischen Luft helfen das Auftreten der sogenannten kahlen Stellen zu vermeiden oder gering zu halten.
Das Somatotropin wird in der Hypophyse gebildet. Die Konzentration im Blut des Hundes wechselt offensichtlich, und wir haben die Möglichkeit, durch gezielte Zuchtwahl und optimale Fütterungs- und Haltungsbedingungen auf die Ausbildung dieser beim Hund seltenen Erscheinung Einfluß zu nehmen.

Unser Hund wird älter

Wenn unser Airedale älter wird, hat er in den meisten Fällen viele Jahre gemeinsam mit uns gelebt und war stets unser fröhlicher und verständiger Begleiter. Wenn er jetzt bewußt und mit Überlegung seinem zunehmenden Alter entsprechend gehalten und gepflegt wird, können wir mit etwas Glück bis zu seinem 12. und 13. Lebensjahr und länger noch sehr viel Freude an und mit ihm haben.
Da der Airedale eine besonders lange Entwicklungsphase durchläuft, bis er mit drei bis vier Jahren langsam etwas »erwachsener« wird, beginnt auch sein Älterwerden erst etwa ab dem achten Lebensjahr. Von diesem Zeitpunkt an gilt für ihn

Abb. 183: 13 Jahre alt

so manches, was wir schon aus seiner Welpenzeit kennen, zum Beispiel größere Schlaf- und Ruhepausen, möglichst öfter kleine Spaziergänge als zu große Strapazen, besser zwei halbe Mahlzeiten als eine große. Vor allem sollte der Futterplan wieder leichter verdauliche, hochwertige Nahrungsmittel enthalten.
Zum Beispiel: Flockenfutter als Grundlage, gemischt mit Fleisch und Gemüse, Mineralien und Vitaminen als Zusatz in Pulver- oder Tablettenform. Ausreichende Frischwassermengen sind im Alter besonders wichtig. Bitte keine harten Knochen geben, sie verhärten den Stuhlgang und bringen die regelmäßige Verdauung durcheinander.
Ein regelmäßiger Fastentag, an dem es nur etwas Joghurt oder Quark gibt, reinigt und schont die Verdauungsorgane. Eine übermäßige Gewichtszunahme muß unbedingt vermieden werden. Sie verkürzt das Hundeleben beträchtlich. Kleine Verwöhnungshäppchen zwischendurch, die sich unsere älteren Airedales geschickt und konsequent zu organisieren verstehen, sollen statt aus Plätzchen oder Schokolade besser aus luftgetrockneten Pansen-, Leber- oder Lungenstückchen bestehen. Sie sind im Handel zu beziehen, werden von den Hunden heiß geliebt, pflegen Gebiß und Zähne und enthalten nur wenig Kalorien.
Besonders wichtig ist jetzt auch ein regelmäßiges Bürsten und Kämmen, um die Hautdurchblutung anzuregen. Auch sollte der ältere Airedale regelmäßig, etwa alle sechs bis acht Wochen, getrimmt werden, um eine ständige Erneuerung des Haares und damit eine gute Haarqualität und Haarfarbe bis ins hohe Alter zu gewährleisten. Erst wenn das Trimmen für den Hund zu angstrengend wird, darf mit der Klippschere gearbeitet werden.

Eine regelmäßige Gesundheitskontrolle, mindestens einmal im Jahr durch »seinen« Tierarzt, ist Voraussetzung für ein frühes Erkennen beginnender, altersbedingter Leber-, Nieren- oder Herzschäden, die, rechtzeitig erkannt, in Grenzen gehalten werden können, ohne Folgeerkrankungen nach sich zu ziehen. Die notwendigsten Schutzimpfungen gegen Staupe, Hepatitis, Leptospirose, Parvovirose und wenn nötig auch Tollwut dürfen auch im Alter nicht vernachlässigt werden. Es ist eine vielverbreitete, aber leider falsche Meinung, daß ein alter Hund nicht mehr geimpft zu werden braucht oder daß die Impfungen sogar schädlich sein könnten. Der Impftiter, d. h. die Menge der spezifischen Antikörper im Blut eines Hundes nimmt ständig ab, und nach zwei Jahren wird jede Impfung wirkungslos. Gerade ein älterer Hund braucht deshalb eine regelmäßige, besser jährliche Auffrischung seines Antikörperspiegels. So kann einer unnötigen Gefährdung seiner Gesundheit wirkungsvoll vorgebeugt werden.
Bei der Hündin ist der Häufigkeit und Dauer, sowie dem Verlauf der Läufigkeiten besondere Aufmerksamkeit zu schenken. Es ist durchaus ratsam, die Hündin frühzeitig operieren zu lassen, wobei Eierstöcke und Gebärmutter entfernt werden. Die größten Sorgen ist man damit los, und der Eingriff ist für den Tierarzt, der sich auf Kleintiere spezialisiert hat, eine Routineoperation mit minimalem Risiko. Bei ersten Anzeichen von kleinen Tumoren im Gesäuge sollte möglichst die ganze Gesäugeleiste operativ entfernt werden. Dazu ist zwar ein langer Hautschnitt erforderlich, der aber genau so schnell verheilt wie ein kleinerer,

Abb. 184: Ganz nett, so ein Baby im Haus, aber manchmal etwas streßig

nämlich innerhalb von 10 Tagen. Danach können sich auf der operierten Seite keine Tumoren mehr bilden. Wenn nötig, läßt man später auch die zweite Seite operieren.
So bedarf der alternde Airedale wieder unserer ganz besonderen Zuwendung, die er aber durch seine Zugehörigkeit zur Familie, seine Zuneigung und nie erlahmende Fröhlichkeit als verständiger, zuverlässiger Hausgenosse so vielfach dankt, daß die Freude, die wir an ihm bis ins hohe Alter haben können, bei weitem überwiegt. Für unseren Airedale sind diese Jahre vielleicht die schönsten in seinem Leben. Vielleicht sollte man in diesem Alter auch an einen zweiten Hund denken. Wenn ein Airedalewelpe ins Haus kommt, ist der ältere Hund meistens sehr begeistert. Er muß für uns natürlich immer der erste in der Rangordnung bleiben. Dann gibt es keine Schwierigkeiten. Der junge Hund lernt durch den älteren rasch und oft ohne unser Zutun all das, was er zum Zusammenleben mit uns wissen und können muß.

Und wenn eines Tages der Zeitpunkt gekommen ist, an dem wir unseren langjährigen Gefährten vom Tierarzt schmerzlos einschläfern lassen müssen, dann haben wir den jungen Hund um uns, und der Abschied wird vielleicht ein kleines bißchen leichter. Vergessen können wir ihn aber nie, den zuverlässigen, immer fröhlichen Freund, der uns ein Stück unseres Weges begleitet hat.

IX. Anhang 1993

Liebe Airedale Freunde!

Zum Geleit der zweiten Auflage des Airedale-Portraits möchte ich auf einige Ereignisse der Zwischenzeit hinweisen, welche die Zucht unserer Airedales in Deutschland beeinflußt haben.

Die Zusammenführung von Ost- und Westdeutschland brachte uns den Anschluß der Airedale-Terrier-Zucht der ehemaligen DDR. Über mehrere Jahrzehnte hatten die Züchter in unseren heutigen neuen Bundesländern kaum eine Möglichkeit, neues Zuchtmaterial zu importieren. Die alten Blutlinien wurden erhalten und fortgeführt. Damit stehen uns Blutlinien zur Verfügung, die den Genpool der westlichen Zuchten erweitern können. Schwerpunktmäßig wurde auf den Gebrauchswert des Airedale als Schutzhund gezüchtet.

Anatomisch gesehen lassen diese Zuchtlinien heute noch erhebliche Wünsche offen, insbesondere Schulterlage, Rutenansatz, Winkelung der Hinterhand und damit auch den gesamten Gesamtbewegungsablauf betreffend. Dafür sind die Airedale-Terrier dieser Linien überwiegend mit einem sehr guten Nervenkostüm ausgestattet, das heißt: sicher, selbstbewußt und verteidigungsbereit, wenn eine Situation dies verlangt. Das entspricht den Forderungen des Rassestandards »furchtlos, aber nicht aggressiv«, dem gerade in unserer heutigen Zeit besondere Bedeutung zukommt. – Ein ohne zwingenden Anlaß Aggressionen aufbauender und seine Umwelt gefährdender Hund, egal welcher Rasse, ist in unserer Zeit nicht tragbar. Die Zuchtbestimmungen des KFT sowie Ausstellungs- und Prüfungskriterien schließen solche Hunde streng von Zuchtschauen und Leistungsprüfungen aus.

Die Zusammenführung dieser bisher getrennt mit unterschiedlicher Zielsetzung geführten Zuchtlinien gibt uns die Möglichkeit, sicheres Wesen und anatomische Vorzüge unserer Blutlinien sinnvoll zu kombinieren.

Ein weiterer wichtiger Impuls kommt aus den Vereinigten Staaten. Der Airedale Terrier Club of America (ATCA) hat in den letzten Jahrzehnten mit viel Engagement und hohem finanziellen Einsatz mit Importen aus dem Mutterland die Rasse gefördert und insbesondere anatomisch auf ein überdurchschnittlich hohes Niveau gebracht. Perfektes Trimming und Handling auf den Ausstellungen in den USA unterstreichen die hohe Qualität der nordamerikanischen Airedale-Terrier-Zucht, die ich zur Zeit als führend bezeichnen möchte. Nach vielfachen Besuchen der Zuchtschauen in den USA und freundschaftlichem Kontakt zu den Züchtern und Mitgliedern des ATCA war es mir eine große Freude, 1989 die Montgomery Show in Philadelphia, das wichtigste Terrierereignis eines jeden Jahres, richten zu dürfen.

Der beste Rüde (Best Opposite Sex) war Ch. MJ's Stone Rich Chosen One, gen. Abe (HD frei), von dem ich mir damals wünschte, daß er auch die deutsche

Abb. 185: Montgomery Show 1989

Zucht würde beeinflussen können. Typ, Bewegungsablauf und Wesen dieses Rüden hatten mich stark beeindruckt. Tatsächlich konnte der Rüde von Dr. Hannibal Friedrich für ein Jahr nach Deutschland geholt werden. Er wurde vielseitig in der Zucht eingesetzt und brachte hervorragende Nachzucht.

Beste der Rasse (BOB) wurde die insbesondere in Bewegung und Typ überragende Hündin Ch. Tartan's Oil Patch Star, perfekt vorgestellt von Michael Kemp, einem der berufsmäßigen »handler«, deren Erfahrung, Können und know how im Ausstellungssport das optimale Erscheinungsbild eines Rassehundes erst ermöglichen. Ein weiterer hervorragender Rüde, Ch. Seneca Stony Stone Brandid, genannt Stony (HD frei, UD gleich Utility Dog), konnte von Herrn Meyer zu Strohe ebenfalls für ein Jahr nach Deutschland geholt werden. Stony war auf unseren Zuchtschauen sehr erfolgreich und konnte leicht noch mit acht Jahren seinen VDH- und KFT-Champion erringen. Stony hat vor allem durch sein ausgeglichenes und selbstbewußtes Terriertemperament viele Freunde gewonnen. Seine Nachzucht gibt zu besten Hoffnungen Anlaß.

Inzwischen ist es schon fast zur Tradition geworden, gemeinsam mit Gleichgesinnten für einige Tage im Oktober die Montgomery Show als bedeutendste Terrier-

Abb. 186: Ch. MJ's Stone Rich Chosen One, genannt Abe

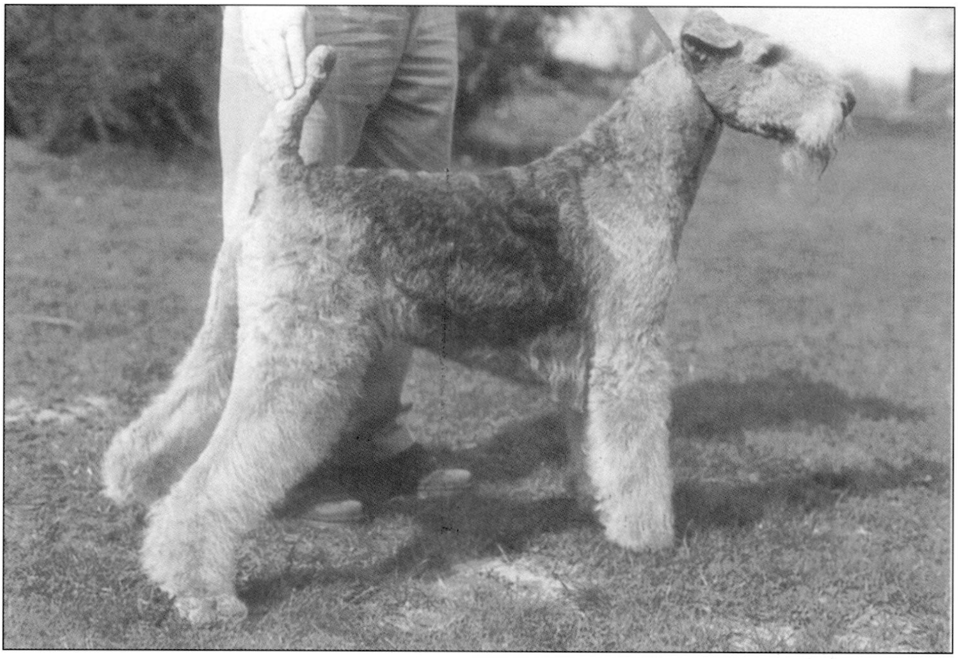

Abb. 187: Ch. Seneca Stony Stone Brandid, genannt Stony

Schau des Jahres, verbunden mit zwei weiteren Ausstellungen in Devon und Hatborow an den Vortagen, zu besuchen. Freundliche Kontakte und Gegenbesuche von Züchtern und Richtern unserer Rasse beeinflussen das Zuchtgeschehen in Deutschland nachhaltig.

Aus dem Mutterland England hat uns der Importrüde Ch. Ballintober Gold of Saredon, ein Sohn des Ch. Saredon The Jazzsinger, gezüchtet von Judith Averes, am meisten beeindruckt. Er wird von Jack Houben (NL) excellent auf den Zuchtschauen vorgestellt und konnte unter anderem mühelos mehrere Weltsieger- und Championtitel erringen.

Aus deutschen Blutlinien möchte ich besonders die Rüden Boris und Yukon vom Blasiusberg, Züchter und Besitzer Sonja und Dieter Bill, Fingal von der Schwarzen Kuhle, Züchter und Besitzer Jürgen Puhls, Garry vom Rottumer Hof, Züchter Cornelia Dost, Ghostbuster of Flying Dutchman, Züchter und Besitzer Alfons Spinnrock, sowie die MJ's Stone Ridge Chosen One-Söhne Galahad und Head Hunter von der Locher Mühle, Züchter und Besitzer B. u. Dr. O. Hannibal-Friedrich erwähnen.

Abb. 188: Ch. Ballintober Gold of Saredon

Abb. 189: Galahad von der Locher Mühle

Bei den Hündinnen überzeugt unter anderen die Rassebeste (BOB) der Klubsiegerzuchtschau 1993 Vanny vom Garnsee (HD frei), Züchter und Besitzer Gerd Meyer zu Strohe, die durch außerordentlich korrekte Anatomie, excellente Bewegungen und sehr angenehmes Terriertemperament beeindruckt.

In den vergangenen Jahren haben sich in bezug auf den Hundesport neue Gesichtspunkte ergeben. Neben den bisher üblichen Ausbildungskriterien und Zielen wie Begleithund-, Ausdauer- und Schutzhundprüfungen sowie im Rettungs- und Jagdhundwesen nehmen die Besitzer unseres Airedale-Nachwuchses mit viel Freude an Welpen- und Junghundkursen teil, die von vielen Ortsgruppen angeboten werden. Ob Teamtest oder Agility als Spiel und Sport mit dem Junghund, Ziel der gemeinsamen Bemühungen ist es, unseren jungen Hunden und ihren Besitzern den richtigen Umgang miteinander nahezubringen und somit unsere Airedale-Terrier in ihre Familien und ihre Umwelt optimal zu integrieren. Ein gut aufeinander eingestelltes Hund- und Besitzerteam ist ein jahrelanger Gewinn für die Familie und wird von Freunden und Bekannten gerne akzeptiert. – Aus diesen Junghundkursen heraus entwickelt sich oft so viel Freude am Sport mit dem Airedale, daß gern über die Begleithundprüfung zu den Schutzhundprüfungen weiter gearbeitet wird.

Abb. 190: Vanny vom Garnsee

Unsere züchterischen Bemühungen, die Hüftgelenksdysplasie (HD) des Airedale so gering wie möglich zu halten, wird von unseren verantwortungsbewußten Züchtern im KFT durch intensive Nachzuchtkontrollen nachhaltig und wirkungsvoll unterstützt. Ihnen gilt dafür auch an dieser Stelle mein besonderer Dank. Da die Nachzuchtkontrollen zum heutigen Zeitpunkt, verbunden mit wohlüberlegter Zuchtpartnerwahl und Aufzucht, anerkanntermaßen die wirkungsvollste Maßnahme gegen die Hüftgelenksdysplasie (HD) ist, muß es für jeden Welpenkäufer eine Selbstverständlichkeit sein, seinen Junghund ab dem zwölften Monat auf HD röntgen zu lassen, um den Gesundheitszustand des eigenen Hundes zu kennen, und das Ergebnis als genetische Information für die gesunde Zucht unserer Rasse zur Verfügung zu stellen. Hüftgelenksdysplasie beim Airedale muß nicht sein, sie muß aber lückenlos beobachtet und eliminiert werden; denn selbst beste Ergebnisse dürfen nicht darüber hinwegtäuschen, daß die Hüftgelenksdysplasie nie hundertprozentig in einer größeren Rasse ausgemerzt werden kann.

Die beim Airedale Terrier gelegentlich auftretende bilateral symmetrische Alopezie läßt sich, wie die Erfahrung der letzten Jahre zeigt, am besten mit einem Schilddrüsenhormon, dem L-Thyroxin (2 × 200 Mikrogramm je 10 kg KGW) nebenwirkungsfrei und erfolgreich behandeln. Sobald die sogenannten kahlen Stellen zuwachsen, kann die Dosierung allmählich verringert werden, bis die Stellen ganz verschwunden sind. In der Folgezeit sollte sorgfältig beobachtet werden, ob das Haarkleid in der Flankengegend besonders im Frühjahr wieder lichter wird. Dann sollte frühzeitig erneut mit der Therapie begonnen werden. Zur Zeit scheint diese Behandlung die einzig erfolgreiche und dabei nebenwirkungsfreie Therapie zu sein.

Die in den verschiedenen Kapiteln bereits besprochene Fütterung unserer Hunde sollte dem Alter, dem Verwendungszweck und dem Gesundheitszustand angepaßt sein. Die benötigten Futtermengen eines Fertigfutters als Grundnahrungsmittel müssen nach dem Energiebedarf des Hundes (Abb. 167 Energiebedarf des Hundes, im Kapitel Ernährung) berechnet werden. Der Energiegehalt per 100 g eines Trocken- oder Dosenfutters ist in der Analyse des jeweiligen Produktes angegeben. Die Anteile an Rohprotein, Fetten, Mineralstoffen, Vitaminen und Spurenelementen sind dem jeweiligen Verwendungszweck angepaßt. Man unterscheidet dabei Zusammensetzungen für Welpen, Junghunde, erwachsene Hunde, Leistungshunde, tragende und säugende Hündinnen sowie übergewichtige und ältere Hunde. Als Beispiel möchte ich Ihnen einige Analysen der Fa. Effem als Richtlinien für gutberechnete Zusammensetzungen anführen.

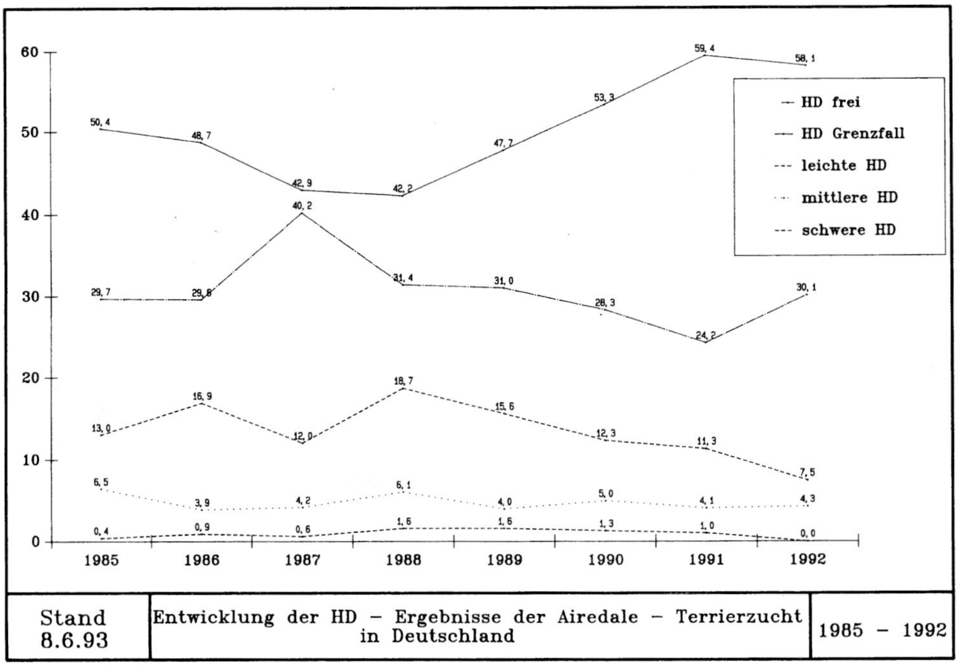

Entwicklung der HD-Ergebnisse (1985 – 1992) der Airedale-Terrier-Zucht in Deutschland

ANALYSE TROCKENNAHRUNG

Nährstoffe		per 100 g Original-substanz	per 100 g Trocken-substanz
Energie	kcal	387	
Rohprotein	g	30,0	32,6
Rohfett	g	18,0	19,6
essentielle Fettsäuren	g	2,0	2,2
Rohasche	g	9,0	9,8
Rohfaser	g	1,5	1,6
Calcium	g	1,45	1,58
Phosphor	g	1,20	1,30
Natrium	g	0,20	0,22
Kalium	g	0,70	0,76
Magnesium	g	0,12	0,13
Eisen	mg	15,0	15,3
Kupfer	mg	1,1	1,2
Mangan	mg	2,8	3,0
Zink	mg	14,0	15,2
Vitamin A	IE	2270	2467
Vitamin E	mg	18	19
Vitamin D	IE	147	160
Thiamin (B1)	mg	1,65	1,79
Riboflavin (B2)	mg	2,28	2,48
Pyridoxin (B6)	mg	1,20	1,30
Pantothensäure	mg	4,0	4,4
Folsäure	µg	279	303
Cobalamin (B12)	µg	18	20
Cholin	mg	287	312
Niacin	mg	5,0	5,4

Welpen

ANALYSE TROCKENNAHRUNG

Nährstoffe		per 100 g Original-substanz	per 100 g Trocken-substanz
Energie	kcal	373	
Rohprotein	g	25,0	27,2
Rohfett	g	15,0	16,3
essentielle Fettsäuren	g	2,0	2,2
Rohasche	g	8,0	8,7
Rohfaser	g	1,5	1,6
Calcium	g	1,20	1,30
Phosphor	g	1,00	1,09
Natrium	g	0,19	0,20
Kalium	g	0,70	0,76
Magnesium	g	0,11	0,12
Eisen	mg	15,0	16,3
Kupfer	mg	1,0	1,1
Mangan	mg	2,5	2,7
Zink	mg	13,0	14,0
Vitamin A	IE	1920	2087
Vitamin E	mg	15	16
Vitamin D	IE	124	135
Thiamin (B1)	mg	1,43	1,55
Riboflavin (B2)	mg	1,93	2,10
Pyridoxin (B6)	mg	1,00	1,09
Pantothensäure	mg	3,8	4,1
Folsäure	µg	245	266
Cobalamin (B12)	µg	16	17
Cholin	mg	266	289
Niacin	mg	4,2	4,6

Junghunde

ANALYSE TROCKENNAHRUNG

Nährstoffe		per 100 g Original-substanz	per 100 g Trocken-substanz
Energie	kcal	348	
Rohprotein	g	25,0	27,0
Rohfett	g	10,0	11,0
essentielle Fettsäuren	g	1,8	2,0
Rohasche	g	7,5	8,0
Rohfaser	g	1,5	1,6
Calcium	g	1,04	1,13
Phosphor	g	0,86	0,93
Natrium	g	0,17	0,19
Kalium	g	0,50	0,54
Magnesium	g	0,10	0,11
Eisen	mg	11,0	11,9
Kupfer	mg	0,9	1,0
Mangan	mg	2,1	2,3
Zink	mg	10,0	10,9
Vitamin A	IE	1665	1810
Vitamin E	mg	13	14
Vitamin D	IE	108	117
Thiamin (B1)	mg	1,20	1,30
Riboflavin (B2)	mg	1,60	1,73
Pyridoxin (B6)	mg	0,90	0,98
Pantothensäure	mg	3,6	3,9
Folsäure	µg	204	222
Cobalamin (B12)	µg	15	16
Cholin	mg	247	268
Niacin	mg	3,9	4,2

Erwachsener Hund

ANALYSE TROCKENNAHRUNG

Nährstoffe		per 100 g Original-substanz	per 100 g Trocken-substanz
Energie	kcal	398	
Rohprotein	g	32,0	35,0
Rohfett	g	20,0	22,0
essentielle Fettsäuren	g	2,0	2,2
Rohasche	g	9,5	10,0
Rohfaser	g	1,5	1,6
Calcium	g	1,90	2,06
Phosphor	g	1,60	1,73
Natrium	g	0,20	0,22
Kalium	g	0,70	0,76
Magnesium	g	0,12	0,13
Eisen	mg	15,0	16,3
Kupfer	mg	1,1	1,2
Mangan	mg	2,8	3,0
Zink	mg	14,0	15,2
Vitamin A	IE	2500	2717
Vitamin E	mg	20	22
Vitamin D	IE	160	174
Thiamin (B1)	mg	2,00	2,17
Riboflavin (B2)	mg	2,50	2,72
Pyridoxin (B6)	mg	1,20	1,30
Pantothensäure	mg	4,0	4,4
Folsäure	µg	300	326
Cobalamin (B12)	µg	20	22
Cholin	mg	300	326
Niacin	mg	5,2	5,7

Leistung / Trächtigkeit

Sorgfältig beachtete Gesundheit, korrekte Anatomie sowie das typische unkomplizierte und fröhliche Wesen des Airedale sind die Kriterien, die ihn seit über 100 Jahren zu einem der weltweit beliebtesten Gebrauchs- und Familienhunde werden ließen. Dies soll auch weiterhin das Zuchtziel für unsere Rasse sein und bleiben.

X. Airedale in den USA

Die Entwicklung während der letzten Jahre

Bedingt durch regelmäßige Reisen in die USA hatte ich Gelegenheit, in den letzten fünf Jahren die Entwicklung des Airedale Terrier in diesem Land zu beobachten. Nachdem ich bereits Jahre zuvor regelmäßig Crufts Dog Show in London besucht hatte, war mein erster Besuch der Montgomery County Kennel Club Show ein überwältigender Eindruck. Sowohl Menge wie aber auch Qualität der gezeigten Hunde übertrafen, was ich bisher gesehen hatte.

Abb. 191: Dr. Hannibal-Friedrich mit der erfolgreichen Nachzuchtgruppe »von der Locher Mühle« nach dem amerikanischen Ch. MJ's Stone Ridge Chosen One

Aus allen Teilen der USA kommen die Züchter, um ihre Nachzucht dort zu zeigen und mit ihren erfolgreichsten Hunden in Konkurrenz zu treten. Neben den regulären Klassen dienen die von erfahrenen Züchtern gerichteten »Sweepstakes« der Beurteilung der sechs bis 24 Monate alten Jungtiere. Es ist dies die ideale Gelegenheit, sich einen vollständigen Überblick über den Stand der Rasse in den USA zu verschaffen. Teilnahme ist alles, und eine Plazierung gilt schon als herausragender Erfolg. Meldezahlen von fast 100 für die Sweepstakes und fast 20 für die regulären Klassen sind nicht ungewöhnlich.

Besonders attraktiv wird diese Ausstellung durch Vergabe der »Airedale Bowl«, der meistbegehrten Trophäe unter den Airedale-Züchtern und Ausstellern. Die »Bowl« wird als Wanderpreis für den Rassebesten Airedale auf Montgomery und maximal zwei weitere Male auf großen nationalen Spezial-Schauen pro Jahr ausgeschrieben. Sie wird bereits seit 1910 vergeben und hat mittlerweile einen Wert von etwa 18 000.– Dollar. Die Namen der Sieger und ihrer Besitzer werden auf der Trophäe eingraviert, und eine kleine Kopie geht zur Erinnerung an den Gewinner.

So ist denn auch die Liste der Gewinner dieser Trophäe ein Hinweis auf die bedeutenden Züchter und deren Top-Hunde. Als besonders herausragend muß hier der Zwinger »Stone Ridge« von Janet Johnson Framke erwähnt werden. Aus ihrer Zucht oder Besitz stammen allein 12 der 24 Sieger der Jahre 1981 bis 1989, darunter die bekannten Vererber Ch. Bravo True Grit, Ch. Finlair Tiger of Stone Ridge, genannt »Gator«, und Ch. MJ's Stone Ridge Chosen One. Von 1989 bis 1993 wurden allein vier der acht möglichen Siege von Nachzuchten ihrer Rüden gewonnen. So gewann Ch. Moraine Hold That Tiger als »Gator«-Sohn sie einmal 1990, und Ch. Coppercrest Red Roadster war 1991 auf allen drei Schauen erfolgreich, auf denen diese Trophäe vergeben wurde. Dies ist nicht zuletzt ein Erfolg der engen Zusammenarbeit der drei in den letzten Jahren am beständigsten gewinnenden und damit führenden Zwinger »Stone Ridge«, »Coppercrest« von June Dutcher und »Moraine« von Mareth Kipp.

Die Bedeutung dieser Zwinger läßt sich auch anhand der Liste der Champions aus den Jahren 1980 bis 1989 erkennen. Aus der Zucht »Stone Ridge« kamen allein 48 Champions, gefolgt von »Kingsmen« mit 31, »Safari« mit 28, »Moraine« mit 22, »Tartan« mit 22, »Coppercrest« mit 17 und »Eden« mit 15.

Weiter an Bedeutung hat in den letzten Jahren auch der Freizeitsport mit dem Airedale gewonnen. Besonders beliebt ist die sogenannte Obedience, eine Mischung aus Unterordnung und Nasenarbeit. Der Titel Companion Dog CD bzw. CDX = Begleithund entspricht aber nicht unserer BH-Prüfung, sondern analog zum Champion-Titel sind mehrere Prüfungen abzulegen. Interessant ist die Tatsache, daß er in den dem oben genannten Zeitraum allein 19mal von »Stone Ridge«-Airedales errungen wurde, gefolgt von »Seneca« mit neun Titeln, »Eden« mit vier, »Jolee Aire« mit vier und »Moraine« mit drei. Damit zeigen uns die Amerikaner, daß Gebrauchstüchtigkeit und Schönheit durchaus Ziele sind, die gut miteinander vereinbar sind. Die Zahl der Hunde, die Ausstellungs- und Obedience-Titel verbinden, ist in den letzten Jahren stark zunehmend, eine Entwicklung, die vom amerikanischen Airedale Terrier-Club (ATCA) besonders gefördert wird.

Neben der Obedience erfreut sich in den letzten Jahren die jagdliche Nutzung der Airedales zunehmender Beliebtheit. Das Jagd- und Arbeits-Wochenende des ATCA im März 1993 konnte eine Rekordbeteiligung von 52 Airedales verzeichnen. Dies ist insbesondere dem Engagement des Vorsitzenden des Jagd- und

Arbeitsausschusses Steve Gilbert zu verdanken, der dieses Betätigungsfeld für den Club in den vergangenen Jahren maßgeblich mit aufbaute. Nachdem sein in den letzten Jahren beständig erfolgreicher Rüde »Drammond« 1992 gestorben war, konnte sein Airedale Rüde Ch. MJ's Stone Ridge Chosen One, genannt »Abe«, nach Rückkehr von seiner Ausstellungskarriere in Deutschland auf Anhieb den »Tracking and Treeing«-Test gewinnen. Dabei muß die Fährte eines Waschbären über freies, weites Gelände bis zu einem Baum verfolgt, und der auf dem Baum in einem Käfig sitzende Waschbär durch Verbellen angezeigt werden. Durch weitere vordere Plazierungen, u. a. beim Agility-Wettbewerb, wurde er erfolgreichster Hund des Wochenendes. Darüber hinaus belegten seine Nachkommen vordere Plätze bei dem Junghunde-Wettbewerb.

Abschließend kann man sagen, daß sich in den letzten Jahren in den USA die Entwicklung zum modernen, eleganten aber doch kompakten Airedale beständig fortgesetzt hat. Die heutigen Hunde der führenden Zwinger zeichnen sich durch ihr freundliches, aggressionsfreies Wesen aus, das sie besonders für die Familie und die zeitgemäßen Formen des Jagd- und Hundesportes geeignet macht. Insbesondere in der Bewegung und damit im anatomischen Aufbau sind sie den Vertretern aus dem Ursprungsland der Rasse England mittlerweile häufig überlegen, und auch die guten, langen Köpfe mit parallelen Ebenen sind hier im Gegensatz zu England stärker zu finden. Man kann nur hoffen, daß sich der positive Einfluß der amerikanischen Airedales auf die deutsche Zucht auch in Zukunft fortsetzt und die geschaffenen Kontakte weiter vertieft werden.

Dr. Otto Hannibal-Friedrich

XI. Airedale Terrier in Norwegen

Der erste Airedale in Norwegen war ein schwedischer Import, der auf einer Kennel-Club-Show im Jahre 1898 gezeigt wurde. Die erste Registrierung in Norwegen stammt aus dem Jahre 1911. Dieser Hund hieß Caesar, war ein deutscher Import und wurde von der Hamburger Polizei gezüchtet.

Der Beginn der Zucht in Norwegen entwickelte sich erst allmählich. Es wurden zunächst nur 20 bis 30 Hunde pro Jahr registriert. Aber nach dem Zweiten Weltkrieg kam es zu einem deutlichen Aufschwung mit 257 registrierten Airedale Terriern im Jahre 1945 und 321 im Jahre 1973. Einen großen Anteil an der Popularität der Rasse hatte die Züchterin Mrs. Borghild Kirkerod mit dem Zwinger »Ravaillac«, der in den späten dreißiger Jahren gegründet wurde.

Die Airedale Terrier Besitzer in Norwegen waren Mitglieder des Norwegischen Terrier Clubs, der 1933 gegründet wurde. Im Jahre 1977 entschlossen sich die Airedale-Besitzer, einen eigenen Club zu gründen. Da aber die norwegischen

Abb. 192: Ch. Rabben's Attractive Teddy Bear. Owner: Solvor Bakken; Breeder: Halvor Sigfridstad

Kennel-Club-Regeln besagen, daß es nur einen Terrier Club in Norwegen geben darf, startete der Norwegische Airedale Club als sogenanntes inoffizielles Mitglied des Norwegischen Terrier Clubs. Diese Lösung hat sich sehr bewährt. Zur Zeit hat unser Club 300 Mitglieder, deren Mehrzahl in der Nähe von Oslo zuhause ist. Es gibt aber auch Mitgliedergruppen in Bergen, Trontheim und Tromso. Der norwegische Terrier Club hat zum Vergleich etwa 900 Mitglieder.

In den letzten Jahren wurden etwa 80 bis 90 Airedale Terrier pro Jahr geboren. Insgesamt werden ca. 550 Terrier in Norwegen jährlich registriert. Wir haben zehn bis 12 Airedale Züchter; vor einigen Jahren waren es noch 20. Der Mangel an geeigneten Trimmern verursachte diesen Rückgang. Einige Züchter gaben auch auf, nachdem mit dem 1. 7. 1988 das Rutenkupieren verboten wurde. Als Airedale Züchter werden wir niemals diese Regelung verstehen können. Aber merkwürdigerweise gewöhnen wir uns allmählich an die langen Ruten.

Ein Problem für die Aussteller stellt außerdem die strikte Tollwutsperre dar, die uns nur Ausstellungen in Norwegen und Schweden gestattet. Das isoliert uns sehr vom übrigen Europa. Diese Regelung soll Anfang 1994 aufgehoben werden. Wir sind alle sehr gespannt auf die neuen Kontakte, die wir anknüpfen können, sobald die Grenzen offen sind.

Der Norwegische Airedale Club versucht besonders aktiv zu sein. Wir veröffentlichen viermal jährlich ein Clubmagazin; das ist unser wichtigster Kontakt zu unseren Mitgliedern im ganzen Land. Wir arrangieren regelmäßige Mitgliedertreffen, Züchterversammlungen, Trimmkurse, Wanderungen und Ausflüge für diejenigen Mitglieder, die nicht an Ausstellungen interessiert sind, und bieten einen besonderen Vermittlungsservice für solche Airedale an, die ein neues Zuhause finden müssen.

Einmal jährlich arrangieren wir eine »Open Show«, zu der wir internationale Spezialrichter für Airedale Terrier einladen.

Es gibt während des ganzen Jahres 60 verschiedene Zuchtschauen, auf denen Airedale gezeigt werden können. Es gibt zehn internationale Ausstellungen, auf denen ein CACIB gewonnen werden kann. Um Ausstellungschampion zu werden, müssen drei CC's gewonnen werden, eines davon auf einer internationalen Zuchtschau.

Desweiteren haben wir einen Beauftragten, der verantwortlich ist für Kontakte zwischen Züchtern und Welpenkäufern. Für Welpen, die durch den Club empfohlen werden, müssen beide Eltern geröntgt und frei von Hüftgelenksdysplasie sein. So können wir sicher sein, daß alle Airedale Terrier, mit denen gezüchtet wird, frei von HD sind. Von denen, die nicht HD-frei sind, haben 10,0% leicht HD, 3,6% mittlere und 2,0% schwere HD. Dies sind Auswertungen von 1336 Airedale Terriern.

Unter unseren Zuchtlinien finden wir auch heute noch solche, die zurückgehen bis zum Ravaillac Kennel. Außerdem wird mit englischen Blutlinien von Jokyl, Saredon, Karudon und Bengal gezüchtet. Leider sind die Importe seit dem Rutenkupierverbot drastisch zurückgegangen, weil kupierte Hunde nicht auf Ausstellungen gezeigt werden dürfen. Wir hoffen, daß wenigstens diese Regelung geändert werden kann.

Bjorn Kristiansen, Oslo

Abb. 193: Ch. Pen – Y – Ghent's Ain't that Funny. Owner & Breeder: Inger Kristiansen & Unni Johansen

XII. Nützliche Anschriften

FCI
Fédération Cynologique Internationale
Place Albert 1, 13
B-6530 Thuin
Belgien

Bundesrepublik Deutschland
Verband für das Deutsche Hundewesen
e.V. (VDH)
Westfalendamm 174
D-44041 Dortmund

Klub für Terrier e.V.
Hauptgeschäftsstelle
Schöne Aussicht 9
D-65451 Kelsterbach

Luxemburg
Union Cynologique St. Hubert du
Grand-Duché de Luxembourg
Boite Postale 69
L-4901 Bascharag

Österreich
Österreichischer Kynologenverband
Johannn-Teufel-Gasse 8
A-1230 Wien

Österreichischer Airedale Terrier
Spezialklub
Geschäftsstelle Ingeborg Max
Sobieskigasse 33
A-1090 Wien

Schweiz
Schweizerische Kynologische
Gesellschaft
Postfach 8276/Länggassstr. 8
CH-3012 Bern

Schweizerischer Airedale Terrier Club
Präsidentin Ursula Ryf
Vordere Gründstr. 9
CH-8135 Langnau am Albis

Niederlande
Raad von Beheer op Kynologisch
Gebied in Nederland
Postbus 75901
NL-1070 AX Amsterdam

Airedale Terrier Club Nederland
Secretary F.W.T. Kroon-Fransz
Pater Dr. Loffeldstraat 80
NL-5421 TC Gemert

Großbritannien
The Kennel Club
1, Clarges Street
GB-London WIJ 9AB

The National Airedale Terrier
Association
263 Eachelhurst Road
GB-Walmly, Sutton Coldfield
W. Midlands

USA
The American Kennel Club
260 Madison Avenue
New York, N.Y. 100 16

Airedale Terrier Club of America
Secretary Mrs. Linda Baake
4636 Old Cherry Point Road
USA-New Bern. NC 28560

XIII. Literaturverzeichnis

Ahlberg, Stig, Terriernas Kung, Rimbo 1982
Ash, Edward, C., Dogs, their History and Development, London 1927
Bandel, Robert, Der Hundeaussteller und sein Richter, Schloß Bleckede 1975
Bardeleben, Christa von, Airedale Terrier, Köln 1982
Beckmann, Ludwig, Rassen des Hundes, Braunschweig 1985, Mürlenbach 1984
Beyersdorf, Peter, Dein Hund auf Ausstellungen, Köln 1981
Bodingbauer, J., Wesensanalyse für Welpen und Jagdhunde, Wien 1980
Brehm, Peter, Dein Hund im Recht, Köln 1980
Bruette, William A., The Airedale, 1916
Buckley, Holland, The Airedale Terrier, Manchaster 1912
Burns/Fraser, Die Vererbung des Hundes, Reutlingen 1968
Cox, Harding, Dogs, The Terrier, Vol. I, 1906
Deutsches Airedale Terrier Stammbuch Band 1, Frankfurt 1902
Diefenbach, L. F., Der rauhhaarige Terrier, IV. Aufl., Kelsterbach 1924
Donath, W. F., Hunde, gesund ernährt, Rüschlikon 1978
Dutcher, June and Framke, Janet Johnson, The New Airedale Terrier, New York, N.Y. 1990
Edwards, Glady Brown, The New Complete Airedale Terrier, 1962
Eichelberg, Helga, Kleine Einführung in die Genetik, Boxer-Blätter 5/85, 6/85, 7/85, 8/85
Elliot, Rachel Page, The New Dogsteps, London 1973
Feddersen-Petersen, Dorit, Hundepsychologie, Stuttgart 1987
Fleig, Dieter, Die Technik der Hundezucht, Mürlenbach 1987
Hayes, Irene e., The Airedale Terrier, London 1960
Horner, Tom, Terriers of the World, London 1984, Mürlenbach 1985
Hutchinson, Walter, Hutchinson's Dog Encyclopaedia, London 1935
Hutt, Frederick B., Genetics for Dog Breeders, New York 1979
Johns, Rowland, Our Friend the Airedale, London 1932
Kaeuffer, Heinrich, Der Airedale Terrier, Schloß Bleckede 1968
Klinkenberg, Tillmann, Hundeerziehung ohne Zwang, Melsungen 1983
Klub für Terrier e.V. (Hrsg.), Der Terrier, Heft 9, 1979
Knaak, Kurt, Hurra, der Terrier, Göttingen 1963
Kolbe, Annemarie, Der Airedale Terrier, Stuttgart 1979
Lee, Rawdon, Modern Dogs-The Terrier, London 1894
Leeuwen, F. X. van, De Airedale Terrier, Abcoude 1969
Leibetseder, J., Die Ernährung des Hundes, Basel 1979
Lenting, Fred, Canin Hip Dysplasia, Loweland 1980
Marvin, John T., The Book of all Terriers, New York 1971
McDowell, Lyon, The Dog in Aktion, New York 1974
Meyer, H., Ernährung des Hundes, Stuttgart 1983
Meyer, H., Untersuchung zum Energie- und Nährstoffbedarf von Zuchthündinnen und Saugwelpen, 1985
Millar, Donald and Swash Mary, The Airedale Terrier, Crowood Press, 1991
Most, Konrad, Die Abrichtung des Hundes, Mürlenbach 1987
Müller, Manfred, Vom Welpen zum idealen Schutzhund, Reutlingen 1978

Ochsenbein, U., Der neue Weg der Hundeausbildung, Rüschlikon 1979
Pfaffenberger, C., The New Knowledge of Dog Behavior, New York 1977
Pfaffenberger, C., Guide Dogs for the Blind, New York 1976
Räber, Hans, Brevier neuzeitlicher Hundezucht, Bern 1974
Rolfs, K., Abrichtung des Jagdhundes, Melsungen 1983
Rupp, W., Der Blindenhund, Rüschlikon 1987
Saunders, James, The Modern Airedale, Bradford 1929
Schlag, M., Schutzhundprüfung, Berlin 1987
Schleger, Walter / I. Stuhr, Hundezüchtung in Theorie und Praxis, Wien 1986
Scott / Fuller, Dog Behavior, The Genetic Basis, Chicago / London 1965
Seiferle, E., Grundlagen der Wesensprüfung des Hundes, Kaltenbrunn-Solzach 1984
Shaw, Vero, Book of the Dogs, London, Paris, New York 1881
Smythe, R. H., Judging Dogs, London 1972
Steen, Wiebke, Die Terrier, Köln 1984
Stockmann, Friederun, Das Gangwerk des Hundes, Weiden 1985
Stonehenge, The Dog, London 1872
Strebeigh, B. / McCready, P., Your Airedale Terrier, Fairfax 1977
Strebel, Richard, Die Deutschen Hunde, München 1904/05, Mürlenbach 1986
Thompson, Sally Anne, Know your Airedale, New York 1976
Tortora, D., Schwierige Hunde, was tun
Trumler, E., Hunde ernst genommen, München 1974
Trumler, E., Mit dem Hund auf Du, München 1981
Trumler, E., Ein Hund wird geboren, München 1982
Trumler, E., Das Jahr des Hundes, Mürlenbach 1984
Trumler, E., Der schwierige Hund, Mürlenbach 1986
Turner, J. Sidney (Hrsg.), The Kennel Encyclopaedia, London 1907–1911
Whitney, G. D., Alter Hund, glücklich und gesund, Rüschlikon 1985
Wiesner, E. / Willer, S., Lexikon der Genetik der Hundekrankheiten, Basel
Willis, Malcolm B., Züchtung des Hundes, Stuttgart 1984

Abb. 194
Polnische Airedale-Briefmarke